Serge Kahili King
Der Stadt-Schamane

Serge Kahili King

DER STADT-SCHAMANE

Ein Handbuch der Transformation durch Huna,
das Urwissen der hawaiianischen Schamanen.

Aus dem Amerikanischen von Karl Friedrich Hörner

Titel der amerikanischen Ausgabe:
Urban Shaman by Serge Kahili King, PH. D.
© Copyright 1990 by Simon & Schuster Inc., New York
Original English language edition © Copyright 1990 by
Serge Kahili King, PH. D.

Broschurausgabe
© 2014 der deutschsprachigen Ausgabe
Lüchow in J. Kamphausen Mediengruppe GmbH, Bielefeld
Alle Rechte vorbehalten

Nachwort aus dem Amerikanischen von Ulrich Magin
Umschlaggestaltung: ReclameBüro, München
Umschlagfoto: © flashpics - Fotolia.com
Autorenfoto: © Spirit of Aloha
Druck und Bindung: CPI - Clausen & Bosse, Leck
Printed in Germany

Bibliografische Information der Deutschen Nationalbibliothek

Die Deutsche Nationalbibliothek verzeichnet diese
Publikation in der Deutschen Nationalbibliografie;
detaillierte bibliografische Daten sind im Internet
über **http://dnb.d-nb.de** abrufbar.

ISBN Printausgabe 978-3-89901-965-0

ISBN eBook 978-3-89901-448-8

www.luechow-verlag.de

Mehr Bäume.
Weniger CO_2.
www.cpibooks.de/klimaneutral

Pili kau, pili ho'oilo
Zusammen in der Trockenzeit,
zusammen in der Regenzeit

Zutiefst dankbar bin ich den vielen Freunden,
die ich in der Tradition der hawaiianischen Schamanen
unterweisen durfte. Sie lehrten mich:
Wenn ein Lehrer bereit ist, wird der Schüler erscheinen.

Inhalt

DIE VORBEREITUNG

Ho'omoe wai kahi ke kao'o

Laßt uns alle miteinander reisen
wie Wasser, das in eine Richtung fließt

Dies ist ein Buch über Schamanismus, besonders über die hawaiianische Tradition des Schamanentums und über das Wesen des »Stadt-Schamanen«. Damit Sie den größtmöglichen Nutzen aus diesem Buch ziehen können, möchte ich gleich zu Beginn definieren, wovon wir sprechen werden.

Nach dem französischen Historiker Mircea Eliade ist die Praxis des Schamanismus überall auf der Welt anzutreffen, unter anderem in Asien, Nord- und Südamerika sowie im pazifischen Raum. Das Wort Schamane stammt aus der tungusischen Sprache Sibiriens und ist heute eine bei Wissenschaftlern und Laien gleichermaßen gängige Bezeichnung für Personen, die den Schamanismus ausüben. Die meisten Kulturen haben für solche Menschen einen Begriff aus ihrer eigenen Sprache; das Hawaiianische beispielsweise nennt den Schamanen *kupua*.

Es gibt die unterschiedlichsten Vorstellungen darüber, was ein Schamane ist und tut; wie Eliade neige ich jedoch zu einer genauen Definition. Nicht jeder Medizinmann ist ein Schamane, aber ein Schamane kann ein Medizinmann sein. Nicht jeder Stammespriester ist ein Schamane, aber ein Schamane kann ein Stammespriester sein. Nicht jeder mediale Heiler ist ein Schamane, aber ein Schamane kann ein medialer Heiler sein. Zum Zwecke dieses Buches und meiner Lehren definiere ich einen Schamanen als einen Heiler von Beziehungen: zwischen Geist und Körper, zwischen Menschen, zwischen

Menschen und ihren Lebensumständen, zwischen Mensch und Natur sowie zwischen Materie und Geist.

Bei der Ausübung seiner Heilkunst hat der Schamane eine ganz andere Sicht der Wirklichkeit als die meisten Menschen unserer Zeit, und es ist gerade diese einzigartige Perspektive (die im weiteren Verlauf dieses Buches umfassend behandelt werden soll), was den Schamanen von anderen Heilern abhebt. Sie ermöglicht ihm einige durchaus ungewöhnliche Behandlungsmethoden, die man gemeinhin mit dem Schamanismus assoziiert, zum Beispiel Formveränderung, Kommunikation mit Pflanzen und Tieren und Reisen in die »Unterwelt«. Wenn manche dieser Dinge eigenartig klingen, so lassen Sie sich dadurch nicht beirren. Sie werden noch feststellen, daß viele – wenn nicht die meisten – dieser Praktiken auf eigentümliche Weise vertraut anmuten. Die Schamanen nämlich begründen ihre Kunst auf dem natürlichen Erleben des Menschen. Bald werden Sie merken, daß Sie bereits mehr über den Schamanismus wissen, als Sie dachten.

Hawaiianischer Schamanismus

Der Schamanismus ist eine eigene Form des Heilens, und das hawaiianische Schamanentum ist eine eigene Form des Schamanismus. Unabhängig von seinem Kulturkreis, ist die herausragende Eigenschaft des Schamanen die Tendenz zum Engagement, zur schöpferischen Aktivität. Wissen und Verstehen sind nicht genug, auch passives Akzeptieren allein besitzt keinen Reiz. Der Schamane stürzt sich mit Herz und Seele ins Leben und erfüllt die Rolle des Mitschöpfers. Es gibt Gemüter, die sich damit bescheiden, Gestalt und Lage eines gefällten Baumes zu bewundern. Der Schamane dagegen gleicht eher dem Bildhauer, der den Baum mustert und erfaßt ist von dem Verlangen, ihn zum Abbild seiner inneren Vorstellung zu verwandeln ... oder in ein nützliches Werkzeug. Er hat Achtung und Bewunderung für den Baum, wie er ist, aber zugleich auch den Impuls, sich mit ihm zu verbinden und etwas Neues hervorzubringen. Dieser Aktivismus äußert sich in der wichtigsten Aufgabe eines Schamanen: in der Tätigkeit des Heilers. Unabhängig von Kultur, geographischer oder gesellschaftlicher Umgebung besteht die Aufgabe des Schamanen im Heilen von Geist, Körper und Lebensumständen. In der Tat ist es dieser Einsatz zum Dienst an Gesellschaft und Umwelt, was den Schamanen unterscheidet von dem Zauberer nach Castanedas Modell, der dem Pfad zu ausschließlich persönlicher Macht und Erleuchtung folgt. Zwar sind alle Schamanen Heiler, doch die Mehrzahl beschreitet den »Weg des Kriegers«; nur eine Minderheit, zu der auch die Schamanen-Tradition Hawaiis gehört, folgen dem Weg, den wir den »Weg des Abenteurers« nennen können.

Der »Krieger«-Schamane wird Angst, Krankheit oder Disharmonie personifizieren und sich auf die Entfaltung von Macht, Beherrschung und Kampfkünsten konzentrieren, um damit umzugehen. Ein »Abenteurer«-Schamane hingegen wird solche Zustände de-personifizieren (d. h. sie als Auswirkungen, nicht als Dinge behandeln) und mit ihnen umgehen, indem er Qualitäten wie Liebe, Zusammenarbeit und Harmonie entfaltet. Ein einfaches Beispiel mag diese unterschiedlichen Ansätze illustrieren: Wenn Sie mit einer Person konfrontiert sind, die emotional erregt ist, würde ein Krieger-Schamane Ihnen vielleicht helfen, einen starken psychischen Schutzschild aufzubauen, um Sie vor der negativen Energie des anderen zu schützen. Der Abenteurer-Schamane dagegen würde Sie vermutlich lehren, Ihre eigenen Energien zu harmonisieren, damit Sie ruhig bleiben und sogar zur Quelle der Heilung für die andere Person werden können. Ferner ist der Pfad des Krieger-Schamanen oft einsam, während der Pfad des Abenteurers von Natur aus recht gesellig ist. Trotzdem ist es schwierig, wenn nicht gar unmöglich, den Unterschied zwischen Meistern beider Richtungen festzustellen: Je machtvoller man ist, desto liebevoller ist man auch (da es immer weniger zu fürchten gibt); und je liebevoller man ist, desto machtvoller ist man auch (da das Vertrauen immer größer wächst). Ich ging beide Wege, und ich wählte und lehre den Pfad des hawaiianischen Abenteurer-Schamanen, weil ich ihn für den praktischsten und heilsamsten halte, doch ich habe großen Respekt für die Krieger-Schamanen und ihre Art zu heilen.

Der Stadt-Schamane

Der Titel dieses Buches lautet *Der Stadt-Schamane*, weil das urbane Umfeld Brennpunkt und Ziel meines Lehrens ist. Obgleich der Begriff Schamanismus gewöhnlich an ländliche Gegenden oder Wildnis denken läßt, ist seine Ausübung auch im großstädtischen Bereich sowohl natürlich als auch notwendig. Erstens ist der Schamane vor allem ein Heiler, unabhängig von kultureller oder geographischem Umfeld. Zweitens leben heutzutage mehr Menschen in Großstädten

und Ballungsräumen als auf dem Lande, und sie sind es, die der
Heilung am meisten bedürfen. Drittens ist der Schamanismus – und
besonders die hawaiianische Spielart – aus mehreren Gründen an die
moderne Zeit und ihre Bedürfnisse wohl angepaßt:
1. Er ist gänzlich überkonfessionell und pragmatisch orientiert. Das
Schamanentum ist ein Handwerk, keine Religion, man kann ihn
allein oder in einer Gruppe praktizieren.
2. Er ist sehr einfach zu lernen und anzuwenden, obgleich – wie bei
jedem Handwerk – die Vervollkommnung gewisser Fertigkeiten eine
gewisse Zeit in Anspruch nimmt.
3. Besonders die hawaiianische Version läßt sich jederzeit und überall praktizieren, etwa zu Hause, bei der Arbeit, in der Schule, beim
Spiel oder auf Reisen. Diese Annehmlichkeit ist vor allem darauf
zurückzuführen, daß die hawaiianischen Schamanen meist mit dem
Geist und Körper allein arbeiten. Sie verwenden keine Trommeln, um
veränderte Bewußtseinszustände herbeizuführen, und sie gebrauchen
keine Masken, um andere Formen oder Qualitäten anzunehmen.
4. Es liegt im Wesen des Schamanismus, daß der Praktizierende, indem er andere heilt auch sich selbst heilt, und indem er den Planeten
transformiert, den Weg der eigenen Transformation beschreitet.

Die Lehrzeit

In längst vergangenen Zeiten, als die Menschen noch in voneinander
recht isolierten Dorfgemeinschaften lebten und das Bild der Welt des
einzelnen sich auf die unmittelbare Umgebung von Tal, Berg oder
Insel beschränkte, war es angebracht, daß jemand, der den Weg des
Schamanen gemeistert hatte, im Laufe seines Lebens einen, zwei oder
drei Lehrlinge ausbildete. Diese kleine Zahl vermochte alle Bedürfnisse der Dorfgemeinschaft zu erfüllen. Heute jedoch leben wir in
einem globalen Dorf mit Milliarden von Menschen, und wir brauchen zumindest Tausende von Stadt-Schamanen, um dazu beizutra-
gen, eine harmonische, gesunde Existenz aufrechtzuerhalten. Stadt-
Schamanen, das heißt: Menschen wie Sie.
    Ich wurde als Stadt-Schamane aufgezogen. Mein Vater war außer-
ordentlich weitgereist und wohl versiert in zahlreichen Kulturen und
Traditionen der Welt, darüber hinaus unterzog er sich einer gründli-
chen Ausbildung in der Tradition des hawaiianischen Schamanentums. Er war sehr geübt in den Praktiken und Fertigkeiten von Busch

und Dschungel, Wald und Feld, Wüste und Tundra, und ich lernte von ihm sehr viel über die Natur. Aber vor allem und in erster Linie war er ein Städter, Inhaber medizinischer und ingenieurstechnischer Titel, und er fühlte sich ganz zu Hause in Wirtschafts- und Regierungskreisen. Zu Beginn eines Krieges trat ich in sein Leben, und er verließ das meine am Ende eines Krieges. Ein großer Teil der dazwischenliegenden Jahre war mit Reisen zwischen den verschiedensten Großstädten ausgefüllt. In unseren siebzehn gemeinsamen Jahren kam der Schamanismus, wie ich ihn durch Vorbild und Übung kennenlernte, vor allem in Städten, Großstädten und Schulen zur Anwendung.

Ich spreche zwar von »Ausbildung«, doch es gab keine Lehrstunden oder Unterweisungen, bei denen mein Vater als Lehrer und ich als Schüler fungierten. Die Ausbildung, die ich genoß, würde man als sehr traditionell bezeichnen, weil sie im Rahmen der gewöhnlichen Aktivität stattfand. Mitten in einer Unterhaltung – beispielsweise über Gemüse – lehrte mein Vater mich etwa eine Technik zur Kommunikation mit Pflanzen, die ich selbst üben konnte, um dann später mit ihm darüber zu sprechen. Oder er führte im Laufe des Tages eine Situation herbei, die mir Gelegenheit bot, kürzlich gelernte Fertigkeiten anzuwenden, und ihm, mein Tun oder Nicht-Tun zu kommentieren. Häufig ließ er faszinierende Hinweise fallen, Anregungen, Gedanken und Vorschläge, denen selbst nachzugehen mir freigestellt war. Es war eine Ausbildung, weil es bewußt und gezielt geschah, und weil ich sicherlich daraus lernte, trotzdem war es nicht im geringsten organisiert oder arrangiert wie eine Schule.

Nach dem Tode meines Vaters ging meine Ausbildung zum Schamanen in der gleichen Art bei Angehörigen unserer hawaiianischen Familie weiter; die Praxis fand nach wie vor hauptsächlich in Großstädten, Städten und Schulen statt – eine gewisse Zeitlang auch bei der Marine. Ich brachte das erlernte Wissen auf sehr praktische Weise zur Anwendung, und dazu war es gedacht. Es half mir bei der Stärkung meiner Gesundheit und Kraft – und unterstützte eine rasche Genesung, wenn ich die Anwendung vergessen hatte und krank oder verletzt wurde. Schamanen-Wissen half mir an der University of Colorado, ein übervolles akademisches Programm und gleichzeitig drei Jobs zu erfüllen, und schließlich als hervorragender Akademiker mit einem Titel in Asienkunde abzuschließen. Ich wendete das Wissen wieder an, als ich mir meinen Weg durch die American Graduate School of International Management in Arizona erarbeitete und einen Bakkalaureus- und einen Magister-Titel mit Auszeichnung erwarb, und viel später, um an der California Western University meinen Ph. D. (Dr. phil.) in Psychologie zu erlangen. Als meine Ehe drei Jahre und mein erster Sohn zwei Jahre alt waren, zogen wir nach Westafrika, um sieben Jahre lang dort zu leben. Etwa die Hälfte dieser Zeit verbrachte ich im Busch – in Dschungel, Wald und Wüste –, wo ich noch viel über die verschiedenen Aspekte des Schamanismus lernte, den ich jedoch weiterhin hauptsächlich in urbaner Umgebung praktizierte. Ich wendete meine Kenntnisse an, um die Beziehung mit meiner Frau glücklich und erfüllt zu halten, um meine (schließlich drei) Söhne körperlich und akademisch bei guter Gesundheit zu halten und zu erreichen, daß sie einander und mir gute Freunde waren; um Haustiere zu erziehen und zu heilen; um Familie, Freunden und Nachbarn zu helfen, gesünder und erfolgreicher zu sein; und um meine eigene Karriere zu fördern und mein Wissen mit Menschen überall auf der Welt zu teilen. Ich arbeite mit schamanischen Fertigkeiten, um Fahrzeuge und Computer gut instandzuhalten, um auf Reisen die Kooperation von Fluggesellschaften und Wetter sicherzustellen und um die Lernfähigkeit von Schamanen und anderen zu steigern, die ich unterweise. Ich gebrauche es auf unzählige Weisen, um mir und meiner gesellschaftlichen und physischen Umgebung zu nutzen, wo auch immer ich mich aufhalte. Ich habe in meinem leben viele Dinge gelernt und befaßte mich mit vielen Richtungen der Religion (z. B. Christentum, Judentum, Buddhismus, Hinduismus, Konfuzianismus, Islam, Woodoo), der Philosophie (hauptsächlich Taoismus, Yoga, Zen, westlicher Pragmatismus) und des Heilens (Massage, Kräuter, Energie-Arbeit, Glaubensheilung, Hypnose, um nur wenige zu nennen); der Schamanismus hat mein Wissen von jedem dieser Bereiche vermehrt. Heute lebe ich auf Hawaii und leite Aloha International, ein weltumspannendes Netz von Schamanen/Heilern, das die hawaiianische Tradition des Heilens durch Kurse und Seminare, Ausstellungen und örtliche Gruppen fördert; der Stadt-Schamanismus ist in allen unseren Aktivitäten zu erkennen.

In diesem Buch gedenke ich zu zeigen, daß die Gedanken und Praktiken des hawaiianischen Schamanentums sehr wohl zur Anwendung in der modernen Großstadt-Gesellschaft geeignet sind, aber auch in Umfeldern, die man als der Natur näherstehend betrachtet. Wie bereits erwähnt, werden dem Leser vermutlich manche Begriffe, Beispiele und Übungen bekannt erscheinen, andere wiederum recht fremdartig anmuten. Grundlage dieses Textes sind zwei Schamanen-Ausbildungskurse, die ich durchführe; die einzelnen Themen und Lehren werden in annähernd der gleichen Reihenfolge wiedergegeben, in der ich sie dort darbiete. In diesem Buch jedoch können wir viele Gedanken wesentlich eingehender erforschen, als es im Rahmen eines Seminars möglich ist.

Eine Politik der offenen Tür

Frei und offen präsentiere ich viele Dinge, die in manchen Traditionen als große Geheimnisse behandelt werden. Einige fürchten einen Mißbrauch des Wissens, manche meinen, es werde an Macht verlieren, wenn es jedermann zugänglich ist, und wieder andere fürchten Bestrafung von einer Hierarchie, die bestimmt hätte, daß nichts von diesen Dingen bekannt werden dürfte.

Ein echter Schamane jedoch macht kein Geheimnis aus Wissen, das helfen und heilen kann. Die Schwierigkeit besteht nicht darin, Wissen geheimzuhalten, sondern die Menschen zu bewegen, es zu verstehen und zu gebrauchen. Was den Mißbrauch angeht, so erwächst er allein aus Unwissenheit. Je mehr jedermann weiß, wie Dinge zu verändern sind, desto weniger Verlockung und Gelegenheit wird es geben, das Wissen zu mißbrauchen. Weit verbreitetes Wissen hat tatsächlich mehr Macht als Geheimnisse, die unter Verschluß gehalten und ungenutzt bleiben. Geheimgehaltenes Wissen ist etwa ebenso nützlich wie das Geld unter der Matratze des Geizigen. Die Heiligkeit des Wissens liegt nicht darin, daß es einigen wenigen vorbehalten ist, sondern in seiner Zugänglichkeit für viele. Jene Angst vor freiem Ausdruck hat wahrscheinlich mehr mit einer grundlegenderen Angst zu tun, der Hüter des Wissens habe in Wirklichkeit gar nicht viel zu beschützen – oder verstehe nicht, was er besitzt. Schließlich erkennen Schamanen keine Hierarchie oder Autorität in Dingen des Geistes an. Wenn es überhaupt eine Gruppe von Menschen gibt, von der man sagen kann, daß sie spirituelle Demokratie praktizieren, so sind es die Schamanen dieser Welt.

Das hawaiianische Erbe

Die Hawaiianer können auf ein sehr reiches spirituelles, psychologisches, kulturelles und praktisches Erbe blicken, und ich vermag nur

jenen kleinen Teil davon vorzustellen, den zu empfangen ich das
Privileg hatte. Dieses Erbe ist tatsächlich so reich, daß eine Reihe von
Traditionen aus ihm hervorgegangen sind, und nicht alle Hawaiianer
oder Schüler von Hawaiiana stimmen in der Definition des Erbes
überein. Was ich Ihnen hier vermittle, erfuhr ich selbst über meinen
hawaiianischen Adoptivvater und dessen Vorfahren, über meinen
leiblichen Vater und seine hawaiianischen Adoptiv-Geschwister, und
schließlich durch mich und meine spezielle Persönlichkeit und Be-
trachtungsweise. Obgleich es sich um traditionelle Weisheit handelt,
die in moderner Sprache für die heutige Zeit dargeboten wird, über-
nehme ich die volle Verantwortung für alles, was ich sage.

Ein großer Teil des von den Hawaiianern bewahrten Erbes liegt
in deren Sprache. Diese ist trügerisch einfach, umfaßt nur zwölf
Buchstaben und keine Form des Verbums *sein*. Doch Sie finden darin
die tiefsten Begriffe, die Sie sich vorstellen können, in bezug auf spiri-
tuelles Gewahrsein, psychologische Denkgebäude, das Wesen der
Wirklichkeit, Liebe, Macht, Errungenschaft und so weiter und sofort.
Weil diese Sprache den meisten meiner Leser unbekannt sein dürfte,
habe ich ihren Gebrauch auf jene Bereiche beschränkt, bei denen die
Übersetzung allein dem eigentlichen Sinn nicht gerecht würde. Falls
Sie die Aussprache probieren möchten, riskiere ich den Zorn der
Puristen unter denen, die die hawaiianische Sprache beherrschen, und
verrate Ihnen, daß es am einfachsten ist, die Wörter so auszuspre-
chen, als seien sie aus der deutschen Sprache.

Dies ist also der Anfang meiner Geschichte, und nun folgt das
Wissen, das ich mitteilen möchte. Möge es Ihnen helfen, mehr Frieden, Liebe und Macht zu finden und zu genießen.

Die Entwicklung des hawaiianischen Schamanentums

Waiho wale kahiko
Alte Geheimnisse werden nun enthüllt

*D*onner *krachte, der Wind heulte, Sturzbäche von Regen erfüllten die Luft, berghohe Wellen erhoben sich und brachen, doch immer noch zerrte der mächtige Maui und riß an seinem magischen Angelhaken. Schließlich erhoben sich mit dem Getöse von tausend Wasserfällen die Hawaii-Inseln aus dem Meer. Maui hatte wieder einmal gesiegt, und der Mensch hatte neues Land zu erkunden und zu kultivieren.*

Die Entwicklung des hawaiianischen Schamanentums beginnt mit den Mythen von Maui. Als Magier, Schwindler, Halbgott, Wunderwirker, Glücksbringer war Maui vom einen Ende Polynesiens bis zum anderen bekannt; keine andere männliche Gestalt der polynesischen Mythenwelt war so berühmt. Die einzige, weithin bekannte weibliche Figur in der Mythologie Polynesiens war Hina, die Göttin des Mondes und Mutter von Maui.

Die Geschichten, die man sich über Maui erzählt – sie sind zahlreich wiedergegeben in Beckwiths *Hawaiian Mythology*, Andersens *Myths and Legends of the Polynesians* und Fornanders *An Account of the Polynesian Race* –, zeigen deutlich, daß er ein archetypischer Schamane jener uralten Tradition war, die man auch anderswo auf der

Welt antreffen kann, auf den Hawaii-Inseln jedoch mit einer polynesischen Note. Maui zog nicht nur die Hawaii-Inseln aus der See (ein
Entdeckungs-Mythos), sondern er verlangsamte auch die Sonne dergestalt, daß seine Mutter ihre Kleider trocknen konnte (ein weiterer
Entdeckungs-Mythos: Lande in hochnordischen Breiten werden gefunden). Ferner besuchte er die Oberwelt und überlistete die Götter,
das Geheimnis des Feuers preiszugeben (ein Mythos von der schöpferischen Intuition durch schamanische Trance), stieg in die Unterwelt, um verschiedene Ungeheuer zu überwinden (ein Mythos von
der schamanischen Trance zum Heilen), beherrschte den Umgang
mit Magie und magischen Gegenständen und sprach frei mit Vögeln,
Tieren und den Naturelementen. Aufgrund seiner Hilfsbereitschaft,
seiner Abenteuerlust, seiner Respektlosigkeit gegenüber der Obrig-
keit und seiner Zugänglichkeit war Maui die populärste Gestalt in der
Mythologie Polynesiens. Als Halbgott (genauer gesagt: als ein
Mensch mit magischen Fähigkeiten) wurde er zwar nie verehrt,
konnte aber als Glücksbringer angerufen werden. In Neuseeland, wo
die Maori sein Bild in Gestalt eines menschlichen Embryos in Holz
oder Jade schnitzten und es oft als Talisman trugen, wurde er »Maui
Tikitiki« genannt; in Hawaii, wo niemals ein Bild von ihm geschaffen
wurde, nannte man ihn »Maui Kupua«. Beide Namen lassen sich
übersetzen als »Maui, der Schamane«.

Die Kahuna-Orden

Schon sehr früh entstand in Polynesien eine Lebensphilosophie
namens *Huna*. (Manche Traditionen, z.B. die Kahili-Familie, die
mich adoptierte, und jene, die von Leinani Melville in *Children of
the Rainbow* dargestellt sind, sollen sogar bis zum untergegangenen
Kontinent Mu zurückreichen, obwohl der Gerechtigkeit halber gesagt sein soll, daß viele dieser Behauptung widersprechen.) *Huna*
bedeutet »Geheimnis« oder »verborgenes Wissen«. Dieser Name be-
zog sich nicht auf irgendein Bestreben, das Wissen anderen vorzuent-
halten, sondern meinte vielmehr ein Wissen von der verborgenen
oder unsichtbaren Seite der Dinge. Die Experten oder Meister unter
den Ausübenden dieser Philosophie wurden auf hawaiianisch
kahuna genannt, in der Sprache Tahitis *tahuna* und auf Maori
tohunga. Irgendwann bildeten sich drei separate Gruppen. Die Existenz dieser drei Gruppen wird von vielen Quellen erwähnt (z.B.

Malos *Hawaiian Antiquities* und *Ancient Hawaiian Civilization* von der Kamehameha School), aber die meisten der folgenden Einzelheiten erfuhr ich von Ohialaka Kahili und Wana Kahili, meiner Tante und Onkel durch Adoption nach hawaiianischer Tradition. Im Alter von siebzehn Jahren wurde ich nach dem Tode meines leiblichen Vaters von der Kahili-Familie *hanai'd* (adoptiert). Dabei handelte es sich nicht um eine Adoption im juristischen Sinne, für den Hawaiianer jedoch bedeutet es, in seiner Familie als einer der ihren aufgenommen zu werden.

Eine der vorgenannten Gruppen konzentrierte sich auf die Künste körperliche Therapie, zeremonielle Religion, Politik und Krieg; in Hawaii wurde sie bekannt als der *Ku*-Orden. Eine zweite Gruppe konzentrierte sich auf die spirituellen und materiellen Aspekte von Handwerk und Wissensgebieten wie Fischerei und Landwirtschaft, Schiffsbau und Navigation, Holzschnitzerei und Kräuterheilkunde. Dies war der *Lono*-Orden in Hawaii. Die dritte Gruppe, der hawaiianische *Kane*-Orden, befaßte sich vornehmlich mit Magie, Mystik und Psychologie; seine Angehörigen waren die Schamanen. Jeder Orden hatte viele Untergruppen, und in jedem Orden gab es Heiler. Doch die Kunst des Heilens durch den Geist wurde zur Hauptaktivität der Schamanen. *Ku, Lono* und *Kane* waren Archetypen oder Personifikationen von Körper, Seele und Geist. *Kane* hieß ursprünglich *Kanewahine*, was man als »Mannfrau« übersetzen könnte, und stützt sich auf einen Polaritätsbegriff, der Parallelen zur Yin/Yang-Lehre der taoistischen Schamanen zeigt. *Kane* war ein archetypischer Gott der Wälder und Hochländer, der Wasserquellen und des Friedens. Das ist wichtig, denn die Hawaiianer bewohnten in der Regel nur die Küstenstreifen ihrer Inseln. Abgesehen von gezielten Raubzügen der Küstenbewohner zur Erbeutung von Sandelholz, zum Fällen von hohen Bäumen für hochseetaugliche Kanus sowie zum Sammeln von Federn für ihre Umhänge, waren die Schamanen die einzigen Hawaiianer, die viel Zeit in den Wäldern und Hochländern verbrachten.

Als eine Gilde gliederte sich der *Kane*-Orden grob in Lehrlinge, Reisende und Meister; manche Lehrer nennen jedoch eine andere Zahl von Kategorien. Ich begann meine Ausbildung als Lehrling und meisterte im weiteren Verlauf noch unterschiedliche Bereiche. Die Schamanen Hawaiis – und auch anderswo – haben keine Hierarchie. Die Lehrlinge sind Schüler und Kollegen zugleich, keine Jünger oder Nachfolger; der Meister ist ein Meister des Wissens, nicht Herr über

Menschen. Das hawaiianische Wort für Meister in diesem Sinne – ein Mensch mit spiritueller und materieller Fachkenntnis in einem bestimmten Bereich – ist *kahuna.* Dieser Begriff wird heutzutage recht großzügig gebraucht. Korrekt verwendet, und um überhaupt einen richtigen Sinn zu vermitteln, sollte er immer von einem qualifizierenden Attribut begleitet sein. Ein Meister-Heiler beispielsweise, der mit Hilfe von Kräutern, Massagen und Energien behandelt, ist ein *kahuna lapa'au;* ein Meister von Gebet und Zeremonie ist ein *kahuna pule,* und ein Meister-Schamane ist ein *kahuna kupua.* Der »große Kahuna« an den Surf-Stränden wäre übrigens ein *kahuna he'e nalu.* Der Schwarzmagier oder Hexer wurde *kahuna 'ana'ana* genannt.

Sehr viel Unsinn wurde über die *kahunas* Hawaiis bereits veröffentlicht und geredet, angefangen von dem roten Blitz im Auge, den man angeblich sieht, wenn man einem echten *kahuna* begegnet, über unfehlbare Sofortheilungen von Knochenbrüchen bis hin zum Erwecken von Toten und zu dem berüchtigten »Todesgebet«. Da der lobenswerte oder schändliche Ursprung vieler dieser Dinge den Schamanen nachgesagt wird, möchte ich hier und jetzt zu diesen Themen etwas klarstellen.

Beginnen wir gleich mit dem roten Blitz, der Glaube an ihn wurde sogar übers Fernsehen verbreitet. Er entstand aufgrund eines Wortspiels, wie es die Polynesier so lieben. Das für Blitz verwendete Wort ist *makole,* es heißt »rotäugig« und kann sogar »Bindehautentzündung« bedeuten. Das gleiche Wort steht auch für »Regenbogen«, und dieser ist ein Symbol für die Anwesenheit von Häuptlingen, Göttern oder Geistern. In bezug auf einen *kahuna* ist *makole* ein Ausdruck der Achtung.

Die Augenblicks-Heilung eines Knochenbruchs ist *unter den richtigen Umständen* jedem Heiler möglich. Sie kann besonders dann gelingen, wenn reichlich Energie und Glauben zur Verfügung stehen und keinerlei Zweifel herrscht. Die Berühmtheit des *kahuna* für diese Fertigkeit ist vor allem auf eine einzelne Geschichte in dem Buch *Geheimes Wissen hinter Wundern* von Max Freedom Long zurückzuführen. Da erzählt Long von einer weiblichen *kahuna,* die das Bein eines Mannes heilte, der es in betrunkenem Zustand gebrochen hatte. Die *kahuna* besaß offenbar genug Energie und Glauben, und der Mann war vermutlich zu betrunken, um noch Zweifel zu hegen. Aber nicht einmal *kahunas* können dies jederzeit und unfehlbar vollbringen.

Die Auferweckung von Toten gab es in jedem Kulturbereich,

manchmal auch spontan, ohne daß ein Schamane oder Heiler anwesend war. In solchen Fällen hatte sich die »tote« Person tatsächlich in einem tiefen Koma oder Trancezustand befunden, oder auf dem Weg auf die andere Seite. Es mag geraten sein zu glauben, daß Jesus recht hatte, als er sagte, daß das Mädchen nur geschlafen habe, das er ins Leben zurückrief. Eine für *kahuna*-Schamanen typische Technik, um einen anscheinend Toten aufzuerwecken, bestand darin, den wandernden Geist der Person über die großen Zehe in den Körper zurückzustoßen. Das ist ganz raffiniert, wenn man bedenkt, daß das Drücken der großen Zehe eine wohlbekannte Methode ist, um Ohnmächtige wieder zum Bewußtsein zu bringen.

Doch nun zu dem dicksten Hund, dem sogenannten »Todesgebet«. So etwas wurde nur von den *'ana'ana* angewendet, den Schwarzmagiern oder Hexern, die von den *kahunas* aller Orden verachtet werden. Jene Abtrünnigen waren meist Lehrlinge in einem der genannten Orden, die einiges Wissen aufgenommen hatten und aufgrund ihrer negativen Persönlichkeit oder ihres Verhaltens von ihrer Gilde verlassen oder von ihr ausgestoßen worden sind. Es waren Europäer, die ihnen als erste den Namen *kahuna* gaben, und die Missionare brachten die Vorstellung in Umlauf, daß alle *kahunas* böse Hexer seien. Das »Todesgebet« selbst war nichts weiter als ein Verwünschungs-Gesang, der offen und telepathisch Einfluß auf die Ängste des Opfers nehmen sollte. Ohne Angst vor dem Fluch hatte dieser keine Wirkung. Es gab gewisse *kahunas*, die sich darauf spezialisierten, die Attacken der *'ana'ana* zu neutralisieren, sei es, indem sie den Hexer direkt beeinflußten oder das Opfer stärkten. Manchmal wurden auch diese »Gegenzauberer« *kahuna 'ana'ana* genannt.

Schamanen-Ausbildung

Die Schamanen-Ausbildung in Polynesien kann formell oder recht formlos sein, das hängt von der Gegend ab. In Neuseeland besuchten Maori-Kandidaten früher die Whare Wananga oder »Psychische Schule« und unterzogen sich einem rigorosen Training und Prüfungen. Die hawaiianische Tradition war viel mehr von der Familie geprägt. Die Kandidaten wurden ausgewählt oder wurden in die Familie eines Meister-Schamanen adoptiert und von diesem Schamanen oder seinen fortgeschrittenen Schülern ausgebildet. Bei den Maoris erhielt man spezifische Aufgaben, die zu erfüllen waren, und wurde

danach geprüft. Im hawaiianischen Schamanismus werden einem Erlebnisse, Vorführungen, Hinweise und Suggestionen gegeben, und
dann kann man selbst entscheiden, die Initiative zu ergreifen und
Selbstdisziplin zu entwickeln, um jene Dinge zu meistern – oder es
bleiben zu lassen. Hat man das Gefühl, fertig zu sein, geht man zum
Meister und bittet ihn, ihm seine neue Fertigkeit vorführen zu dürfen. Der Meister gibt einem dann entweder Ratschläge, seine Geschicklichkeit zu verbessern, oder er erkennt die erworbene Fachkenntnis an und stellt einen vor eine neue Herausforderung – wenn
er darum gebeten wird.

Das hawaiianische System ist meines Erachtens das wesentlich
härtere von beiden, weil die Richtlinien so unklar sind. Wana Kahili
beispielsweise, mein hawaiianischer *kahuna*-Onkel, sagte etwa un-
vermittelt:»Es ist eine gute Sache, die Energien von Steinen und
steinartigen Dingen zu verstehen.« Also fragte ich ihn:»Heißt das,
daß du meinst, ich sollte mich damit befassen?« –»Nein«, erwiderte
er.»Willst du, daß ich es tue?« fragte ich erneut.»Nein«, sagte er wieder. Zuerst konnte ich nicht ausmachen, warum er es erwähnt hatte,
aber dank der vorausgegangenen Erfahrungen mit meinem Vater und
mit M'Bala, meinem afrikanischen Schamanen-Mentor, kam mir endlich blitzartig die Eingebung, und ich fragte ihn:»Wie lernt man die
Energien von Stein zu verstehen?« –»Nun, man beginnt beispielsweise, indem man …« Und dann unterbreitete er mir zum Anfang
mehrere Vorschläge. Hätte ich nicht die richtige Frage gestellt, hätte
er mir nicht geholfen, mein Wissen auf diesem Gebiet zu erweitern.
Im hawaiianischen Schamanentum spielt die Eigeninitiative eine sehr
große Rolle und wird belohnt.

Ein – im Vergleich zum indianischen Schamanismus – neuartiger
Aspekt des polynesischen Schamanismus ist das Fehlen von Masken,
Trommeln und Tanz. Masken als Darstellungen von Göttern, Geistern oder Tieren wurden in Polynesien nirgendwo verwendet, obwohl manche Menschen meinen, die melanesischen Masken aus Neu-
guinea seien polynesisch. Wenn die Tänzer, Schamanen oder Priester
Polynesiens die Anwesenheit oder Aktivitäten von Göttern, Geistern
oder Tieren vermitteln wollten, beschränkten sie sich auf Geräusche
und Gesten. Selbst die kunstvolle Gesichtstätowierung der Polynesier war zur Unterstreichung der Schönheit gedacht, nicht als eine
Maske. Das Trommeln als ein Mittel, um in Trance zu gelangen,
wurde nicht gebraucht. Es galt der Kommunikation, zur Aufrechterhaltung des Rhythmus und zur Energetisierung. Beim heiligen Hula

ging ein Darsteller vor dem eigentlichen Tanz durch Meditation über den Gott, Geist oder Zweck, den es darzustellen galt, in eine Art von Trance. Der Tanz selbst war sorgfältig inszenierte Choreographie; seine Macht erwuchs aus der Fertigkeit des Tänzers, sich mit dem darzustellenden Geist oder Zweck zu verbinden. Eine tiefere Trance oder Konzentration mag dabei als Nebenwirkung entstehen, der eigentliche Zweck des heiligen Hula besteht jedoch darin, die Zuschauer zu unterrichten oder zu bewegen. Ekstatischer oder tranceherbeiführender Tanz war nie Teil der polynesischen Kultur.

Polynesische Schamanen wurden als Heiler in sieben Disziplinen ausgebildet und obwohl man, um *kahuna*-Schamane zu werden, einen gewissen Grad von Meisterschaft auf allen sieben Gebieten erreicht haben muß, war nicht jeder in allen Bereichen gleichermaßen geschickt, was auf Unterschiede in natürlicher Begabung und Interesse zurückzuführen ist. Grundsätzlich wurde der Schamane als ein Medium ausgebildet, als ein Löser mentaler und körperlicher Blockaden, als ein Bewirker von Ereignissen, als ein Formveränderer, als ein Friedensmacher, als ein Lehrer und als ein Abenteurer. Die Form der Ausbildung unterschied sich von Lehrer zu Lehrer, aber auf jeden Fall wurde Wert gelegt auf Selbstachtung, innere Autorität und die Macht der Worte, Energie zu lenken, bildhafte Vorstellungen hervorzurufen und Überzeugungen zu erschaffen. Im allgemeinen wurden den Lehrlingen Gesangs-Formeln gegeben (die wir heute als Affirmationen erkennen würden), Bilder, um darüber zu meditieren und sie zu erforschen, und elementare, tierische oder pflanzliche Formen, um sie nachzuahmen oder zu gestalten. Eine formelle Ausbildung fand gewöhnlich von Tagesanbruch bis Mittag statt, aber vom Lehrling wurde erwartet, daß er das Gelernte bei jeder sich bietenden Gelegenheit tags oder nachts anwendete. Atemübungen zur Steigerung der spirituellen Energie und zur Ausrichtung der Gedanken spielten eine wichtige Rolle.

Als ein Medium wurde der Schamane ausgebildet in: Telepathie und Hellsehen, aber auch im Reisen in andere Welten, innere wie äußere; Kommunikation mit Geistern; Channeling; Traumarbeit; Kommunikation mit Pflanzen, Tieren und den Naturelementen der Erde. Alle diese Tätigkeiten wurden als Formen der Telepathie verstanden, der vermutlich wichtigsten aller schamanischen Fertigkeiten. Techniken wie Steine-Werfen, Orakelsteine und Wünschelruten wurden oft gebraucht, um die mentalen Fertigkeiten zu üben und zu vervollkommnen.

Als ein Löser von Blockaden lernte der Schamane den Gebrauch
von Energie zur Beruhigung körperlicher, emotioneller und mentaler
Spannungen, sowie Methoden zur Umwandlung einengender Denkmuster und Überzeugungen. Die Freisetzung von Energie basierte
zumeist auf *lomi-lomi,* einer hawaiianischen Form der Massage.
Hierbei handelt es sich um eine Kombination von Elementen, die an
die schwedische und an die Esalen-Massage erinnern; sie läßt an
Rolfing und Polarity, an Akupressur, Handauflegen und andere
Techniken denken. Doch auch Personen- und Umfeld-Geomantie
kommen zum Einsatz. Die Auflösung einengender Denkmuster geschah mit Hilfe einer Reihe von Methoden, besonders verbreitet war
jedoch eine Art von Gesprächstherapie, bei der häufig Affirmationen
eine Rolle spielten. Man konnte sie selbst üben, für einen anderen
oder in der Gruppe anwenden.

Als ein Bewirker von Ereignissen lernte der Schamane Dinge wie,
das Wetter zu verändern, den Wohlstand zu mehren (etwa durch
Herbeiführen einer reicheren Ernte oder eines größeren Fanges der
Fischer) und verschiedenartige Geschehnisse zu manifestieren (zum
Beispiel eine Insel zu finden oder eine Zusammenkunft der Häupt-
linge zu veranlassen). Neben mehreren anderen gebräuchlichen
Methoden gibt es auch eine Form der Kontemplation oder passiven,
konzentrierten Aufmerksamkeit. Sie ähnelt gewissen Yoga-Praktiken, bei denen ein Gedanke ruhig im Bewußtsein gehalten wird, bis
er genügend Energie gesammelt hat, um sich im Äußeren zu manifestieren. Zu diesem Teil der Ausbildung gehören auch Astralreisen
und Psychokinese.

Als ein Formveränderer lernt der Schamane, durch Gesang,
Schauspiel oder Tanz verschiedene Rollen oder die Charakteristika
von Tieren oder Gegenständen anzunehmen, mit den Elementen der
Natur zu verschmelzen und sie mittels Resonanz zu beeinflussen.
Die geschicktesten Schamanen lernen schließlich, vor den Augen an-
derer zu verschwinden oder in einer anderen Gestalt zu erscheinen.

Als ein Friedensmacher lernt der Schamane, Harmonie zu erzeu-
gen in sich selbst, in anderen, zwischen den Menschen, zwischen
Mensch und Natur und in der Natur. Die Arioi, eine Schamanen-
Vereinigung auf Tahiti, hat sich darauf spezialisiert. Mit Gesang, Tanz
und Poesie reisen sie von Insel zu Insel und geben ihre Darbietungen.
Sie waren so geachtet, daß für die Zeit ihrer Anwesenheit jegliche
kriegerischen Handlungen oder Auseinandersetzungen ruhen. Die
Arioi erinnerten die Kämpfenden mit Hilfe von Mythen und Legen-

den an ihren gemeinsamen Ursprung und Bestimmung; mit ihrem frechen und respektlosen Humor versuchten sie, den Antagonisten das Irrige an ihrer Handlungsweise vor Augen zu führen. Diese zentrale Rolle des Friedens gehört zu den hervorragenden Merkmalen der polynesischen Schamanen. Während die meisten Schamanen heute dem Weg des Kriegers folgen, der Macht sucht und die Überwindung des Selbst, beschreiten die polynesischen Schamanen den Weg des Abenteurers, den Pfad der Liebe *(aloha)* und der Erweiterung des Selbst.

Als ein Lehrer lernt der Schamane, sein Wissen zu veranschaulichen und mitzuteilen, sowie Menschen zu helfen, zu entdecken, wie sie ihr Leben selbst in die Hand nehmen und verändern können. Ein Schamane wird nur sehr selten zum *kahuna a'o*, zum Meister-Lehrer, der vor Gruppen spricht. Weitaus häufiger geschieht die Unterweisung stattdessen durch Vorbild, Vorschlag und Rat.

Als ein Abenteurer lernt der Schamane, flexibel zu sein, sich auf Veränderungen einzustellen und diese in eine positive Richtung zu lenken. Er übt sich in der Freiheit, bei seinem Handeln neue Wege und Bedeutungen zu erkunden, und bringt sein Wissen durch Reisen und den Austausch mit anderen laufend auf den neuesten Stand.

Niedergang und Aufstieg des hawaiianischen Schamanentums

Wie war es möglich, werde ich häufig gefragt, daß Polynesien trotz solcher Kräfte und Fähigkeiten je von Eindringlingen überwältigt werden konnte? Warum haben die Schamanen das nicht verhindert? Da sie mit der Entwicklung des Schamanentums in Polynesien unmittelbar zusammenhängt, will ich diese wichtige Frage hier beantworten. Jeder Teil der polynesischen Inselwelt besitzt seine eigene, lokale Variation über dieses Thema, aber die Geschichte Hawaiis ist typisch genug, um als Beispiel für alle zu dienen.

Fornander berichtet in *An Account of the Polynesian Race:* Um das Jahr 1200 – zur Zeit der Ritter in Europa und der Regierung des Dschingis Khan in Asien – zog ein Mann namens Paao, ein machtvoll motivierter und entschlossener *kahuna* vom Orden der *Ku*, mit einem Häuptling von Samoa und Kriegern aus Samoa und Tahiti nach Hawaii, einem seinerzeit recht friedlichen Ort. Die verschiedenen Gebiete der Inseln unterstanden Häuptlingen, die wie Dorfälteste oder Dorfhäuptlinge regierten. Die Schiffsbauer von Hawaii hatten alle Hände voll zu tun, und hochseetüchtige Kanus verkehrten regelmäßig und ermöglichten Handel und Reisen zwischen den Hawaii-Inseln, Samoa und Tahiti. Der *Ku*-Orden, den Malo in *Hawaiian Antiquities* erwähnte, existierte in Hawaii bereits als eine zeremonielle Priesterschaft. Sie war zuständig für die meisten Tempel und die Feste, die dem Ackerbau, dem Fischen und Heilen gewidmet waren. Bis zur Ankunft von Paao lebten die *Ku*-Priester in relativer Harmonie mit den *Kane*-Schamanen und den Angehörigen der Berufsstände (den Kräuterkundigen, Astrologen, Steuermännern, Schiffsbauern usw.) vom *Lono*-Orden. Die Menschen lebten nicht nur in Frieden, sondern auch zufrieden. Hätte einer geahnt, was bevorstand, hätte ihm niemand Glauben geschenkt. Hier war das Paradies – was könnte schon passieren?

Paao hatte ein spezielles Talent; in Verbindung mit seinem Ehrgeiz sollte es die Gesellschaft Hawaiis tiefgreifend wandeln. Er war ein Organisationsgenie. Bald nach seiner Landung (manche sagen, er sei von Big Island gestartet) richtete er mit den mitgebrachten Kriegern samt Häuptling eine Operationsbasis ein. Dann begann er kraft seiner machtvollen Persönlichkeit und Organisationsbegabung, den örtlichen *Ku*-Orden in eine streng hierarchische und exklusive Gesellschaft von Priestern und deren Gehilfen umzuwandeln. Irgendwann führte er in die Zeremonien dann auch Menschenopfer ein – zum ersten Mal auf Hawaii – mit der üblichen Begründung, das menschliche Leben eigne sich aufgrund seiner besonderen Heiligkeit zum machtvollsten Opfer. Als der *Ku*-Orden organisatorisch erstarkte, begann sich Paao mit Unterstützung seiner Krieger auch politisch durchzusetzen. Während er ein Gebiet nach dem anderen eroberte, ersetzte Paao mit Hilfe der örtlichen Priesterschaft das Dorfhäuptling-System durch eine neue, aristokratische Ordnung. Nachdem vorher alles Land Gemeinbesitz war, gehörte es nun ausschließlich den neuen Häuptlingen, die es nach Belieben zuweisen und entziehen konnten. Die Aristokratie hatte natürlich ihre eigene Hierarchie, die dem Feudalsystem Europas weitgehend ähnlich war, und Paao sorgte dafür, daß seine Macht über das Volk mit der Macht der Priesterschaft eng verknüpft war. So war das eine vom anderen abhängig, und beide sollten einander kontrollieren – ebenfalls ähnlich den europäischen Verhältnissen. Obschon er das grobe Klassensystem Hawaiis in ein strengeres Kastensystem verwandeln konnte, gelang es ihm doch nie, die Leibeigenschaft einzuführen. Der gemeine Mann war Lehnsmann, aber nie Leibeigener. Er gehörte nicht zum Besitz des Häuptlings. Wenn er mit seinem Häuptling nicht zufrieden war, konnte er in ein anderes Gebiet übersiedeln, das von einem anderen Häuptling regiert wurde. Nur aus zwei Richtungen hatte Paao echten oder möglichen Widerstand zu erwarten: von den Schamanen und von den Berufsständen. Also gingen Paao und seine Anhänger daran, beide auszuschalten. Mit als erstes wurde der Handelsverkehr mit den anderen Inseln im Südpazifik eingestellt. Hochseetüchtige Kanus durften die Inseln nicht mehr verlassen (das sei »gegen den Willen der Götter«), und alle ankommenden Schiffe wurden beschlagnahmt, und so kam jeglicher Warenaustausch bald zum Stillstand. Ohne den Handel jedoch bestand kein Bedarf mehr für den Schiffsbau, und die Werften wurden geschlossen. Schiffsbauer und Steuermänner waren natürlich auch nicht mehr gefragt, und so gingen diese beiden Berufsstände ein und ihr Wissen verloren. Da die meisten Astrologen auch Navigatoren waren, ging ein großer Teil ihres Wissens unter. Bereits siebenhundert Jahre, bevor der eiserne Vorhang sich über Europa senkte, hatte Paao seinen noch wirksameren »Ozean-Vorhang« über Hawaii verhängt.

Der *Lono*-Orden litt sehr unter Paao. Buchstäblich nur die Farmer, Fischer und Kräuterkundigen überlebten die nächsten fünfhundert Jahre bis zum Eintreffen Kapitän Cooks; ihr Nutzen ließ sich nicht leugnen, und sie bedeuteten keine Gefahr für die neue Ordnung. Die *Kane*-Schamanen mit ihrer Botschaft von der Freiheit und individuellen Macht waren tatsächlich die größte Bedrohung für Paao, aber in gewissem Sinne vermochten sie ihm auch am wenigsten Widerstand zu leisten. Die Schamanen konnten sich schützen – und taten dies auch –, indem sie sich in Wald und Hochland zurückzogen; nur sehr wenige andere Hawaiianer besaßen den Wunsch und den Mut, dorthin zu gehen. Doch die Schamanen konnten auf die Menschen nur auf solche Weise Einfluß nehmen, wie diese beeinflußt werden wollten. Paao dagegen bot als Gegenleistung für die Aufgabe der persönlichen Freiheit und Verantwortlichkeit absolute Sicherheit; mit Erfolg appellierte er an die Angst der Menschen, die sich seinen neuen Wegen fügten. Die Sicherheit gewährleisteten nicht nur die Soldaten der neuen Herrscher, sondern auch eine Klasse der Exekutoren, die von den Herrschern und der Priesterschaft eingestellt wurde, um bei Nacht hinauszugehen und Feinde zu bestrafen und Kandidaten für die Menschenopfer zu sammeln. Die Bevölkerung war mit der neuen Ordnung im allgemeinen einverstanden, und die Schamanen waren weder nach ihrer Zahl noch organisatorisch stark genug, um sich der Politik Paaos direkt entgegenzustellen. So zogen sie sich in die Wildnis zurück und informierten nur wenige über ihre Aufenthaltsorte. Sie heilten jene, die sie finden konnten, und hielten sich so weit wie möglich im Hintergrund.

Als Cook am Ende des achtzehnten Jahrhunderts die Hawaii-Inseln entdeckte, hatte die *Ku*-Priesterschaft das ganze Gebiet fest im Griff, obwohl alle Inseln im Kriege miteinander lagen. Der *Lono*-Orden hatte den größten Teil seines Wissens verloren und war praktisch zu einem untergeordneten Zweig der herrschenden Priesterklasse geworden; die *Kane*-Schamanen waren schattenhafte Gestalten im Hinterland, die man in Zeiten der Not um Rat fragte, ansonsten aber mied. Nur auf Kauai hatten die Schamanen einen gewissen Einfluß behalten. Als sich der glänzende König Kamehameha mit Hilfe westlicher Strategie und Technik Hawaii, Maui, Oahu und Molokai unterwarf, vermochten die Schamanen von Kauai mit Hilfe ihrer Magie zwei Mal, ihn von der Eroberung Kauais abzuhalten. Kamakau berichtet in *Ka Po'e Kahiko (Die Menschen der alten Zeit)*, daß Kamehameha mit zehntausend Kriegern in See stach, um den Kanal zu überqueren, der Oahu und Kauai voneinander trennt. Doch ein starker Wind kam auf und drohte, die ganze Flotte zu vernichten, so daß der König zur Umkehr gezwungen war. Im Jahre 1804 sammelte Kamehameha erneut über siebentausend Krieger für eine Invasion Kauais und rüstete sich mit Musketen, Kanonen, Drehbassen, Mörsern sowie gepanzerten Schonern und Kanus. Dieses Mal war es eine Typhus-ähnliche Krankheit, die seine Streitmacht dahinraffte und die Invasion verhinderte. In *Kauai: The Separate Kingdom,* einem Bericht über jene Zeit, schreibt Edward Joesting: »Auf allen Inseln war Kauai bekannt für die religiöse Gesinnung seines Volkes und wurde oft als ›*Kauai pule o'o*‹ bezeichnet, als Kauai der starken Gebete.«

Weder der durch Verhandlungen erreichte Eintritt Kauais in Kamehamehas Union noch die Störung und buchstäbliche Vernichtung der Priesterschaft kurz nach dem Tode des großen Königs, weder die Ankunft der Missionare noch der Erwerb Hawaiis durch die Vereinigten Staaten hatte eine große Auswirkung auf die Schamanen der Hawaii-Inseln und ihre Lebensweise. Einmal kamen etliche von ihnen aus der Wildnis hervor, um König Kalakauas Versuch zu unterstützen, die alten Heilkünste mit neuem Leben zu erfüllen. Als jedoch der Einfluß politischer Aktivisten – der sogenannten »Missionars-Gruppe« – stark genug wurde, den König zu zwingen, seine von *kahunas* geführte Gesundheitsbehörde aufzugeben, zogen die Schamanen sich still zurück und verschwanden wieder von der Bildfläche.

Während all der Jahre, in denen die Kultur Hawaiis von den Missionaren und der neuen wirtschaftlichen und politischen Elite Amerikas verdrängt wurde, lebten und wirkten die Insel-Schamanen weiter, in gleichem Maße wie schon während der jahrhundertelangen, von Paao begonnenen Unterdrückung. Sie meisterten die Kunst, mit ihrer Umgebung zu verschmelzen, und so blieben sie entweder unentdeckt in den Hochländern, oder sie mischten sich als dem Anschein nach ganz gewöhnliche Menschen unter ihre Zeitgenossen. In beiden Fällen dienten sie mit ihren Fertigkeiten nur Angehörigen, Freunden und den Bedürftigsten. Die Gesetze Hawaiis, die es zu einem Verbrechen stempelten, sich als *kahuna* zu bezeichnen, hatten auf ihre Tätigkeit kaum eine Auswirkung.

Die Saat des Wandels unter den *kahunas* Hawaiis wurde in den sechziger Jahren von gesellschaftlichen Veränderungen gelegt; in den Siebzigern und Achtzigern keimte sie und wuchs nach Kräften. Wie andere Menschen in anderen Ländern begannen allmählich auch die Hawaiianer, Stolz zu empfinden, Hawaiianer zu sein; die tapfersten unter ihnen begannen die besten Aspekte ihrer uralten Kultur mit neuem Leben zu erfüllen und zu verbessern. Künste und Handwerk, Tanz und Gesang nach traditionellen alten und einzigartig neuen Weisen gewannen an Beliebtheit, und irgendwann wurde auch das Gesetz gegen die *kahunas* aufgehoben. Während der Stolz der Hawaiianer wuchs, nahmen auch die Aktivitäten der hawaiianischen *kahunas* zu. Doch die Unterdrückung durch Kirche und Staat hatte einen hohen Preis gekostet: Nur sehr wenige echte *kahunas* jeder Art waren geblieben, und noch weniger Lehrlinge befanden sich in ihrer Ausbildung. So stolz die Hawaiianer auf ihr Erbe auch sein mochten, hatte das Wirken der Kirchen doch tiefe Spuren hinterlassen; alles *kahuna*-Volksgut wurde mit schwarzer Magie gleichgesetzt. Selbst jene Hawaiianer, die mutig genug sind, sich für die Heilweisen dieser großen Tradition zu interessieren, tun dies nicht ohne Angst. Doch ihre Zahl wächst weiter.

Heute jedoch werden die großen heilerischen, metaphysischen und schamanischen Traditionen Hawaiis vor allem von jener selben Rasse am Leben erhalten, die sie einst fast völlig ausrottete. Ohne das weiße Publikum vom Festland hätten selbst die spärlichen Lehrer-

kahunas von Hawaii buchstäblich niemanden zu unterweisen. Ein
mir befreundeter *kahuna* sagte einmal, daß die Hawaiianer selbst
wohl erst dann zu dem uralten *Huna*-Gut zurückkehren würden,
wenn genügend Weiße ihnen sagten, daß es gut sei. Ein anderer
hawaiianischer *kahuna* – er besuchte einen meiner Vorträge, um zu
hören, was dieser *haole kahuna* zu sagen habe – bestätigte mir, was
ich gelernt hatte. Er vermittelte mir seinen Segen und Dank, daß ich
es weitergebe, während ihn ein seltsames Gefühl beschlich, zu hören,
wie dieses Wissen nach so vielen Jahren der Unterdrückung nun so
öffentlich verbreitet wurde. Andererseits sind einige Hawaiianer –
wenn auch meines Wissens keine *kahunas* –, der Ansicht, die heiligen
Überlieferungen Hawaiis sollten nur Bewohnern ihres Landes nahe-
gebracht werden.

In gewissem Sinne ist es ein Glück und ein Unglück gleichermaßen, daß *kahuna*-Weisheit – *Huna* – heute vor allem Weißen vom
Festland gelehrt wird. Es ist ein Glück, weil ihre Zahl, ihre Auf-
geschlossenheit und relative Furchtlosigkeit sicherstellen, daß das
Wissen erhalten und verbreitet wird – ein Unglück jedoch, weil das
Wissen auch für die Hawaiianer selbst von großen Nutzen sein
könnte auf ihrer modernen Suche nach Selbstachtung und Selbst-
bestimmung. Zur Zeit gibt es weniger als ein halbes Dutzend Lehr-
kahunas, die hauptsächlich auf dem Festland unterrichten. Nur einer
von ihnen ist vom *Kane*-Orden, und auch er ist ein *haole*, ein Weißer.
Dieser Lehrer bin ich. Keiner der übrigen *kahuna*-Schamanen, die
ich kenne, verspürt ein Verlangen zu unterrichten, doch beginnen
wenigstens einige *kahunas* der anderen Orden, in die Öffentlichkeit
zu treten, um ihre Fertigkeiten und ihr Wissen weiterzugeben. Ich
habe große Hoffnungen für meine wenigen polynesischen Lehrlinge,
doch scheinen wir auf eine Geschichtsepoche zuzugehen, in der
Unterschiede immer weniger Bedeutung haben.

Das hawaiianische Schamanentum und der Geist des *aloha*, auf
dem es basiert, stellen eine Lebensweise dar, die für alle Menschen
sehr wertvoll ist. Der beste Einsatz allen schamanischen Wissens, ob
städtisches oder anderes, wäre der für die Sache des Friedens im Inneren und Äußeren. Ein altes hawaiianisches Sprichwort sagt: *He ali'i
ka la'i, he haku na ke aloha* (Frieden ist ein Häuptling, der Herr der
Liebe). Mögen Frieden und Liebe uns Führer und Ziel sein, während
wir daran arbeiten, unsere Welt zu heilen.

Herz, Verstand und Geist

'A'ohe pau ka 'ike i ka halau ho'okahi
An keiner Schule wird alles Wissen gelehrt

Die Weltanschauung der Schamanen Hawaiis zeigt Parallelen zu anderen Denkgebäuden, die den menschlichen Geist und seinen Einfluß auf das Universum kennen; gleichwohl gibt es deutliche Unterschiede. Vor vielen Jahrhunderten fanden die spirituellen Meister Hawaiis zu den gleichen Erkenntnissen, zu denen auch anderen Menschen zu anderen Zeiten und an anderen Orten gelangten. Es gibt einen Bewußtseinsaspekt, der indirekt und im Verborgenen tätig ist (das Unterbewußte); es gibt einen Bewußtseinsaspekt, der offen und direkt arbeitet (das Bewußte), und es gibt einen Bewußtseinsaspekt, der über beide hinausgeht und sie doch in sich umfaßt (das Überbewußte). Die Eigenheiten im hawaiianischen Denken betreffen Wesensart, Funktionen und Beziehungen der verschiedenen Aspekte. In der Überschrift dieses Kapitels habe ich sie Herz, Verstand und Geist genannt. Ihre Wesensart und Aufgabe aus hawaiianischer Sicht könnte zum Praktischsten gehören, was Sie je lernen werden.

Die drei Aspekte des Bewußtseins

Die Unterscheidung von drei Aspekten ist eine Möglichkeit, das komplexe Wesen des Menschen bequem in drei Teile zu gliedern, deren jeder eine eigene Funktion und Motivation hat. Nichts im polynesischen Denken deutet jedoch an, daß diese drei Wesensglieder voneinander tatsächlich getrennt seien. Es ist vielmehr so, als bezeichnete man eine Papaya-Frucht mit den drei Aspekten Schale, Mark und Samen. Diese drei Teile bilden tatsächlich eine ganze Papaya, die aus einem Ursprung hervorging; doch aus praktischen Gründen ist es zuweilen angebracht, von Schale, Mark und Samen separat zu sprechen.

Nichts könnte uns davon abhalten, auch beim Menschen eine Teilung in beispielsweise vierzehn Aspekte vorzunehmen. Die Zahl Drei ist jedoch nützlich, bequem und deshalb als brauchbar akzeptiert. Im Hawaiianischen heißen die drei Aspekte *Ku* (Herz, Körper oder Unterbewußtes), *Lono* (Verstand, Denken oder Bewußtes) und *Kane* (Geist, Überbewußtes).

Der Herz-Aspekt: *Ku*

Die Hauptfunktion dieses Bewußtseinsaspektes ist das Gedächtnis. Dank des *Ku* können wir lernen und uns erinnern, Fertigkeiten und Gewohnheiten entwickeln, die Integrität des Körpers erhalten und einen Sinn unserer kontinuierlichen Identität bewahren. Das *Ku* entspricht weitgehend dem westlichen Begriff des Unterbewußten, ist mit diesem jedoch nicht identisch.

Das Wichtigste, was man über die Erinnerungen wissen muß, ist die Tatsache, daß sie im Körper als Schwingungs- oder Bewegungsmuster gespeichert werden. Das genetische Gedächtnis existiert natürlich auf zellularer Ebene, doch Erfahrenes, Erlebtes und Erlerntes wird auf einer oder mehreren der vielen muskulären Ebenen gespeichert. Auf den richtigen Reiz hin – von innen oder außen, mental oder körperlich – kommt es zu einer Regung, und die Erinnerung wird freigegeben. Sie veranlaßt dann ein mentales, emotionales oder körperliches Verhalten. Wird die Regung behindert – etwa durch Spannung oder Streß –, ist auch die mit ihr verbundene Erinnerung blockiert. Dies gilt für das genetische und das angelernte Gedächtnis gleichermaßen.

Durch das genetische Gedächtnis weiß der Körper lediglich, was schon seine Vorfahren wußten. Dies ist jedoch ein derartig reicher Erinnerungsschatz, daß körperliche und emotionale Verhaltensweisen und Reaktionen in der Regel mehr oder weniger vom angelernten Gedächtnis beeinflußt sind. In einer Streßsituation wendet sich das *Ku* zuerst zum Erb-Gedächtnis, um eine adäquate Verhaltensweise zu finden. Stößt es hier auf eine Auswahl mehrerer Möglichkeiten, geht es weiter zum Lern-Gedächtnis, um über Einzelheiten zu entscheiden.

Angenommen, Sie sind in einer Streß-Situation, die Ihr Selbstwertgefühl belastet, das sich gewöhnlich im Brustbereich manifestiert. Das Erb-Gedächtnis bietet Ihnen nun die Auswahl von Bronchitis, einer Angst-Attacke oder Asthma. Wenn Ihr *Ku* etwa im Laufe der vorausgegangenen Woche von einer anderen Person oder aus dem Fernsehen alles über die Symptome einer Bronchitis gelernt hat, überwiegt die Wahrscheinlichkeit, daß es sich für diese Option entscheiden wird.

Das Erb-Gedächtnis ist in jeder Zelle verankert, das Lern-Gedächtnis hingegen scheint in spezifischen Bereichen des Muskelgewebes gespeichert zu sein. Sein Speicherplatz steht anscheinend in Beziehung zu dem Teil des Körpers, der während des Lernprozesses aktiv oder energetisiert war. Wenn der Körperteil, in dem die Erinnerung gespeichert ist, in ein gewisses Maß von Spannung gerät, so wird jene Erinnerung behindert oder sogar unzugänglich.

Bei einer Wanderung in einer Wildnis-Gegend von Kauai merkten eine Freundin und ich, daß wir die Spur für unseren Rückweg verloren hatten; es schien unmöglich, sie wiederzufinden. Wir erinnerten uns beide, daß es auf der anderen Seite eines Baches war, konnten uns aber nicht darauf einigen, wie die gesuchte Stelle aussah. So verbrachten wir einen ganzen Tag damit, am Bach entlang auf und ab zu gehen, um auf eine Stelle zu stoßen, die wir beide wiedererkennen konnten. Nachdem wir in einem nassen, schlammigen Sumpf genächtigt hatten, beschloß ich am nächsten Morgen, das Wissen unseres *Kus* zu nutzen. Mit behutsamem gegenseitigen Befragen fanden wir heraus, daß meine Gefährtin sich an eine eigentümliche Schlammbank in der Nähe des Weges erinnerte, von der ich überhaupt nichts mehr wußte; in meiner Erinnerung dagegen war ein kleines Bächlein mit einem großen Felsen in der Nähe, deren sie sich nicht mehr entsinnen konnte. So gingen wir am Wasser entlang, bis wir beide Elemente nebeneinander wiederfanden – und dort war auch die gesuchte Spur, genau dazwischen.

Wenn Muskelspannung gelöst wird, wird auch jegliche Erinnerung gelöst, die in dem betreffenden Bereich gespeichert ist und durch die Spannung blockiert war; das weiß jeder, der viele Massagen gibt oder erhält. Es gibt viele Möglichkeiten, Spannung bewußt oder unbewußt zu erzeugen und zu lösen. Vielen Menschen dürfte es schon passiert sein, daß sie den Namen eines anderen vergessen hatten. Man hat vielleicht ein klares Bild von seinem Antlitz vor Augen, aber der Name kommt einem nicht in den Sinn. Der Grund ist, daß jener Teil des Körpers, in dem der gesuchte Name gespeichert ist, im Augenblick zu sehr angespannt ist. Wenn Sie die Frage loslassen und Ihre Tätigkeit wieder aufnehmen, wird Ihnen der Name meist ganz von allein wieder ins Bewußtsein kommen, in einem Augenblick, in dem Sie überhaupt nicht daran denken. In der Zwischenzeit haben sich die Muskeln, die den Namen bargen, genügend entspannt und gaben die Erinnerung frei.

In Afrika stand ich einmal unter großer Anspannung, als ich meine Frau zu einer Party mitnahm, auf der sie den neuen Botschafter der Vereinigten Staaten kennenlernen sollte. Als ich an die Reihe kam, sie ihm vorzustellen, fiel mir ihr Name nicht mehr ein! Ich versicherte dem Botschafter, daß ich bereits etliche Jahre mit meiner Frau zusammenlebte und sie gut kannte, aber seine Exzellenz war begreiflicherweise skeptisch. Als Gloria ihren Namen schließlich selbst aussprach, löste dies die richtige Muskelentspannung aus, und ich konnte bestätigen: »Ja, ganz recht, das ist Gloria.«

Ein schwerer Schock, der einen allgemeinen Streßzustand bewirkt, kann ebenfalls das Erinnerungsvermögen beeinträchtigen; dabei werden unter Umständen weite Bereiche des Gedächtnisses blockiert. Durch Entspannung der verschiedenen Muskelgruppen kann das Erinnerungsvermögen zurückzukehren. Interessanterweise unterliegt das Sprechvermögen fast nie der Amnesie, selbst wenn man sich des eigenen Namens nicht mehr entsinnen kann. Der Grund ist vermutlich, daß die Bausteine der Sprache (Buchstaben und ihr Klang) so häufig benutzt werden, daß sie in vielen Bereichen des Körpers gespeichert werden. Gleichwohl gibt es auch Fälle, in denen ein Mensch durch ein Schockerlebnis tatsächlich sprachlos wird.

Ich erröte heute noch, wenn ich erzähle, wie ich seinerzeit den Namen meiner Frau vergessen hatte. Bemerkenswert ist dabei, daß ich beim Erzählen erröte, während mir jene Geschichte noch lebhaft in Erinnerung ist. Daraus erkennen wir etwas Wichtiges über die Erinnerung und das *Ku*. *Ku*, unser unterschwelliges Körperbewußtsein, unterscheidet nicht zwischen Vergangenheit, Gegenwart und Zukunft. Für das *Ku* existiert nur die Gegenwart. Wenn Sie sich ein Erlebnis in Erinnerung rufen, lösen Sie in der Gegenwart eine physiologische Reaktionen aus, deren Intensität von der Lebendigkeit dessen abhängt, dessen Sie sich erinnern. So wird beispielsweise die

Erinnerung daran, wie Sie im Alter von sieben Jahren hart kritisiert wurden, mit größerer Wahrscheinlichkeit physiologische Reaktionen auslösen als der Gedanke an das Mittagessen vom letzten Dienstag – es sei denn, jene Mahlzeit erwies sich für Sie als noch traumatischer. Ganz gleich also, mit welchen Erinnerungen Sie sich befassen: Sie werden Ihren Körper im gegenwärtigen Augenblick beeinflussen und mehr oder minder die gleichen chemischen und muskulären Reaktionen reproduzieren, die sie auslösten, als die erinnerte Begebenheit tatsächlich geschah. Eine positive Erinnerung kann Endorphine erzeugen, und eine schlimme Erinnerung kann Toxine hervorbringen, und zwar jetzt in der Gegenwart. Je länger Sie sich mit einer Erinnerung befassen, desto stärker ist offenbar ihre Wirkung auf die Gegenwart.

Erkunden der Erinnerung

Nehmen Sie sich etwa fünfzehn Sekunden, um sich an ein unangenehmes Erlebnis zu erinnern, und achten Sie dabei genau auf Ihren Körper. Dann erinnern Sie sich etwa ebenso lang an ein sehr angenehmes Erlebnis, und achten Sie auch hierbei genau auf Ihren Körper. Sie werden feststellen, daß Sie sich unter dem Einfluß der unangenehmen Erinnerung eher müde, gespannt, beengt, niedergeschlagen und/oder unglücklich fühlen, während die angenehme Erinnerung Ihnen eher ein Gefühl von Leichtigkeit, Ausdehnung, Freiheit, Entspannung und/oder Glück vermittelt. Außer der Tatsache, daß die beiden Erinnerungen Ihr Befinden im Hier und Jetzt beeinflußten, können Sie feststellen, wie rasch dies geschah. Im einen Augenblick fühlten Sie sich schlecht, und im nächsten Moment fühlten Sie sich wohl. Dazu bedurfte es lediglich einer Richtungsänderung Ihrer Aufmerksamkeit. Eine Möglichkeit, Ihre Emotionen und Gesundheit im Griff zu haben ist also, selbst zu entscheiden, mit welchen Erinnerungen Sie sich befassen.

Wie ich sagte, erröte ich, wenn ich mich an die Sache mit dem Namen meiner Frau erinnere. Das Erröten ist eine emotionale Reaktion, und Emotionen werden von Erinnerungen ausgelöst. Unser Erinnern ist die eine und einzige Quelle von Emotionen oder von dem, was wir gemeinhin als Gefühle bezeichnen. Sie passieren nicht einfach von selbst, sondern sind Energiereaktionen, die durch Erinnerungsmuster ausgelöst werden. Niemand läuft beispielsweise voller Wut umher.

Aber die Menschen gehen umher und befassen sich dabei mit Erinnerungen, die ständig neue Wut erregen, oder mit muskulären Spannungen, durch die Erinnerungen unterdrückt werden, die sehr wohl Wut freisetzen würden, wenn sie über die Schwelle unseres Bewußtseins gelangten. Brandneue Information oder ein Erlebnis, das mit keinerlei Wissen oder Erleben aus der Vergangenheit in Zusammenhang steht, bringt aus sich selbst keine Emotion hervor. Die einzige Möglichkeit, daß völlig neues Wissen oder Erleben eine Emotion auslösen, ist dann gegeben, wenn Sie bereits ein Erinnerungsmuster besitzen (in Form von Gewohnheit oder einer Erwartungshaltung), das bestimmt, wie Sie reagieren, wenn Sie mit ganz neuem Wissen oder Erleben konfrontiert werden. Besitzen Sie ein Muster, das Sie daran erinnert, daß brandneues Wissen oder Erleben a) aufregend oder b) unheimlich ist, dann dürfte sich Ihre Reaktion nach diesem Muster richten. Andernfalls wäre Ihre Reaktion eher etwas wie: »Ach?« oder »Das ist schön.« Das heißt also: Wenn Emotionen durch Erinnerungen ausgelöst werden, wie in gegebenen Situationen zu reagieren sei, dann geht ein Weg zur indirekten Beherrschung von Emotionen über die Veränderung von Erinnerungen. Wege und Mittel, dies zu bewerkstelligen, werden im weiteren Verlauf dieses Buches besprochen.

Sie können Ihre Emotionen auch indirekt beherrschen, indem Sie Ihrem *Ku* einen neuen Trick beibringen. Er basiert auf der Tatsache, daß Emotionen – insbesondere negative Gefühle wie Angst und Wut –, immer mit muskulärer Spannung einhergehen.

Erkunden der Emotionen

Sitzen oder stehen Sie bequem, alle Ihre Muskeln sollen entspannt sein. (Doch es sollten noch so viele Muskeln angespannt bleiben, daß Sie sitzen oder stehen können.) Nehmen Sie nun Ihre Erinnerung oder Ihr Vorstellungsvermögen zu Hilfe und werden Sie so wütend, wie Sie können, aber achten Sie darauf, dabei keinen Muskel anzuspannen. Wenn es Ihnen gelingt, Ihre Muskeln entspannt zu lassen, werden Sie feststellen, daß es physiologisch unmöglich ist, wütend zu werden. Wut kann nicht existieren ohne muskuläre Spannung, und gleiches gilt für die Angst. Üben Sie es, Ihre Muskeln bewußt zu entspannen. Das kann Ihnen helfen, Wissen und Fertigkeiten leichter zu erinnern, und befähigt Sie, Angst oder Wut nicht aufkommen zu lassen oder sich von ihnen zu befreien. Und es wird Ihnen auch eine Hilfe sein, viele unangenehme und ungesunde Gewohnheitsmuster zu durchbrechen, indem Sie Ihrem Ku eine neue Erinnerung einprägen, wie in verschiedenen Situationen zu agieren oder zu reagieren ist.

Ich wartete mit einer Freundin – der gleichen, die mit mir wandert – in einer Stadt namens Kapaa auf meine Frau, die uns abholen sollte. Die Freundin bot mir an, von ihrer Eistüte zu kosten. Ich ging darauf ein, das Eis war sehr gut. Kurze Zeit später bot sie mir erneut von ihrem Eis an, doch diesmal lehnte ich ab, weil ich auf fettärmere Ernährung achten wollte. Später fragte sie mich, wie ich eine zweite Kostprobe von ihrem gutem Eis zurückweisen konnte. Es sei leicht gewesen, sagte ich ihr. Ich brauchte lediglich meine Schultermuskeln so entspannt zu lassen, daß ich meine Arme nicht heben konnte, um die Eistüte zu nehmen.

Es gibt noch eine sehr wichtige Tatsache zum Thema *Ku* und Gedächtnis: Jedes Erlebnis wird unabhängig von seiner Herkunft als eine körperliche Erinnerung gespeichert. Das *Ku* macht nicht die feine Unterscheidung darüber, ob das Erlebnis von innen oder außen kommt, ob es tatsächlich einen physischen Ursprung hat oder durch Lektüre, Film, Fernsehsendung angeregt wird, einem Traum, einer medialen Eingebung oder unserer Phantasie entspringt. Alles wird als Erinnerung im Körper gespeichert. Das *Ku* kümmert sich einzig und allein um die Intensität der Erfahrung; das heißt um das Maß der physiologischen (emotionellen, chemischen, muskulären) Reaktion während des Erlebens. Nur nach diesem Maßstab beurteilt das *Ku*, wie »real« ein Erlebnis war. Der praktische Aspekt dieses Umstandes ist, daß ein intensiv phantasiertes Erlebnis für das Verhalten, das sich ja auf Erinnerung stützt, die gleiche Gültigkeit besitzt wie eine reale Erfahrung. Hawaiianische und andere Schamanen haben dies seit unvordenklichen Zeiten als Hilfe zu Heilung und Persönlichkeitsentwicklung genutzt. In jüngerer Zeit wurde dieser Aspekt schamanischer Weisheit mit außerordentlichem Erfolg auch zum Vorteil von Olympia-Athleten und anderen gebraucht. Durch die Übung im umfassenden sensorischen Imaginieren von Szenen, in denen sie jedesmal vollkommene Leistung erbringen, prägen die Athleten ihrem Organismus Erinnerungen ein, die die spätere, tatsächliche physische Leistung erleichtern und steigern. Mit der gleichen Methode kann man sich auf jede Fertigkeit, jede Bedingung oder jeden beliebigen Zustand einstellen.

Erkunden der Imagination

Erinnern Sie sich etwa dreißig Sekunden lang an eine Szene aus einem Buch, das Sie gelesen haben, oder aus einem Tagtraum, der Ihnen lieb ist. Dann erinnern Sie sich ebenfalls etwa dreißig Sekunden lang an Ihre Ferien oder eine Reise, die Sie unternommen haben. Versuchen Sie nun, außer acht zu lassen, inwiefern die beiden Erlebnisse sich nach Inhalt, Grad der Lebendigkeit oder Art der Aktivität unterscheiden, und treffen Sie keine Entscheidung darüber, welches von beiden real ist, sondern prüfen Sie den Unterschied beider Erlebnisse als Erinnerungen. Sie stellen fest, daß beide Erlebnisse als Erinnerungen gleich sind, es gibt keinen Unterschied. Sie können sich das eine Erlebnis ebenso leicht in den Sinn rufen wie das andere, und die Szene aus dem Buch oder der Tagtraum kann in der Gegenwart tatsächlich eine stärkere Wirkung auf Sie haben als die Erinnerung an »reales« Geschehen. Der springende Punkt ist also: Das Ku unterscheidet Erinnerungen nicht nach ihrer Quelle. Für das Ku sind jene Erinnerungen am realsten, die die größte sensorische Auswirkung haben.

Die Hauptfunktion des *Ku* ist Erinnerung, und seine Hauptmotivation ist Lust (engl. *pleasure,* als Gegenpol zum Schmerz auch im Sinne von Freude, Wohlbefinden; Anm. d. Hrsg.), genauer ausgedrückt: die Motivation des *Ku* geht vom Schmerz fort in Richtung Lust. All Ihrem gewohnheitsmäßigen – d. h. erinnerungsgestützten mentalen, emotionalen oder körperlichen – Verhalten liegt diese Motivation zugrunde. Deshalb tun Sie gewisse Dinge gerne und andere nicht, deshalb fallen Ihnen manche Dinge leichter als andere, und deshalb zaudern Sie zuweilen, obwohl etwas Wichtiges zu tun ist. Das *Ku* geht ganz von selbst auf das zu, was angenehm ist, und tut sein Bestes, um Schmerz zu vermeiden.

Wenn Sie eine »Zukunfts-Erinnerung« erschaffen – mit anderen Worten: Sie stellen sich vor, was geschehen wird, wenn Sie etwas Bestimmtes tun –, wird das Verhalten Ihres *Ku* weitgehend davon abhängen, ob diese »Erinnerung« mit der Erwartung von Schmerz oder Lust verbunden ist. Wenn Sie in sich die Erwartung/Erinnerung tragen, daß zwischenmenschliche Begegnungen zu schmerzvoller Zurückweisung führen können, wird es Ihnen schwerfallen, auf Menschen zuzugehen oder mit ihnen zusammenzusein, Telefongespräche (besonders Verkaufsgespräche) zu führen und möglicherweise sogar, Briefe zu schreiben. Wenn der Gedanke an solche Begegnungen jedoch die Erwartung von bzw. Erinnerung an erfreulichen Kontakt wachruft, so werden solche Dinge ihnen leichtfallen und erfreulich sein. Und wenn Ihr *Ku* – und das ist gewöhnlich der Fall – beide Erwartungen/Erinnerungen birgt, dann werden Leichtigkeit oder Schwierigkeit bei solchen Aktivitäten je nach der momentanen Verfassung Ihres Selbstbewußtseins und Selbstwertgefühls (auch »Stimmung« genannt) wechseln.

Es gibt Gelegenheiten, bei denen dem *Ku* lediglich die Wahl zwischen zwei Schmerzen bleibt, das heißt es kann keine schöpferische Entscheidung treffen, keine neuen Lösungen erfinden. Es kann nur tun, was es aus früherem Erleben gelernt hat oder was es von anderen, gegenwärtigen Erlebnis-Elementen übernehmen kann. In einer derart schmerzlichen Situation neigt das *Ku* normalerweise dazu, eine angenehme Lösung anzustreben; dies ist jedoch nur möglich, indem es auf gespeicherte Erinnerungen zurückgreift, Gegenwärtiges kopiert oder Anweisungen aus dem Bewußtsein annimmt. Wenn das bewußte Denken keinen Beitrag zur Lösung bietet und keine angenehme Lösung in der Gegenwart oder aus der Vergangenheit zur Verfügung steht, muß das *Ku* das geringere Übel wählen. Wenn Sie an einem Ort unter Umständen arbeiten, auf die Sie mit zunehmendem Streß reagieren, der die Gesundheit und Integrität Ihres Körpers bedroht, und Sie unternehmen nicht bewußt etwas dagegen (zum Beispiel, weil Sie das Geld brauchen), kann das *Ku* sich umsehen oder erinnern und Ihnen eine Grippe schicken, um Sie aus der Situation zu lösen. Aus der Sicht des *Ku* ist die Grippe zwar nichts Angenehmes, aber im Vergleich zu der Belastung und dem Schmerz, am Arbeitsplatz zu bleiben, ist sie das geringere Übel. Gesund werden Sie, wenn Sie Ihre Stelle kündigen, wenn Sie gefeuert werden oder wenn das Leid der Krankheit größer wird als die dem *Ku* bekannte Belastung durch die Arbeitsplatzsituation. (Welche Rolle Viren dabei spielen, werden wir in dem Kapitel über die Heilung des Körpers betrachten.)

Manchmal müssen Sie durch tiefen mentalen, emotionalen oder körperlichen Schmerz gehen, um etwas zu erreichen. Athleten, Bergsteiger, Verkäufer, Wissenschaftler, Studenten und viele andere kennen diese Erfahrung. Hier kommt der zusätzliche Faktor »Wichtigkeit« ins Spiel. Der Mensch geht wissentlich durch Schmerz, sogar schweren Schmerz, wenn nur irgendein anderer Teil von ihm beschlossen hat, daß das Endergebnis oder Ziel seines Tuns der Mühe wert ist, wichtiger ist – und deshalb mehr potentielle Lust birgt –, als der Schmerz, durch den er gehen muß *und* wenn er das potentiell lustvolle Ziel im Sinne behält. Der Gewinn muß also größer sein als der Schmerz. Der Athlet will die Lust des Sieges, der Bergsteiger will die Lust, den Gipfel zu erreichen, der Verkäufer will die Lust der reichlicheren Provision, der Wissenschaftler will die Lust, ein Problem gelöst zu haben, und der Student will vielleicht gerade die Lust, mit dem Studium fertigzuwerden. Das heißt, alles Verhalten, alle Gewohnheiten und Tätigkeiten werden beeinflußt durch die Motivation zur Lust.

Um seine Gedächtnis-Funktion einzusetzen und seine Motivation einzubringen, gebraucht das *Ku* sein Hauptwerkzeug, die Sinneswahrnehmung. So betrachtet, ist alle Erinnerung kinästhetisch oder körperbezogen, auch alle Lust und aller Schmerz; alles Erleben, selbst von Emotionen und Ideen, erzeugt körperliche Wahrnehmungen. Als Stadt-Schamane werden Sie dieses wichtige Werkzeug, die Sinneswahrnehmung oder das Sinnesgewahrsein, entwickeln und verfeinern wollen. Der Teil von Ihnen, der dies tun kann, ist Gegenstand des nächsten Abschnitts.

Der Verstandes-Aspekt: *Lono*

Das *Lono* ist jener Teil, der sich aller inneren und äußeren Einflüsse bewußt ist: Erinnerungen, Gedanken, Ideen, Phantasien, Intuitionen, Gedankenblitze, aber auch Sinneswahrnehmungen wie Sehen, Hören, Tasten, Schmecken, Riechen, von Empfindungen von Tiefe, Bewegung, Druck, Zeit und anderen. Das *Lono* steht sozusagen an der Grenze zwischen den inneren und äußeren Welten. Seine Hauptfunktion ist das Entscheiden. Da zum Prozeß des Entscheidens Dinge wie Aufmerksamkeit, Absicht, Wahl und Deutung gehören, werde ich einen Punkt nach dem anderen einschließlich etwaiger Überschneidungen besprechen.

Zu den Entscheidungen, die das *Lono* zu treffen hat, gehört oft, worauf es die Aufmerksamkeit richten soll. Es gibt jeden Augenblick so viele Dinge, derer man gewahr sein könnte, daß einen der Versuch, sie alle bewußt aufzunehmen, bald mit völliger Handlungsunfähigkeit lähmen würde. Totales Gewahrsein setzt Untätigkeit voraus, weil Tätigkeit Auswahl und damit Ausschluß verlangt. Irgendein Ding zu tun bedeutet, viele andere Dinge nicht zu tun. Das Gewahrsein für ein Ding zu steigern bedeutet, das Gewahrsein für eine Vielzahl anderer Dinge einzuschränken. Es gehört also zu *Lonos* Aufgabe, Entscheidungen zu treffen, die zu selektivem Gewahrsein führen, um die Fertigkeit oder Leistungsfähigkeit des Individuums zu steigern. Mit anderen Worten, Ihr *Lono* entscheidet, was wichtig ist und was nicht, und Ihre Aufmerksamkeit folgt dann dieser Wahl. Die meisten solcher Entscheidungen basieren auf dem Erinnerungsmuster des *Ku* von Schmerz und Lust, aber *Lono* kann eine Vielzahl weiterer Kriterien zur Zumessung von Wichtigkeit besitzen, die auf anderen Arten von Entscheidungen beruhen. Wenn nach *Lonos* Maßgabe die Aufmerksamkeit auf etwas konzentriert wird, kann Ihr Blickwinkel eng oder weit sein je nachdem, wieviel von dem möglichen Gewahrsein von *Lono* für wichtig erachtet wird.

Erkunden des Gewahrseins

Wählen Sie einen kleinen Gegenstand, etwa drei Meter oder mehr von Ihnen entfernt, den Sie betrachten. Während Sie Ihre Aufmerksamkeit auf den Gegenstand gerichtet halten, gestatten Sie Ihrem Gewahrsein, sich um ihn herum auszudehnen und auch andere Gegenstände darüber, darunter oder daneben aufzunehmen. Blicken Sie nun den ersten Gegenstand genauer an und befassen Sie sich mit einem Detail seines Aussehens.

In diesem Fall wurde die Wichtigkeit durch die Richtungen des Experimentes selbst bestimmt. Als Sie Ihre Aufmerksamkeit zunächst auf den gewählten Gegenstand richteten, trat fast alles andere in Ihrer Wahrnehmung in den Hintergrund. Dann erweiterten Sie Ihren Blickwinkel und dehnten Ihr Wahrnehmungsfeld aus. Als schließlich Ihre Aufmerksamkeit auf ein Detail des ersten Gegenstandes gerichtet war, blendete Ihr Gewahrsein fast alles andere wieder aus. Dieses Experiment illustriert auf einfache Weise, was es bedeutet, einem Objekt Ihrer Wahrnehmung Bedeutung zuzumessen, und wie flexibel die Aufmerksamkeit ist.

Absicht ist eine Art des Entscheidens, die sowohl Gewahrsein als auch Aktivität ausrichtet. Die Wahl einer Absicht ist ein machtvoller Weg, mit Ihrem *Ku* umzugehen; er bringt gewaltige Auswirkungen auf Gesundheit, Glück und Erfolg, wenn er auf rechte Weise eingesetzt wird.

Die Management-Theorien unterscheiden vor allem drei Arten des Wirkens: autoritär, demokratisch und »laissez-faire«. Diese Begriffe charakterisieren aber auch die drei Arten, wie Menschen mit ihrem eigenen *Ku* umgehen. Um unsere Abhandlung klarer zu halten, werden wir im folgenden vom beherrschenden, kooperativen und unbeherrschten Stil sprechen.

Wenn Sie beabsichtigen, quer durchs Zimmer zu gehen, folgt auf die Absicht die Wahrnehmung, dieser wiederum die Tat. Ein beherrschender Stil im Umgang mit dem *Ku* bedeutet, daß *Lono* ständig das *Ku* überwacht und korrigiert, um sicherzustellen, daß dieses nichts Verkehrtes tut. Im allgemeinen sind die Folge solcher Kontrolle steife und ungelenke Bewegungen, schlimmstenfalls verkrampft oder spastisch erscheinende Schritte (wenn es überhaupt zu Bewegung kommt). Zum kooperativen Stil gehört, daß das *Lono* die Absicht behält und dem *Ku* zutraut, daß dieses so handelt, wie es zu handeln bereits weiß. Im allgemeinen folgt daraus reibungslose, weiche Fortbewegung, bestenfalls sogar flüssige, ja anmutige Bewegung. Der unbeherrschte Stil führt gewöhnlich dazu, daß man überhaupt nie auf die andere Seite des Raumes gelangt, weil zu viele lustvolle oder zusätzlich wichtige Dinge die Aufmerksamkeit ablenken.

Wenn Sie zu jemandem sprechen mit der Absicht, etwas Bestimmtes zum Ausdruck zu bringen, dann durchsucht das *Ku* den Schatz seiner Erinnerungen und bringt auf wundersame Weise, die noch keiner zu erklären vermag, die Stimmbänder zum Schwingen und bewegt Kiefer, Zunge und Lippen dergestalt, daß mehr oder weniger sinnvolle Klänge hervorgebracht werden. Ein beherrschendes *Lono* greift in den Vorgang ein, indem es zu gewährleisten versucht, daß die richtigen Worte auf die rechte Weise ausgesprochen werden. Dabei verursacht es gewöhnlich ein Durcheinander, indem es die Rede durch eine Vielzahl von »hm«, »nicht wahr« oder gar Stottern unterbricht. Ein kooperatives *Lono* behält die Absicht und läßt das *Ku* seine Sache tun, was oft spontanen Humor hervorbringt und unerwartet gute Einsichten oder Formulierungen. Ein unbeherrschtes *Lono* läßt das *Ku* vom Gegenstand abkommen oder sogar leeres Geschwafel von sich geben.

Was das *Ku* weiß, das weiß es gut, und dazu gehört alles, vom: »Wie heile ich mich selbst«, bis hin zum: »Wie wende ich Fertigkeiten an, die ich gelernt habe.« Vor nicht allzu langer Zeit hörte ich, daß Flugdrachen so konstruiert sind, daß sie jedesmal perfekt fliegen. Die einzigen Unfälle beim Drachenfliegen passieren, weil ängstliche Menschenwesen zuviel zu kontrollieren versuchen. Wie wir bald

sehen werden, ist es das *Lono,* was Angst erzeugt. Das *Ku* gleicht
weitgehend dem perfekt konstruierten Flugdrachen: Zu sehr kontrol-
liert, wird er nicht richtig funktionieren; unter kooperativer Führung
wird er alles tun, was Sie wollen; ohne Steuerung treibt er fort, wohin
auch immer die Strömungen des Lebens ihn tragen.
Eine Wahl zu treffen, bedeutet bei den meisten Menschen sich zu
entscheiden. Auszuwählen heißt, sich zu entscheiden, die Aufmerksamkeit eher in die eine Richtung zu lenken als in eine andere, oder
ein Ding zu tun statt ein anderes – das eigentliche Tun wird dann vom
Ku erledigt. Vielen Menschen fällt es sehr schwer, solche Entscheidungen zu treffen, und sie sagen, daß sie fürchten, sich falsch zu entscheiden, weil die Dinge sich dann zum Verkehrten wendeten. In
Wirklichkeit fürchten sie jedoch, enttäuscht zu werden oder Mißbil-
ligung zu ernten. Nun, zunächst einmal kann niemand eine falsche
Entscheidung in bezug auf die Zukunft treffen, weil eine Gegen-
warts-Entscheidung kein Zukunfts-Geschehen hervorbringt. Gegen-
warts-Entscheidungen können nur Gegenwarts-Ereignisse erzeugen.
Zukunfts-Ereignisse entstehen aus Zukunfts-Entscheidungen, das
sind Entscheidungen, die getroffen werden, wenn die Zukunft in
der Gegenwart erlebt wird. Wenn zwei in St. Louis (Missouri) woh-
nende Menschen, ein positiv denkender und ein negativ denkender,
eine Entscheidung darüber fällen, ob sie nach Honolulu oder nach
New York umziehen, und beide sich für Honolulu entscheiden, dann
ist es überaus wahrscheinlich, daß der positiv denkende Positives
erleben wird und der negative denkende auf Negatives stößt. Sofern
die beiden nicht dieses Buch gelesen haben, ist es weiterhin höchst
wahrscheinlich, daß jeder von ihnen je nach seinem Erleben die Entscheidung über den Umzug loben oder verwünschen wird. Hätten
beide jedoch New York gewählt und Honolulu verworfen, wäre die
gleiche Situation entstanden.
Eine Entscheidung allein bewirkt nicht, daß die Zukunft sich in
die eine oder andere Richtung wendet. Vielmehr ist es Ihr Denken,
nachdem Sie eine Entscheidung getroffen haben, was die Zukunft
wendet, ergibt oder beeinflußt. Die Enttäuschung ist nichts weiter als
die Konsequenz einer Entscheidung, sich in bezug auf ein Ergebnis
unwohl zu fühlen. Und wenn Sie keine Entscheidung treffen, weil Sie
fürchten, enttäuscht zu werden, ist es, als sagten Sie, Sie fürchteten
sich vor der Entscheidung, sich in der Zukunft ungeachtet des Ergeb-
nisses schlecht zu fühlen – oder Sie fürchteten sich, das Ergebnis
könnte nicht sein, was Sie sich wünschten.

Ich weiß zwar nichts über Sie, aber in meinen Ohren klingt das reichlich töricht. Es ist, als blieben Sie morgens im Bett, weil Sie entscheiden könnten, sich wegen irgend etwas unglücklich zu fühlen, oder weil vielleicht nicht alles planmäßig gehen könnte. Wie wir bald sehen werden, hat die Entscheidung über das Unglücklichsein nichts mit dem Geschehen zu tun, und – auch wenn es mir schwerfällt, Ihnen das zu verraten – die Dinge gehen nur selten planmäßig vonstatten. Wenn Ihr Denken richtig ist, gehen sie oft besser. Bei der Frage, worauf Sie sich konzentrieren oder was Sie tun, spielt es also wirklich keine Rolle, wofür Sie sich entscheiden. Manche Dinge, die Sie wählen, sind vielleicht einfacher als andere, aber das hat mehr mit dem bestehenden *Ku*-Erinnerungen und Gewohnheiten zu tun als mit dem Gegenstand Ihrer Wahl. Viel wichtiger nämlich sind Ihre Entscheidungen über die Interpretation Ihres Erlebens.

Die Interpretation ist eine Entscheidung über den Sinn oder die Gültigkeit des Erlebens. Diese Art von Entscheidung baut Erwartungs- und Filterungsmuster auf, die großen Einfluß auf zukünftiges Erleben haben. Interpretation geschieht entweder durch Einschätzung oder durch Analyse. Einschätzung ist grundsätzlich eine Entscheidung, daß etwas gut oder schlecht ist, richtig oder falsch, während die Analyse bestimmt, daß etwas ist oder nicht ist. Wenn Sie die Leistung eines Arbeitnehmers einschätzen, achten Sie auf Dinge, die zu tadeln oder zu loben sind; Sie treffen Entscheidungen darüber, welche Aspekte seiner Leistung schlecht sind und welche gut. Wenn Sie die Leistung eines Arbeitnehmers analysieren, treffen Sie Entscheidungen über Tüchtigkeit und Arbeitskraft. Entweder wird ein gesetztes Ziel innerhalb einer gegebenen Zeit erreicht, oder es wird nicht erreicht. Wenn Sie mit Ihrem *Lono* einmal ein Werturteil über Tüchtigkeit und Arbeitskraft treffen, lassen Sie die Analyse hinter sich und gelangen zur Einschätzung. Dieser Unterschied ist recht wichtig für klares Denken, denn die Einschätzung ruft gewöhnlich emotionelle Reaktionen wie Glücklichsein, Angst oder Wut hervor, die reine Analyse dagegen nicht. »Güte« nämlich spricht Lust-Erwartungsmuster an (Zustimmung, Akzeptanz), und »Schlechtigkeit« beruft sich auf Schmerz-Erwartungsmuster (Enttäuschung, Ablehnung). Bloßes »Sein oder Nichtsein« stimuliert nur Interesse oder Gleichgültigkeit (basierend auf Entscheidungsmustern zur Beimessung von Wichtigkeit).

Ich sagte bereits, daß die Hauptmotivation von *Ku* die Lust ist; das erklärt einen großen Teil des menschlichen Verhaltens. Ein noch größerer Teil läßt sich aus der Hauptmotivation *Lonos* erklären, der Ordnung. Ordnung bedeutet nicht zwangsläufig Ordentlichkeit, auch wenn so manches *Lono* es auf diese Weise deuten mag. Vielmehr geht es um Regeln, Kategorien und Verstehen. Das menschliche *Lono* liebt eben einfach die Logik, selbst wenn sich die Logik auf törichte Annahmen stützt, und es liebt Erklärungen, solange sie auf *Ku*-Erinnerung und Motivation basieren, oder wenn sie Unordnung zur Ordnung führen. Manche Menschen verbringen ihr ganzes Leben damit, Pflanzen zu klassifizieren – und das ist in Ordnung so, wenn es ihnen Freude bereitet. Aber die Natur ist nicht *wirklich* aufgeteilt nach Gattungen, Familien und Arten. Das sind lediglich Kategorien, die das menschliche *Lono* erfand, um eine gewisse Ordnung in die überwältigende Vielfalt der Natur einzuführen. Manche Menschen bestehen darauf zu wissen, *warum* Dinge so sind, wie sie sind, bevor sie sich selbst erlauben, sich zu ändern. Verstehen aber ist nicht notwendig, um eine Veränderung zum Positiven herbeizuführen, doch viele Menschen fühlen sich wohler, wenn sie erst einmal Erklärungen haben. Wo Angst ist, wird die Motivation zur Ordnung eine Motivation zur Sicherheit.

Das Hauptwerkzeug *Lonos* ist die Imagination. Da das *Lono* der einzige Teil von Ihnen ist, der Ihrer unmittelbaren Kontrolle untersteht, spielt die Entwicklung dieser Fähigkeit der Imagination eine überaus wichtige Rolle für den Stadt-Schamanen. Durch Ihre Imagination nämlich beeinflussen und lenken Sie Ihre Aspekte und die Welt um sich.

Der Geist-Aspekt: *Kane*

Das *Kane* ist als ein »Quelle«-Aspekt zu verstehen, eine rein geistige Essenz, die unser körperlich orientiertes Wesen in die Wirklichkeit manifestiert oder projiziert. Sie können es auch als Seele oder Überseele bezeichnen, sofern Sie damit nicht die Vorstellung verknüpfen, es handele sich um etwas, das verloren gehen oder von Ihnen getrennt werden kann. Aus diesem Grunde wird das *Kane* oft als Gottselbst oder Höheres Selbst bezeichnet, gleichwohl stammt es aus einer noch größeren Quelle, die man Gott nennen oder auch mit einem anderen Namen Ihrer Wahl bezeichnen darf. In der hawaiianischen Tradition wird es oft *aumakua* genannt und kann symbolisch in Zusammenhang mit den Vorfahren oder Großeltern gebracht werden.

Die Hauptfunktion des *Kane* ist Kreativität in Form mentalen und körperlichen Erlebens. Einfacher ausgedrückt, erzeugt das *Lono*

ein Muster, indem es entscheidet, daß etwas wahr ist; *Ku* erinnert sich
an das Muster, und *Kane* gebraucht das Muster, um Erleben zu manifestieren. Gleichzeitig gibt *Kane* ständig Inspiration, um das Muster
zu verbessern, denn seine Hauptmotivation ist Harmonie. Solche
Inspiration kann auf mentalem Wege geschehen, etwa in der Meditation, oder sie kommt im Äußeren in Form von Vorzeichen oder
Omen, etwa in der Formation des Vogelfluges oder der Bewegung
von Tieren oder Wolken – in modernen Zeiten vielleicht auch im
Inhalt einer Konversation, einem Buch oder sogar einer Fernsehsendung. Wie auch immer Inspiration erfolgt, soll die Motivation dem
ganzen Selbst helfen, seine Muster harmonischer mit anderen in der
Gemeinschaft und Umwelt zusammenzufügen.

    Kane greift nie in Ihr Erleben ein, solange nicht die Gefahr
besteht, daß Sie von ihrem Lebensweg abweichen. Doch dies ist
nicht das gleiche wie Vorbestimmung. Vielmehr geht es darum, daß
Sie als *Kane* beschlossen haben, im Laufe dieses Lebens gewisse
Dinge zu erreichen, und das werden Sie auch tun. Schreiend und um
sich tretend, oder lachend und tanzend: Sie werden Ihre Mission
erfüllen.

    Es ist etwa so, als hätten Sie beschlossen, in See zu stechen und an
die gegenüberliegende Küste des Meeres zu gelangen. Das Ziel, dem
Sie sich verschrieben haben, heißt, die andere Seite zu erreichen. Die
spezifische Richtung jedoch, die Sie wählen, die Strömungen, denen
Sie folgen, die Art der Segel, die Sie setzen, die Wahl der Besatzung,
die Sie anheuern, die Inseln, auf denen Sie Halt machen, und die Gedanken, die Sie auf Ihrer Reise entwickeln und erwägen – dies alles
bleibt Ihnen überlassen. *Kane* interveniert ausschließlich dann, wenn
ein Geschehen bevorsteht, das direkt oder indirekt dazu führen
könnte, daß Sie die andere Seite nicht erreichen. Solche Gelegenheiten erscheinen uns gewöhnlich als kleine Un-, Zu- oder Zwi-
schenfälle, die einen Gedankengang unterbrechen, den wir dann
nicht wieder aufnehmen können. Es könnte etwas ganz Simples sein,
zum Beispiel von einem Vorübergehenden angerempelt zu werden,
oder sich den Zeh anzustoßen.

    Ich war einmal mit einigen Mit-Schamanen zum Essen in einem
chinesischen Restaurant auf Kauai, und eine Frau zu meiner Rechten
fing gerade an, uns eine Geschichte zu erzählen, als ich nach einer
Schüssel griff, die in der Mitte des Tisches stand. Auf halbem Wege
zuckte meine Hand plötzlich nach rechts und stieß ein Glas Wein
um, so daß sein Inhalt sich über die Frau ergoß, die das Wort ergrif-

fen hatte. Wir halfen ihr sofort, ihr Kleid zu säubern, aber nach diesem Zwischenfall konnte sie sich nicht mehr erinnern, worüber sie sprechen wollte, und auch keinem anderen gelang es, den verlorenen Faden wieder aufzunehmen. Noch Wochen später vermochte die Frau sich nicht zu entsinnen, was sie gesagt hatte oder erzählen wollte. Ich hatte mich natürlich auf der Stelle entschuldigt, fühlte mich aber keineswegs »schuldig«, weil eine sehr starke Intuition mich spüren ließ, was geschehen war. Für mich war es klar, daß das *Kane* eingegriffen hatte, weil die zu erzählende Geschichte nachteilige Folgen (in bezug auf den Lebensweg) für eine oder mehrere der Anwesenden gehabt hätte.

Das Hauptwerkzeug des *Kane* ist Energie. Das Universum besteht aus Energie, und es ist Energie, was die Träume des Lebens nährt, erhält und verändert. Die Imagination des *Lono* lenkt die Energie, und die Wahrnehmung des *Ku* läßt uns ihre Auswirkungen erleben.

Viele Traditionen und Lehren vermitteln die Vorstellung, es sei ein beschwerlicher, langfristiger Prozeß, mit Ihrem geistigen Aspekt in Verbindung zu gelangen, und es verlange große Selbstdisziplin und spezielle Techniken. Ich sage Ihnen hier und jetzt, daß es einfach und leicht ist. Es muß so sein. Denn nichts ist so sehr ein Teil von uns wie unser eigener Geist.

Erkunden der geistigen Verbundenheit

Sitzen Sie bequem und schließen Sie die Augen; atmen Sie einige Male tief ein und seien Sie sich Ihres Körpers bewußt. Nun stellen Sie sich etwas vor, das an Schönheit nicht zu übertreffen ist. Dies kann etwas aus Ihrer Erinnerung sein, etwas, das Sie gesehen oder über das Sie gelesen haben, oder etwas, das Sie sich gerade jetzt ersinnen. Denken Sie einfach ganz intensiv daran. Nach wenigen Augenblicken spüren Sie so etwas wie Entspannung, Lust oder Energie. Das ist Ihr Ku, das Ihnen mitteilt, daß Sie nun in direkter, bewußter Verbindung mit Ihrem Kane sind. Dies ist auch eine gute Gelegenheit für die bewußte Kommunikation. Einer der besten Wege zur direkten Kommunikation mit Ihrem Kane ist, »danke« zu sagen. Danke für die guten Dinge, die da sind, und für das Gute, das noch kommt. Nehmen Sie sich einige Augenblick Zeit, gehen Sie so weit in Einzelheiten, wie es Ihnen gefällt, und schließen Sie mit einem Satz, der für Sie einen Ab-

schluß und positive Erwartung andeutet: »*So sei es*«, »*Amen*« *oder auf hawaiianisch:* »*amama*« *zum Beispiel.*

In dem Maße, in dem Sie glauben und vertrauen, werden Sie Resultate erhalten. Und damit wollen wir uns im nächsten Kapitel befassen.

Die Grundprinzipien

Hili hewa ka mana'o ke 'ole ke kukakuka
Vorstellungen verselbständigen sich ohne Diskussion

Meine Lehrer erzählten mir vor sehr langer Zeit, wie einige weise Heiler zusammenkamen, um ihre Beobachtungen über das Leben und das Heilen auszutauschen und um sie in eine Form zu bringen, die leicht gelehrt und als ein Handwerk vermittelt und erinnert werden könnte. Sie hätten gewiß hundert Sätze und Regeln aufnehmen können, gleichwohl entschieden sie sich, ihre Weisheit aufgrund der esoterischen Symbolkraft der Zahl Sieben als sieben Grundprinzipien zu formulieren.

Diese Prinzipien sind essentielle Grundsätze der Manifestation und der verborgenen oder inneren Ursache äußeren Geschehens, und in vielen alten Traditionen steht die Zahl Sieben für dieses innere Wissen, weil sie aus der Addition der Zahlen Drei und Vier entsteht, die wiederum die maskulinen und femininen Urkräfte oder Polaritäten im Universum repräsentieren. Nicht alle Traditionen stimmen jedoch darin überein, welche Zahl welche Kraft symbolisiert. Im Hawaiianischen ist *hiku* die Zahl Sieben; sie wird gebildet aus zwei Silben: *hi*, das feminine Prinzip (es bedeutet »fließen«), und *ku*, das maskuline Prinzip (es bedeutet »fest stehen«).

Die sieben schamanischen Prinzipien

Ich lernte die sieben Prinzipien in ihrer hawaiianischen Form als sieben individuelle Wörter mit vielen, weitreichenden Bedeutungen kennen; um jedoch dieses Wissen in der westlichen Kultur zu lehren, mußte ich jedes Wort in einen Grund-Satz übertragen. Schon bald stellte sich heraus, daß die Grund-Sätze nicht genug von der Essenz jedes Prinzips fassen konnten, und so fügte ich jedem mehrere »Folgesätze« hinzu.

Die nun folgenden Prinzipien und Folgesätze bilden eine brauchbare Lebensphilosophie und eine Einführung in die Praxis des Stadtschamanen-Handwerks.

Erstes Prinzip:
IKE – Die Welt ist, wofür Sie sie halten

Je nachdem, wie Sie es betrachten, kann ein Wasserglas halb voll oder halb leer sein. Je nachdem, was Sie geplant haben, kann der Regen gut für die Ernte sein oder schlecht für ein Picknick. Je nachdem, welche Einstellung Sie haben, kann ein Problem ein Hindernis oder eine Herausforderung, eine Chance sein. Es ist klar, nachvollziehbar und verständlich, daß das Denken hier unser Erleben beeinflußt. Auf subtilere Weise – die auf den Gebieten der Psychosomatik, der Psychoimmunologie und der Motivations-Psychologie jedoch umfassend dokumentiert ist –, können uns Gedanken von Angst, Sorgen, Wut und Groll krank machen und unsere Leistungsfähigkeit einschränken. Mit Gedanken der Zuversicht, Entschlossenheit, Liebe und Vergebungsbereitschaft dagegen fühlen wir uns wohl, sie steigern unsere Leistung. Gehen wir weiter in den metaphysischen Bereich, so begegnen wir der Vorstellung, daß Gedanken ihre Entsprechung gleichsam telepathisch anziehen. Mit anderen Worten, und um es ganz einfach auszudrücken: Positive Gedanken ziehen positive Menschen und Ereignisse an, negative Gedanken ziehen negative Menschen und Ereignisse an. Das ist zwar weniger offenkundig als die zitierten Beispiele, aber Millionen von Menschen erkennen diesen Zusammenhang an, und eine sorgfältige, ehrliche Prüfung Ihres Denkens und Lebens wird auch Sie auf solche Verbindungen stoßen lassen. Eine tiefere, esoterische Vorstellung, die von vielen spirituellen

Lehrern auf der ganzen Welt vermittelt wird, besagt, daß Ihr Erleben von Ihrem Glauben bestimmt wird, also von dem, woran Sie glauben. Die Geschichte der Antike wie auch der heutigen Zeit ist voller Beispiele für die Macht des Denkens – in Form von Gebet, Glauben und Überzeugung –, physische Gegebenheiten, Ereignisse und Umstände zu verwandeln. Alle diese Vorstellungen gehören zu dem ersten Prinzip unserer Philosophie – und darüber hinaus einiges mehr.

Folgesatz: Alles ist ein Traum
Der Schamane erkennt nicht nur die Wirkungen von Einstellungen, Erwartungen, Telepathie und Glauben auf das Erleben an, sondern vertritt auch die außerordentlich subtile Idee, daß das Leben ein Traum sei – ja, daß wir in der Tat unser Leben ins Dasein hinein-träumen. Dies bedeutet nicht, daß das Leben eine Illusion sei. Vielmehr heißt es: Träume sind wirklich, die Wirklichkeit ist ein Traum. Die Wirklichkeit, die Sie gerade jetzt erleben, ist nur einer von vielen Träumen.

Dies klingt zunächst so ungewohnt, daß es wirr und unlogisch scheint. Sie können mit Ihrer Hand gegen eine Wand schlagen und deren Festigkeit spüren; Sie können die Geräusche in Ihrer Umgebung hören und viele Gegenstände in allen Einzelheiten wahrnehmen. Was soll daran so traumartig sein? Aber denken Sie einmal einen Augenblick nach. Die Wand, gegen die Sie mit der Hand geschlagen haben, ist nicht wirklich fest – und Ihre Hand auch nicht. Beide bestehen aus Molekülen, die wiederum aus Atomen zusammengesetzt sind. Atome sind vor allem Energiefelder, die mit unterschiedlichen Frequenzen schwingen. Der einzige Grund, warum Ihre Hand die Wand nicht durchdrungen hat, liegt darin, daß sowohl Ihre Hand als auch die Wand auf Frequenzen schwingen, die einander so nahe verwandt sind, daß sie einander stören. Während Ihre Hand gegen die Wand stößt, vermögen zum Beispiel Rundfunk- und Fernseh-Wellen dieselbe Wand und auch Ihre Hand zu durchdringen, als ob diese gar nicht vorhanden wären. Als Sie auf die Wand trafen, schlugen Sie nicht gegen einen festen Gegenstand. Vielmehr trafen zwei Energiefelder aufeinander, und die Information wurde an Ihr Gehirn weitergeleitet, wo sie von Ihnen anhand der bereits gespeicherten Erinnerungen gedeutet wurde als das Erlebnis, gegen die Wand zu schlagen.

Was ist mit dem Geräusch, das Sie hören? Angenommen, es handelt sich um Musik. In Wirklichkeit ist es jedoch zunächst keine

Musik, was Sie hören. Sie erleben ein Schwingungswellenmuster, das sich durch die Luft ausbreitet, Ihre Trommelfelle erreicht und in einen elektrischen Nervenimpuls übersetzt wird, den Ihr Gehirn aufnimmt. Dieses gibt dann ein Signal ab, das Sie anhand Ihrer bereits gespeicherten Erfahrung als Musik interpretieren. Die Gegenstände, die Sie sehen, sind schließlich nur deshalb sichtbar, weil Lichtenergie von anderen Energiefeldern abprallt und auf Ihre Augen trifft; ihre Frequenzen werden in Muster übersetzt, die Sie als Gegenstände interpretieren. Was als äußere Realität erscheint, ist in Wirklichkeit alles in Ihrem Kopf. Warum – das klingt wie ein Traum.

Solange Ihnen von diesen Worten noch schwindelig ist, denken Sie einmal über folgendes nach: Haben Sie jemals nachts einen Traum gehabt, der so real schien wie Ihr Tages-Erleben oder sogar noch realer? Dann wissen Sie, daß es nur eine einzige Möglichkeit gibt, den Unterscheid festzustellen: *Dieser* Traum (die Wirklichkeit) ist mit mehr Erinnerungen verbunden, an die Sie sich halten können. Aus der Sicht des Schamanen jedoch sind auch Erinnerungen nur Träume. Wenn Sie noch keinen derart realistischen Traum hatten, haben Sie vielleicht schon von Menschen gehört oder gelesen – Mystiker, Trinker, Schizophrene, Drogenkonsumenten, Personen, die unter Schlafentzug leiden, Kranke, Alte, Kinder oder Schamanen –, die etwas hatten, das Psychologen und Psychiater gerne als »Halluzinationen« bezeichnen. Dabei erschien ihnen jedes bißchen so real oder sogar noch realer als der Traum, den wir gewöhnliches Erlebnis nennen. *(Halluzination* bedeutet: »Dein Traum stimmt mit meinem nicht überein.«)

Denken Sie einmal darüber nach: Das einzige Kriterium, nach dem wir die Realität solcher Erlebnisse beurteilen, ist die Frage, ob noch ein anderer sie erlebte oder nicht. Und selbst diese Information reicht nicht immer aus. Wenn Sie wütend sind, weil Sie nicht daran teilhatten, oder wenn Sie nicht mögen, was andere von ihren Erlebnissen erzählen, dann können Sie es immer noch als »Massen-Halluzination« bezeichnen. Für die Schamanen ist das Erleben, was wir die gewöhnlich-alltägliche Wirklichkeit nennen, Massen-Halluzination, oder, um es höflicher auszudrücken, ein gemeinsamer Traum. Es ist, als haben wir alle unsere eigenen, individuellen Träume über das Leben, die wir in den Bereichen teilen, in denen Übereinstimmung oder Konsens herrschen. Wenn Sie gerade jetzt in meinem Arbeitszimmer wären, könnten wir übereinstimmend sagen, daß ich an meinem Computer arbeite, vor dem eine Holzschnitzerei mit dem Wort *Liebe*

und eine in Jade geschnittener Maori-Tiki aus Neuseeland stehen.
Aber Sie werden vielleicht nicht das Energiefeld spüren oder sehen
können, das den Jadestein umgibt, und ich vermag vielleicht nicht Ihr
Parfüm oder Aftershave zu riechen, oder die Musik zu hören, die aus
den Kopfhörern Ihres tragbaren Kassetten-Abspielgeräts kommt.
Manche Teile unserer Träume hätten wir also gemeinsam, andere
Teile nicht. Sie könnten sich natürlich vorbeugen, so daß ich an Ihnen
schnuppern und Ihre Kopfhörer überziehen könnte, um Ihre Musik
zu hören, und ich könnte Ihnen erklären, was mit der Energie der
Jade anzufangen ist – doch dies beweist nichts über Träume und die
Wirklichkeit, weil wir lernen können, wie man auch jene anderen
Erlebnisse teilen kann, die man gemeinhin Träume nennt.

Die Stadt-Schamanen wissen, daß es auch einen praktischen
Zusammenhang zu diesem Gesichtspunkt gibt. *Falls* dieses Leben ein
Traum ist, und *falls* wir in ihm ganz erwachen können, dann ver-
mögen wir den Traum zu verändern, indem wir unser Träumen wan-
deln. Wir werden in diesem Buch viele Methoden erforschen, den
Traum des Lebens zu verwandeln; die meisten davon dürften auch
bei Ihnen funktionieren – ob Sie nun entscheiden, daß das Leben ein
Traum ist oder nicht. Jenen aber, die sich trauen, mit einer solchen
Vorstellung zu experimentieren, wird sich ein reiches Abenteuer
voller Herausforderungen und Gelegenheiten auftun.

Folgesatz: Alle Systeme sind willkürlich
Es gibt die Geschichte von einem jungen Mann, der eine gefährliche
und langwierige Reise antrat, um einen alten Weisen zu finden und
ihn nach dem Sinn des Lebens zu fragen. Als er schließlich vor dem
Weisen stand und seine Frage ausgesprochen hatte, antwortete der
Alte: »Das Leben ist einfach eine Schale Kirschen.« Zunächst überrascht und sprachlos, dann aber gereizt und verärgert, sagte der junge
Mann: »Das ist alles? Ich bin den ganzen langen Weg hierher gekommen, habe Meere und Berge überquert, Wüsten und Urwälder, um
dich zu finden und nach dem Sinn des Lebens zu fragen – und du hast
nichts weiter zu sagen als, das Leben sei einfach eine Schale Kirschen?!« Der Weise lächelte, hob sein Gewand und erwiderte: »Na
gut, dann ist das Leben also nicht einfach eine Schale Kirschen.«

Seit unvordenklichen Zeiten haben die Menschen danach ge-
strebt, den letzten Sinn und die absolute Wahrheit zu finden, etwas
Festes und Ewiges, an dem ihre *Lonos* sich festhalten können. Sie
haben es mit der Mystik probiert, mit Religion, Wissenschaft, Meta-

physik, Kunst und Philosophie, um dem Leben einen Sinn abzuge-
winnen, auf daß sie sich im Innern sicherer fühlen können, und oft
auch, um das Leben zu beherrschen und sich auch im Äußeren sicherer zu fühlen.

Schamanen müssen eine eigene Antwort auf die Sinnfrage finden
aus einer logische Fortführung der Idee, daß alles ein Traum ist, und
die Welt das, wofür man sie hält. Wenn wir von diesen Grundannahmen ausgehen, dann ist offenbar jeder Sinn erfunden; die absolute
Wahrheit ist, was auch immer Sie zur einer solchen bestimmen. Der
Sinn des Erlebens hängt von Ihrer Interpretation desselben ab oder
von Ihrer Entscheidung, die Interpretation eines anderen zu übernehmen; die Entscheidung, eine Grundannahme zu akzeptieren, ist
ebenso willkürlich. Deshalb sind alle Systeme, die das Leben und sein
Wirken beschreiben, willkürlich erdacht; sie basieren auf bestimmten
Entscheidungen, gewisse Interpretationen des Erlebens zu akzeptieren. Was also wirklich zählt, ist nicht, ob ein bestimmtes System wahr
ist (»wahr« ist ohnehin ein willkürlicher Begriff), sondern vielmehr,
wie gut es für Sie funktioniert.

Das als *Huna* bekannte System mit seinen sieben Prinzipien ist
anerkanntermaßen ebenso willkürlich und erfunden wie jedes andere
System. Deshalb wird es hier nicht als Wahrheit präsentiert, sondern
als eine Serie von Hypothesen, die es Ihnen gestatten, die Arbeit des
Schamanen effektiver auszuführen. Es ist ähnlich wie beim Erlernen
von Tonleitern im Musikunterricht oder der Gesetze der Perspektive
beim Malen; Sie benötigen solche Grundlagen, um das jeweilige
Handwerk effektiver ausüben zu können. Die Regeln jeder Kunst
und jedes Handwerks sind nützlich für seine Ausübung, doch sie
gelten nicht zwangsläufig auch für ein anderes Handwerk oder einen
anderen Aspekt des Lebens. Aus diesem Grunde werden die sieben
Prinzipien nicht als ein Dogma vorgestellt – und deshalb brauchen
sie auch nicht wie ein solches gerechtfertigt und verteidigt zu werden.
Wenn sie für Sie sinnvoll sind und sich bewähren, dann machen Sie
von ihnen Gebrauch; andernfalls wählen Sie sich andere aus. Ein
weiser Schamane fühlt sich frei, Systeme nach Belieben zu wechseln
je nach der Situation, die gerade anliegt. Dieser Folgesatz erlaubt
Ihnen ein ebenso großes Maß an Toleranz gegenüber anderen Syste-
men, weil diese nicht als antagonistisch oder bedrohlich betrachtet
werden, sondern einfach als andere Ansichten.

Erkunden der Macht des Denkens

Wenn die Welt ist, wofür Sie sie halten, dann sollten Sie in der Lage sein, Ihre Welt zu verändern, indem Sie Ihr Denken ändern. Setzen Sie sich bequem hin, halten Sie die Augen geöffnet und drehen Sie Ihren Kopf, so weit Sie können nach links und blicken Sie geradeaus. Finden Sie etwas in Ihrer Blickrichtung, an das Sie sich als Markierungspunkt erinnern können, und drehen Sie den Kopf nun wieder nach vorne. Schließen Sie jetzt die Augen, halten Sie den Kopf still und stellen Sie sich vor, daß Sie den Kopf langsam nach links wenden. Das geht ganz leicht und locker, ohne irgendeine Anspannung und bis über den Markierungspunkt hinaus, bis Sie gerade nach hinten schauen, ohne die geringsten Probleme. Stellen Sie sich vor, was Sie wahrnehmen und dabei empfinden. Dann stellen Sie sich vor, Ihren Kopf langsam wieder zurück nach vorne zu drehen. Öffnen Sie jetzt die Augen und drehen Sie den Kopf nach links. Sie stellen fest: In dem Maße, in dem Sie sich das Gefühl in Gedanken vorzustellen vermochten, dreht sich Ihr Kopf nun leicht weiter als vorhin, und Ihre Blickrichtung geht weit über den Markierungspunkt hinaus.

Soeben haben Sie durch eine Änderung Ihres Denkens die Leistung auch im Körperlichen verändert. Sie haben sich vorgestellt, etwas anderes tun zu können, und Ihr Körper sprach darauf an, indem er die Grenzen seiner Leistung verschob, die noch Augenblicke zuvor Gültigkeit gehabt hatten. Das ist eine einfache Übung, die machtvolle Zusammenhänge verdeutlicht.

Zweites Prinzip:
KALA – Es gibt keine Grenzen

Auf den ersten Blick scheint dies absurd, denn überall um uns herum stoßen wir auf Grenzen. Unser Körper kann nur ein bestimmtes Maß wachsen, wir können nur auf begrenzte Distanz sehen, wir können nur innerhalb eines bestimmten Umkreises hören, wir können nur eine bestimmte Zeit leben, ohne zu atmen, die Erde hat eine begrenzte Größe, und wir haben nur so und soviel Geld auf der Bank. Das soll Grenzenlosigkeit sein?

In der Tat, Grenzenlosigkeit. Das Universum ist grenzenlos, und so soll es sein, wenn die Welt ist, wofür wir sie halten, und überdies

alles ein Traum ist. Wie sind dann die Grenzen zu erklären, auf die
wir stoßen? Wir könnten beispielsweise zwei Arten von Grenzen
unterscheiden: schöpferische und gefilterte.

Ein unendliches Universum bedeutet grenzenloses Erleben – das
gleiche wie: gar kein Erleben, weil es keine Unterscheidung gäbe, keinen Kontrast, keine wahrnehmbare Veränderung. Der Begriff der
schöferischen Begrenzung geht davon aus, daß innerhalb eines gren-
zenlosen Universums absichtlich Grenzen eingeführt wurden, um
einzelne Erfahrungen zu ermöglichen. Unser physischer Erlebens-
bereich beispielsweise ist willkürlich begrenzt: durch die Reichweite
unserer sinnlichen Wahrnehmung der Frequenzen von Gesicht,
Gehör, Gespür, Schwere, Entfernung und Zeit (um die wichtigsten
zu nennen), darüber hinaus der Erweiterung unserer Wahrneh-
mungsmöglichkeiten durch die Vermittlung mechanischer Instrumente und paranormaler Fähigkeiten. Doch ohne diese offensicht-
lichen Begrenzungen könnten wir nicht einmal diese Dimension
erleben. Wenn Sie ein unendliches Universum annehmen, so gibt es
keinen logischen Grund, warum nicht auch andere Wesen existierten,
die sich selbst als ebenso physisch real empfinden wie wir uns, die
ferner im Frequenzbereich des ultravioletten Lichts sehen, im Bereich des Ultraschalls hören, und mit ihrem Tastsinn Radiowellen
erspüren. Nach allem, was wir wissen, erlebt jeder von uns die ge-
ringfügigen Einmischungen anderer in unseren »Heimatbereich« als
statisch. Somit könnte dieses physische Universum unserer Wahrnehmung die Auswirkung einer schöpferischen Wahl von begrenzenden Faktoren auf seiten Gottes oder unseres eigenen Höheren
Selbstes sein, die uns befähigen, das Leben auf der Erde zu erleben.

Doch reduzieren wir dieses Thema nun auf ein handlicheres For-
mat. Das Leben gleicht einem Damespiel. (Wenn es eine Schale Kirschen sein kann, kann es ebenso gut auch ein Damespiel sein.) Auf
einem Spielbrett, das die physische Dimension darstellt, gibt es vie-
rundsechzig Quadrate – die Hälfte schwarz, die andere Hälfte weiß –
und vierundzwanzig Spielfiguren, zwölf von jeder Farbe. Zu Beginn
des Spieles stehen die Spielfiguren jedes Spielers auf dessen Seite. Die
Spielregeln bestimmen, daß Sie vorwärts ziehen und die Figuren des
Partners nehmen können, indem Sie sie überspringen, und daß Sie
Ihre Spielfigur verdoppeln und in eine Dame verwandeln können,
wenn Sie die andere Seite des Spielfeldes erreichen; als Dame hat Ihre
Spielfigur die Freiheit, sich in jede beliebige Richtung zu bewegen.
Nun, *in Wirklichkeit* gibt es nichts, was Sie davon abhalten könnte,

bereits zu Beginn des Spieles alle Ihre Figuren in Damen zu verwandeln, die Figuren Ihres Mitspielers zum Brett zu fegen, wann immer es Ihnen beliebt, oder sie gar quer durchs Zimmer zu werfen, so daß er damit nicht ziehen kann. Sie könnten dies durchaus tun – aber dann wäre es eben kein Damespiel mehr. Die Spielregeln sind Begrenzungen, die erschaffen wurden, damit Sie das Spiel spielen können. Genau so sieht der Schamane das Leben. Nur findet das Spiel des Schamanen wohl auf dem gleichen Brett statt, aber es geht nun darum, die Regeln und Spielfiguren dergestalt zu verändern, daß Sie Schach spielen können; dabei werden die Erlebnis-Möglichkeiten innerhalb der gleichen Dimension erweitert. Schöpferische Begrenzung erlaubt uns, unsere kreativen Fähigkeiten zu verbessern, indem sie uns zwingt, uns auf einen bestimmten Bereich und die Interpretation des Erlebens zu konzentrieren. Selbst im begrenzten Schachspiel gibt es mehr Möglichkeiten, als menschliche Gehirne sich auszudenken vermögen.

Als gefilterte Begrenzungen hingegen bezeichnen wir Beschränkungen, die aus Ideen, Überzeugungen und Glaubensinhalten entstehen. Sie wirken eher als eine Behinderung denn als Steigerung der Kreativität – zum Beispiel Überzeugungen, die zu Hilf- und Hoffnungslosigkeit führen oder Rache und Grausamkeit gutheißen. Kürzlich sprach ich mit einem Menschen, der ohnmächtige Wut gegenüber einer Welt äußerte, die er als erfüllt von Schmerz und Leiden empfand. Wir unterhielten uns an einem Ort voller Liebe, Frieden und Harmonie. Diese Person war so von ihrer Wahrnehmung des Leides besessen, daß andersartige und gegenteilige Erlebnisse ausgefiltert blieben; es war nahezu unmöglich, an dem Leiden irgend etwas zu verändern. Gefilterte Begrenzungen bewirken eine Beschränkung, eine Konzentration der Warhnehmung und des Erlebens, ohne jedoch die Möglichkeit zu positivem Handeln zu lassen.

Folgesatz: Alles ist verknüpft

In vielen schamanischen Traditionen wird die Vorstellung, daß alles miteinander verbunden ist, mit dem Symbol eines Spinnennetzes veranschaulicht. Der Schamane ist die Spinne, die in einem luziden Traum das Netz (des Lebens) aus feinen Fäden webt, die aus dem Inneren kommen. Das Netz steht nicht nur für das Träumen des Lebens, sondern auch dessen vielseitige Verknüpftheit. Jeder Teil des Lebens ist mit jedem anderen Teil verbunden, und was den einen betrifft, beeinflußt in unterschiedlichem Grade auch alle anderen. Ein einzelner Gedanke der Liebe oder des Hasses betrifft das ganze Universum – aber Ihr eigener Körper wird vermutlich mehr betroffen sein als der Stern Beteigeuze. Auch eine Fliege oder ein Blatt trifft stärker den Teil des Spinnenetzes, den es berührt, als den Rest, obgleich das ganze Netz erzittert. Obwohl das Netz eine verbreitete, traditionelle Metapher zur Verdeutlichung der tatsächlichen, metaphysische Verbundenheit von allem mit allem ist, fällt es manchen Menschen wohl leichter, sich die Verbundenheit in physikalischen Metaphern vorzustellen denn als elektromagnetische Felder, die in einer endlosen Ordnung einander durchdringen und umfassen.

Akzeptieren wir solche gegenseitige Verbundenheit, können wir auch die Möglichkeit von Einflußnahme auf Distanz annehmen, die sich die Schamanen bei vielen Methoden des Heilens und Manifestierens zunutze machen.

Folgesatz: Alles ist möglich.
Wenn es keine Grenzen gibt, dann ist natürlich alles möglich; das brauchen Sie nur zu glauben (Ableitung aus dem ersten Prinzip). Weil Sie jedoch nicht allein im Universum sind, hängt das Maß des gemeinsamen Erlebens auch von den Glaubensüberzeugungen der anderen ab. Vielleicht gelingt Ihnen in der privaten Sphäre Ihres Wohnzimmers die Levitation; in Anwesenheit anderer klappt es jedoch aufgrund ihres Unglaubens nicht. Andererseits könnte der Glaube eines anderen an die Möglichkeit der Levitation so stark sein, daß Sie in seiner Anwesenheit vom Boden abheben können – nicht jedoch, wenn Sie allein oder mit anderen Menschen zusammen sind. Interstellare Reisen sind möglich, aber der einzige Weg, diese Möglichkeit in unserer derzeitigen Kultur zu vermitteln, ist durch Kinofilme oder Bücher (abgesehen von den Behauptungen gewisser Personen, die selbst ein physisches Erlebnis gehabt haben mögen oder auch nicht).

Laut der Heiligen Schrift der Christen hatte selbst Jesus in seiner Heimatstadt Schwierigkeiten, Wunder zu wirken, weil die Menschen nicht glaubten, daß der Sohn des Zimmermanns solche Kräfte haben sollte. (Doch ich habe mich belehren lassen, daß auch andere Deutungen jenes Geschehens möglich sind.) Je mehr Menschen jedenfalls an die Möglichkeit der Veränderung glauben, die Sie herbeiführen wollen, desto leichter wird es Ihnen gelingen.

Folgesatz: Trennung ist eine nützliche Illusion

Ich habe Menschen kennengelernt, die so gefangen sind in Vorstellung und Erleben von Verbundenheit und Verwandtschaft, daß sie gleichsam gelähmt sind von der Angst unvorhergesehener Konsequenzen, die aus ihren banalsten Gedanken oder geringfügigsten Taten entspringen können – oder sie ertrinken im Mitleiden der Not und Schmerzen anderer. Bei solchen Gelegenheiten ist es gesund, ein wenig schöpferische Trennung ins Spiel zu bringen, um die Funktions- und Lebensfähigkeit des einzelnen wiederherzustellen. Angst versperrt Ihnen den Blick für Ihre Rolle als Traumweber. Wenn Sie sich eine Zeitlang mit der Unabhängigkeit aller Dinge befassen, dürfte Ihnen dies helfen, ins Gleichgewicht zurückzugelangen. Durch Ihr Mitleiden werden Sie ebenso hilflos wie der Leidende selbst. Eine Lösung dieses Problems ist, ein wenig Abstand einzuführen, indem Sie auf Mitgefühl umschalten: Im Mitgefühl sind Sie des Leidens gewahr, aber es bleibt Ihnen bewußt, daß es nicht Ihr eigenes Leiden ist. Aus dieser Position können Sie dem Leidenden tatsächlich helfen, seine Not hinter sich zu lassen.

Das Wichtigste ist also, daß es in Wirklichkeit keine Grenzen gibt. Deshalb können Sie sich als Stadt-Schamane frei fühlen, Grenzen dann einzuführen, wenn dies nützlich ist.

Erkunden von Energie-Verbindungen

Halten Sie und eine oder mehrere andere Personen Ihre Hände empor, die Handflächen einander zugewandt, jedoch mit etwa fünf bis zehn Zentimeter Abstand. Schon bald werden Sie Wärme, Kühle oder ein Kitzeln spüren. Wenn Sie die Hände ganz behutsam denen Ihres Partners nähern, spüren Sie möglicherweise sogar einen leichten Widerstand, als ob Sie gegen ein Magnetfeld oder ein »Luftkissen« stießen. Vergrößern Sie nun wieder den Abstand zu den Händen Ihres Partners und achten Sie darauf, was Sie spüren. Wieviel Sie jetzt spüren, hängt von Ihrer Sensitivität ab. Es kommt darauf an zu erkennen, daß Sie den anderen direkt berührt haben: Sie berührten seine Energie, die ein ebenso eigener Teil Ihres Partners ist wie sein Körper. Wir hören nämlich nicht an der Hautoberfläche auf. Unsere Energie, unser Geist, dehnt sich aus bis an die Enden des Universums. Wir alle sind mit allem verbunden, weil es keine Grenzen gibt.

Drittes Prinzip:
MAKIA – Energie folgt der Aufmerksamkeit

Zu den seit langem mit größtem Erfolg praktizierten Techniken der Schamanen gehören Meditation und Hypnose; beide basieren auf dem dritten Prinzip. Meditation bedeutet vielleicht für jeden Menschen etwas anderes, je nach dem Denkgebäude seiner Wahl. Manche assoziieren mit diesem Begriff den Mönch, der einsam in seiner Klosterzelle sitzt und nachsinnt über die Gegenwart Gottes; andere denken an Yuppies, die im Schneidersitz im Kreis sitzen und Mantras in einer Sprache anstimmen, die sie selbst nicht verstehen; wieder andere verbinden mit Meditation die Vorstellung, in Betrachtung eines Sonnenuntergangs Tee zu schlürfen. All diese Beschäftigungen und andere mehr sind Methoden oder Wege der Meditation.

Meditation an sich bedeutet einfach, tief und andauernd nachzudenken – also: anhaltende und konzentrierte Aufmerksamkeit. Das Wort kommt von der lateinischen Wurzel *med*. Sie bedeutet »messen« und findet sich auch in der Bedeutung des Heilens in dem Wort *Medizin*. Sie meditieren immer dann, wenn Sie beschäftigt und auf irgend etwas anhaltend konzentriert sind. Solche Aufmerksamkeit kanalisiert die Energie des Universums dergestalt, daß die Manifestation des physischen Äquivalents vom Gegenstand Ihrer Konzentration gefördert wird. Die Manifestation ist jedoch nicht nur die Entsprechung dessen, was Sie betrachten, sagen, lauschen oder tun. Sie ist die Entsprechung der Summe Ihrer Aufmerksamkeit einschließlich Ihrer gewohnheitsmäßigen Erwartung während der Meditation. Mit anderen Worten: Wann immer *Lono* meditiert, meditiert auch *Ku*. In der Entwicklung zum Schamanen gilt es auch zu lernen, wie man *Lono* und *Ku* dazu bringt, zur gleichen Zeit über den gleichen Gegenstand zu meditieren. Dann kann das Wunderbare geschehen.

Hypnose ist eine andere Art von Meditation. Es gibt keine allgemein anerkannte Definition der Hypnose, weil manche Menschen sie als einen Prozeß betrachten, andere sie für einen Zustand halten. Für uns ist hier nicht der Prozeß von Interesse, sondern der Zustand. Die Hypnose ist einfach ein Zustand anhaltender, konzentrierter Aufmerksamkeit, und somit vergleichbar der Meditation. Der wichtigste Unterschied besteht darin, daß man Meditation im allgemeinen für spiritueller, die Hypnose dagegen für praktischer hält. Meditation gebraucht man, um seine Karma-Bilanz zu bereinigen und die Er-

leuchtung zu erreichen; die Hypnose gebraucht man, um mit dem
Rauchen aufzuhören oder überflüssige Pfunde loszuwerden. In
Wirklichkeit aber können Sie beides auf beiden Wegen erreichen.
Hypnose pflegte sich durch die Anwesenheit eines Assistenten aus-
zuzeichnen, den man Hypnotiseur nannte; er half einem, in den nöti-
gen Konzentrations-Zustand zu gelangen. Die geführte Meditation
hat diesen Unterschied mittlerweile aufgehoben. Als Prozesse sind
Meditation und Hypnose lediglich unterschiedliche Methoden, das-
selbe zu tun: Ihre Aufmerksamkeit zurückzulenken und auf positi-
vere Glaubensüberzeugungen und Erwartungen zu konzentrieren.
Als Zustände sind Meditation und Hypnose identisch in ihrer anhaltenden, konzentrierten Aufmerksamkeit. Etwaige Unterschiedlich-
keiten lassen sich auf den jeweiligen Gegenstand der Konzentration
zurückführen.

Da Energie dahin fließt, worauf sich die Aufmerksamkeit richtet,
sind solche Aspekte Ihres derzeitigen Erlebens, die von Dauer scheinen, Auswirkung von gewohnheitsmäßig anhaltender Aufmerksamkeit, die von Ihrem *Ku* aufrechterhalten wird. Wenn Ihnen gefällt, was
Sie haben, dann ist das großartig. Wenn Sie es nicht mögen, so müssen
Sie irgendeinen Weg finden, die Aufmerksamkeit ihres *Kus* auf ein
neues Muster zu lenken. Meditation und Hypnose sind dafür gute
Mittel, und ich werde Ihnen später noch einige weitere vorstellen.

Folgesatz: Aufmerksamkeit folgt der Energie
Helle Lichter, glänzende Gegenstände und laute Geräusche ziehen
ganz natürlicherweise unsere Aufmerksamkeit an, aber wir erkennen
vielleicht nicht, daß der gemeinsame Faktor dieser drei Eindrücke die
Intensität ihrer Energie ist. Aufmerksamkeit wird angezogen von
jeder starken Energiequelle, die einen unserer Sinne reizt, und sei es
einer jener subtilen Sinne, derer die meisten Menschen sich gar nicht
bewußt sind. Gewisse Menschen haben aufgrund ihrer emotionalen
Intensität oder ihrer Sinnes-Konzentration eine so starke Ausstrah-
lung oder Aura (»Energiefeld«), daß sie automatisch die Aufmerksamkeit anderer auf sich ziehen, sobald sie in Sicht kommen. Im
größerem Maßstabe besitzen auch einige geographische Gebiete – gewöhnlich Gegenden hoher seismischer Aktivität – eine größere Energie-Intensität als andere. Sie ziehen in der Folge eine stärkere Bevölkerung an, was die Energie noch weiter intensiviert. Viel wird
heutzutage über Zentren heiliger Kraft geschrieben, doch ich meine,
diese Kraft ist eine passive, die es Ihnen erlaubt, sich zu entspannen

und von den urbanen Zentren wirklich aktiver Kraft zu erholen. Die kribbelnden Wahrnehmungen und psychischen Phänomene, die man an solchen Orten erleben kann, treten ein, wenn Sie gerade beginnen sich zu entspannen, und wenn Ihre angestaute Energie von dem überaus aktiven Ort Ihrer Herkunft in Fluß kommt. Auch die Menschen selbst sind solche Energieerzeuger: Wenn eine große Zahl von ihnen an einen hübschen, ruhigen, passiven Kraftpunkt zieht, vermag sie diesen bald in einen aktiven, dynamischen und möglicherweise streßvoll belastenden Kraftpunkt zu verwandeln.

Folgesatz: Alles ist Energie
Weder für die Physik noch für die Metaphysik ist diese Aussage etwas Neues, aber die logischen Zusammenhänge sind interessant, weil sie auch die Vorstellung einschließen, daß das Denken Energie ist; zudem kann eine Art von Energie in eine andere verwandelt werden. Dies geschieht zum Beispiel, wenn die Energie des Dampfdrucks eine Turbine antreibt, um magnetische Energie in elektrische Energie zu verwandeln, und wenn elektrische Energie durch den Widerstand einer Leitung Wärme-Energie in Form von Hitze für ein Bügeleisen hervorbringt. Wärme entsteht auch, wenn eine Anzahl von Menschen in einem Raum erregt sind oder bestimmte Atem- oder Meditations-Übungen machen. Dieser Zusammenhang bietet eine nette Erklärung dafür, wie Gedanken ihre physische Entsprechung erzeugen können, besonders wenn sie durch Emotion und/oder Vertrauen verstärkt werden.

Erkunden des Energie-Flusses

Um zu demonstrieren, wie Energie zum Ziel der Aufmerksamkeit fließt, und wie Gedanken physikalische Energie beeinflussen können, heben Sie einen Stuhl an seiner Sitzfläche hoch und spüren Sie sein Gewicht. Dann stellen Sie ihn wieder ab. Nun konzentrieren Sie Ihre Aufmerksamkeit auf die Oberkante der Rückenlehne und nehmen Sie den Stuhl erneut an der Sitzfläche hoch. Wenn Ihre Konzentration gut ist, wird der Stuhl sich leichter anfühlen. Wie auch immer Sie sich dieses Phänomen erklären wollen: Die praktische Tatsache ist, daß Sie einen anzuhebenden Gegenstand leichter empfinden, wenn Sie Ihre Aufmerksamkeit auf seinen höchsten Punkt oder sogar »in die Luft (etwa dreißig Zentimeter) darüber« konzentrieren.

Eine meiner Schülerinnen, eine recht kleingewachsene Frau, erzählte mir einmal nicht ohne Stolz, daß sie in einem Geschäft für Gärtnereibedarf eine Zementstatue für den Sockel kaufte, der sich hinter ihrem Haus befand. Zwei stämmige Verkäufer verfrachteten die Statue in ihren Kombi, und sie fuhr nach Hause. Dort merkte sie, daß sie niemanden hatte, der ihr half, die schwere Statue aus dem Wagen zu heben, den Hang zu ihrem Tor hinauf zu schaffen, sechs Meter weiter auf das Grundstück zu transportieren und dort auf den Sockel zu stellen. Nachdem sie, leicht frustriert, etwas geweint hatte, erinnerte sie sich, was sie über Konzentration und Energiefluß wußte, und wendete es an. In kurzen Spurts vollbrachte sie die ganze Arbeit allein.

Viertes Prinzip:
MANAWA – Jetzt ist der Augenblick der Macht

In einigen östlichen Traditionen (aber auch in manchen westlichen, metaphysischen Lehren) gelten Ihre derzeitigen Lebensumstände als die Auswirkung Ihres Entscheidens und Tuns in früheren Leben. Wenn dies gute Entscheidungen und Handlungen waren, ernten Sie jetzt gute Erlebnisse, waren sie schlecht, haben Sie nun in dem gleichen Maße Schmerzen, Leid und Kummer, wie Sie diese in einem oder mehreren früheren Leben verursachten oder zufügten. Das nennt man *Karma* – ein Wort aus dem Sanskrit, das gewöhnlich als »Ursache und Wirkung« oder »Lohn und Schuld« oder »Saat und Ernte« übersetzt wird, das aber buchstäblich *Tat* bedeutet: »Aktion und Reaktion«. Die guten Aktionen von heute erschaffen »gutes« Karma, und die schlechten Aktionen erzeugen »schlechtes« Karma für Ihre nächsten Leben. In diesen Traditionen ist Karma gewöhnlich etwas Unveränderliches; es bleibt dem Menschen nichts anderes übrig, als seinen Lohn zu empfangen oder die Schulden der Vergangenheit abzutragen.

Eine in der westlichen Welt verbreitete Tradition sagt, daß Sie in diesem Leben dafür belohnt werden, gewissen gesellschaftlichen oder religiösen Regeln zu gehorchen, und daß Sie dafür bestraft werden, gegen dieselben zu verstoßen – ganz gleich, vor wie langer Zeit Sie die Regeln befolgten oder mißachteten und ob es Zeugen Ihres Tuns oder Frevels gibt. Manch ein in dieser Tradition geschulter Mensch trägt vielleicht zwanzig Jahre lang an den Schuldgefühlen, um zwei Uhr nachts in der Wüste von Arizona, hundert Kilometer von der nächsten Menschenseele entfernt, ein Stoppschild ignoriert zu haben.

Eine andere, modernere westliche Tradition bedenkt Ihre Erbmasse sowie ihr frühkindliches soziales Umfeld mit dem Lob oder der Schande für Ihre derzeitige Einstellung, Handlungweise und Lebensumstände. Sie geht davon aus, daß Sie von Kräften geprägt wurden, die außerhalb Ihrer Kontrolle liegen. Man kann Sie also nicht verantwortlich machen für das, was Ihre Gene, Ihre Eltern oder die Gesellschaft Ihnen angetan haben.

Die schamanische Tradition – sowohl die Version des Kriegers als auch die Version des Abenteurers – steht in krassen Widerspruch zu den vorgenannten Ansichten: Nicht die Vergangenheit hat Ihnen gegeben, was Sie heute besitzen, und sie hat Sie auch nicht zu dem gemacht, was Sie heute sind. Vielmehr sind es Ihre Überzeugungen, Entscheidungen und Aktionen von heute in bezug auf Sie selbst und die Welt um Sie, die Ihnen geben, was Sie haben, und Sie zu dem machen, was Sie sind. Karma existiert und wirkt nur im gegenwärtigen Augenblick. Ihre Umwelt und Umstände in diesem Moment spiegeln Ihr mentales und physisches Verhalten in diesem Augenblick direkt wider. Dank unserer Erinnerung tragen wir vielleicht Gewohnheitsmuster von Tag zu Tag weiter, aber jeder Tag ist eine neue Schöpfung, und jede Gewohnheit läßt sich in jedem derzeitigen Augenblick wandeln – was jedoch nicht heißt, daß dies einfach sei.

Ihre Gene bestimmen nicht, was Sie sind oder was in Ihrem Körper geschieht. Entsprechend und infolge Ihrer Überzeugungen wählen Sie sich aus dem immensen Angebot Ihres genetischen Materials jene Charakteristika, die Ihre derzeitigen Überzeugungen und Intentionen am besten widerspiegeln. So gesehen, haben auch nicht Ihre Eltern oder Ihr soziales Umfeld mit Ihren derzeitigen Umständen zu tun, sondern gewiß das, was Sie heute über sie glauben und wie Sie jetzt auf jene Überzeugungen reagieren. In dem Maße, in dem Sie sich selbst im Jetzt verändern – Ihr Denken und Ihr Verhalten –, verändern Sie Ihre Welt.

Immer wieder wurden meine Schüler und ich Zeuge dramatischer Veränderungen in Persönlichkeit und Lebensumständen in dem Augenblick, in dem ein Mensch beschloß, eine dramatische Veränderung in Denken und Verhalten herbeizuführen. Ein Beispiel möchte ich gleich jetzt wiedergeben. Es war in Tahiti, nachdem ich dort einen Kurs gegeben hatte.

Eine meiner Schülerinnen, eine Frau von Tahiti, hatte schon lange wegen irgendeines Besitzes mit ihrer Schwester im Streit gelegen und war schließlich von ihr auf sehr häßliche Weise vor Gericht zitiert worden. Nach einigem Nachdenken über das, was ich gelehrt hatte, beschloß die Frau, am Abend meiner Abreise für ihre Schwester ein Gebet der Vergebung zu sprechen, ungeachtet dessen, was sie getan hatte oder noch tun würde. Am nächsten Morgen rief die Schwester sie an und teilte ihr mit, daß sie die Angelegenheit noch einmal überdacht und beschlossen habe, den Prozeß fallenzulassen und die Besitzverhältnisse nicht noch einmal zu disputieren.

Folgesatz: Alles ist relativ
Jetzt ist der Augenblick der Macht – aber wie definieren wir dieses Jetzt? Am einfachsten und praktischsten ist die Formulierung: »Gebiet oder Bereich der derzeitigen Aufmerksamkeit«. Somit kann Jetzt diese Sekunde sein, diese Minute, diese Stunde, Tag, Monat oder Jahr, je nach dem Brennpunkt Ihrer Aufmerksamkeit. Um diese Definition aber praktisch nutzen zu können, müssen wir auch Elemente dessen als Jetzt akzeptieren, was wir sonst als Vergangenheit und Zukunft bezeichnen würden – wie im Falle der Konzentration unserer Aufmerksamkeit auf den derzeitigen Zeitabschnitt: Tag, Woche, Monat oder Jahr. Und das ist genau richtig. Was wir die Zukunft nennen, ist nur die Zukunft im Verhältnis zu dem, was wir als den derzeitigen Augenblick definieren; das gleiche gilt auch für die Vergangenheit. Wenn unsere Aufmerksamkeit weit genug ist, können wir sogar ein Bewußtsein von vergangenen und zukünftigen Leben in den derzeitigen Augenblick einbringen (falls Sie an so etwas glauben). Wenn unsere Aufmerksamkeit und Bewußtheit Aspekte aus Vergangenheit und Zukunft in den jetzigen Augenblick einbringen, liegt es in unserer Macht, sie zu verändern. Dies bedeutet, daß wir von der Gegenwart aus die Vergangenheit und die Zukunft verändern können.

Folgesatz: Macht nimmt zu mit sensorischer Aufmerksamkeit
Es leben heute eine Menge Menschen auf der Welt, die nicht richtig hier sind. Den größten Teil ihrer Aufmerksamkeit richten sie auf Erinnerungen aus der Vergangenheit, Projektionen in die Zukunft, Phantasien von anderen Welten oder auf sich selbst. In dem gleichen Maße, in dem sie ihr Gewahrsein des gegenwärtigen Augenblicks während solcher Grübeleien reduzieren, nehmen auch ihre Macht und Effektivität in der Gegenwart ab. Gelegentlich oder regelmäßig

als Mittel zur Entspannung, Erholung, Inspiration, Planung oder
Selbstentfaltung, kann es durchaus nützlich sein, sich aus der Welt
der Gegenwart zurückzuziehen, doch es gibt einen individuell wechselnden Punkt, bei dessen Überschreitung nachteilige Effekte auftreten, wenn solche Phasen der Ablenkung zu lange ausgedehnt werden.
Unglücklicherweise sind einige Menschen zwanghaft gefangen in der
Vergangenheit, Zukunft oder anderswo aufgrund tiefer Angst und
Wut. Schuldgefühle, Groll und Sorgen halten sie von der Gegenwart
und den Freuden des Lebens fern. Viel von ihrer Angst und Wut
könnten aufgelöst werden durch Verlagerung des Brennpunktes ihrer
Aufmerksamkeit in die sensorische Gegenwart – obwohl Menschen,
die für sich beschlossen haben, daß der gegenwärtige Augenblick ein
gefährlicher Ort sei, dabei auf größere Schwierigkeiten stoßen dürften.

Was heißt das, sich auf die sensorische Gegenwart zu besinnen,
und welche Auswirkungen hat es? Es bedeutet, sich der Eindrücke
immer bewußter zu werden, die unsere Sinne uns übermitteln. So
wenige Menschen praktizieren wirkliches sensorisches Gewahrsein,
daß es hier und da als eine spezielle Meditations-Technik gelehrt
wird; andere wiederum üben sich ganz unbewußt so gründlich im
sensorischen Gewahrsein, daß sie bei den Menschen ihrer Umgebung
einen tiefen Eindruck hinterlassen, ohne dies überhaupt zu beabsichtigen. Die Auswirkungen stellen sich als eine Folge des dritten Prinzips ein: Die Energie fließt und folgt der Aufmerksamkeit. Je mehr
Aufmerksamkeit Sie Ihren Sinneseindrücken widmen, desto mehr gelangen Sie zu Erlebnissen erhöhter sinnlicher Präzision, Entspannung, Wahrnehmung des Energieflusses in und um Sie, und zu einer
Erweiterung Ihres Wahrnehmungsfeldes ... bis hin zu einer wachsen-
den Erkenntnis der Traumhaftigkeit physischer Realität und einer
Achtsamkeit, die Sie auch Träume als luzid erleben läßt. Manches davon mag Sie als fremdartig erschrecken, anderes wiederum vermittelt
Ihnen vielleicht das Empfinden, als wollten Sie vor Freude zersprin-
gen. Halbherziges Bemühen jedoch wird Ihnen vermutlich nur Lan-
geweile einbringen. Was der Schamane meint, wird andeutungsweise
erkennbar aus den Bedeutungen des hawaiianischen Begriffes *ano*
(Variante: '*ano*): der gegenwärtige Augenblick, Same, Abbild, Fried-
lichkeit, Ehrfurcht, heilig, geheiligt, intensives Feuer *(a* plus *no).*

Erkunden des gegenwärtigen Augenblicks

*Wo auch immer Sie gerade sind, nehmen Sie die Farben in Ihrer Um-
gebung bewußt wahr: das Weiß, die Rot-, Orange- Gelb-, Grün-,
Blau-, Violett-Töne und das Schwarz. Dann achten Sie auf alle geraden und gekrümmten Linien in Ihrem Blickfeld, auf die Formen von
Gegenständen und die Räume zwischen ihnen. Als nächstes lauschen
Sie auf alle Klänge, die Sie aus allen Richtungen hören können. Und
dann spüren Sie die Stellung Ihrer Hände und Füße, Ihres Körpers
insgesamt; spüren Sie, wie Ihre Kleidung sich anfühlt und alles, was
Sie berühren. Spüren Sie die Bewegung Ihres Atmens und, so gut Sie
können, die Energie in Ihnen und um Sie herum. Schließlich nehmen
Sie noch weitere Sinne hinzu – zum Beispiel Geschmack und Geruch,
wenn Sie es wünschen –, und geben Sie Ihre Aufmerksamkeit in alle
Ihre Sinne in dem Bestreben, sich der Eindrücke jedes einzelnen
Sinnes immer bewußter zu werden. Üben Sie dies, so lange Sie mögen,
während jeder Art von Tätigkeit, und entscheiden Sie selbst, ob es sich
lohnt, die Sache weiterzuverfolgen. Denken Sie nur daran, daß diese
Art von Konzentration eine Fertigkeit ist, die weiter entwickelt wer-
den kann. Der gegenwärtige Augenblick ist ein sehr reiches Feld, um
Erfahrungen zu sammeln und Abenteuer zu erleben.*

Fünftes Prinzip:
ALOHA – Lieben heißt, glücklich zu sein mit ...

Liebe ist ein Wort, das viele Menschen nur schwer verstehen, weil
es in der Umgangssprache recht großzügig gebraucht wird. Man
verwendet es, um Vergnügen anzuzeigen (»Ich liebe Schokolade«),
sexuelles Verlangen (»Ich möchte dich lieben«), eine Absicht (»Lie-
bend gerne hätte ich dies unter Kontrolle«), als Maßstab für gegensei-
tiges Verhalten (»Wenn du mich liebst, dann tust du, was ich will«)
und um suchtartige Bedürfnisse zu äußern (»Ohne deine Liebe sterbe
ich«). Die Nebenwirkungen von Liebe in zeitgenössischen Liedern
und Geschichten erinnern fast an Vitaminmangel-Zustände (Schlaf-
losigkeit, Magenverstimmung, Appetitlosigkeit, zittrige Knie, Herz-
klopfen, Schwindel, Handschweiß, Fieber, Schüttelfrost usw.).
    Im Hawaiianischen ist die Bedeutung des Wortes *Liebe* sehr klar
und bietet eine nützliche Richtschnur für das Lieben und Geliebt-

werden. *Aloha* ist das Wort für Liebe. Die Wurzel *alo* bedeutet »zusammensein mit, ein Erlebnis teilen mit, hier und jetzt«. Die Wurzel *oha* bedeutet »Zuneigung, Freude«. Damit ist die volle Übersetzung von *aloha:* »Lieben heißt, glücklich zu sein mit...«. Dies bedeutet, daß Liebe in dem Maße existiert, in dem Sie mit dem Gegenstand Ihrer Liebe glücklich sind. In jeder Beziehung mit einem Menschen, Ort oder Ding kommt das Glücklichsein aus Liebe, das Unglücklichsein hingegen aus Angst, Wut und Zweifel. Vom Verliebtsein bekommen Sie keine feuchten Handflächen, die Hände schwitzen vor Angst. Vom Verliebtsein werden Sie nicht verletzt; Sie sind verletzt vom Zorn. Das Verliebtsein schenkt Ihnen ein Gefühl des Glücks, dessen Intensität von der Tiefe Ihrer Liebe abhängt. Tief zu lieben bedeutet, zutiefst verbunden zu sein. Tiefe und Klarheit der Verbindung wachsen in dem Maße, in dem Angst, Wut und Zweifel ausgeräumt werden.

Folgesatz: Liebe nimmt zu, wie das Urteilen abnimmt
Ich besuchte einmal ein Seminar mit dem Titel »Verwirklichungen« (Manche nennen es »EST mit Herz«). Es ging hauptsächlich um einige wenige Meditationsübungen und viel persönliches Mitteilen. Bereits am Mittag des zweiten Tages wurde die Liebe und Zuneigung unter uns nahezu greifbar, und am dritten Tage waren hundert Menschen von Liebe erfüllt. Die Leiter des Seminars waren ehrlich genug zuzugeben, daß sie dieses Ergebnis nicht willentlich angestrebt hätten, ja sie wüßten nicht einmal, wie es dazu kam; es sei eben einfach geschehen.

Wenn Sie aber wissen, wie Liebe funktioniert, ist es einfach genug zu verstehen. Da waren hundert Fremde zusammengekommen ohne irgendwelche Erwartungen oder einer anderen Voraussetzung außer dem, was sie freiwillig miteinander teilten. Alles, was sie für ihr Miteinander-Teilen erhielten, war Anerkennung und Unterstützung ohne Kritik oder Beurteilung. Angst, Wut und Zweifel waren nicht zu bemerken, also herrschte Liebe. Die Liebe ist in der Tat immer da – nur wird sie oft verdeckt von Angst, Wut und Zweifel.

Angst, Wut und Zweifel lassen negatives Kritisieren und Verurteilen aufkommen. Daraus entsteht Trennung, welche die Liebe vermindert. Kritiksucht tötet Beziehungen. Lob und Anerkennung dagegen bauen sie auf oder erneuern sie, weil das Loben ein Akt der Liebe ist – des Glücklich-Seins-mit... –, der Beziehungen klärt und stärkt.

Aufgrund des dritten Prinzips bestärken Sie durch Ihr Lob das Gute, das Sie lieben, und dann nimmt es zu und wächst. Wenn Sie kritisieren, verstärken Sie das Schlechte, das Sie nicht mögen, und dann nimmt es ebenfalls zu und wächst. Eine neue Beziehung ist gewöhnlich voller Spaß, Fröhlichkeit, Glück und Aufregung, weil man anfänglich die Tendenz hat, nur das wahrzunehmen und bei dem zu bleiben, was man im anderen als gut empfindet. In dem Maße, in dem Sie dem Zweifel sich selbst, aneinander oder der Beziehung im allgemeinen Raum geben, tritt eine Tendenz hervor, wahrgenommene oder eingebildete Fehler und Versagen zu kritisieren. Wenn dies schon bald offen zutage kommt, ist die Beziehung nur von kurzer Dauer; geschieht es langsam und subtil, entsteht eine anhaltende, unglückliche Beziehung, die dann zerbricht, wenn ein Partner es nicht länger ertragen kann, denn – um es ganz offen zu sagen – die Beziehung bedeutet mehr Schmerz als Lust.

Eine Beziehung, die aufgrund von Kritiksucht im Zerfallen begriffen ist, kann neu belebt und beglückt werden, indem man das Kritisieren abstellt und starke Gaben von Lob und Komplimenten hinzugibt. Einfacher ist es, wenn beide Partner sich daran beteiligen. Wenn nur einer sich bemüht, ist es zwar möglich, aber schwierig. Der Schlüssel zum Erfolg ist hier einfach, stärker das schätzen zu üben, was Sie an Ihrem Partner mögen, und Ihre Toleranz gegenüber dem zu steigern, was Sie nicht mögen. Telepathisches Lob ist ebenso wichtig wie verbales Lob, und es ist manchmal zu Beginn ein besserer Weg.

Folgesatz: Alles ist lebendig, bewußt und gibt Antwort
Für den Schamanen beschränkt sich das Leben nicht auf Pflanzen, Tiere und Menschen, weil er Leben als Bewegung versteht. Manche Dinge bewegen sich sehr langsam, zum Beispiel Steine, und manche Dinge bewegen sich sehr schnell, zum Beispiel das Licht. Für den Schamanen handelt es sich lediglich um unterschiedliche Arten des Lebens. Aufgrund des zweiten Prinzips und da die Quelle des Leben unendlich und ihrer selbst gewahr ist, muß alles seiner selbst gewahr sein, und deshalb mehr oder weniger empfänglich für das, was in seiner Umgebung geschieht. Also versucht der Schamane, insbesondere der Abenteurer-Schamane, allem Respekt entgegenzubringen. Man mag dies für übertrieben, süß oder wunderlich halten, nur hat es einen sehr praktischen Zweck.

Ihr *Ku* ist lebendig, bewußt und gibt Antwort. Wenn Sie sich selbst kritisieren, fühlt sich Ihr *Ku* angegriffen und versucht sich zu verteidigen. Es spannt Muskeln an, und das verursacht Streß und behindert Gewahrsein, Erinnerung und Energiefluß; es schwächt Sie und läßt Sie anfälliger werden für Krankheit und Unfall. Eine geringfügige kritische Bemerkung wird das nicht bewirken, aber die gewohnheitsmäßige Selbstkritik führt dazu. Selbstachtung dagegen entspannt die Muskeln; es steigert Gewahrsein, Energiefluß und Kraft, es erschließt die Erinnerung an Ihre Fertigkeiten und schenkt Ihnen Wohlgefühl.

Wenn Sie irgendeinen Teil Ihrer Umgebung kritisieren oder loben, geschehen drei Dinge: Erstens unterscheidet Ihr *Ku* aufgrund des zweiten Prinzips nicht zwischen Ihnen und Ihrem Traum; ob Sie also eine andere Person kritisieren, einen verregneten Tag, Ihr Auto oder die Regierung: Ihr *Ku* nimmt es persönlich, und Ihr Körper verspannt sich. Und wenn Sie dagegen eines dieser Dinge loben, bedankt sich Ihr *Ku*, und der Körper entspannt sich. – Zweitens werden alle Charakteristika oder Zustände, auf die Sie Ihre Aufmerksamkeit richten, aufgrund des dritten Prinzips dazu neigen, zuzunehmen und sich zu verstärken, weil sie darauf reagieren. Wenn Sie jemanden kritisieren, der Ihre Meinung schätzt, wird Ihre Kritik, auch wenn sie wohlgemeint ist, dazu tendieren, das kritisierte Verhalten zu bestärken. Wenn der andere sein Verhalten bessert, so geschieht dies trotz Ihrer Kritik, nicht aufgrund Ihrer Kritik. Wenn Ihr Gegenüber sich jedoch nicht viel aus Ihrer Meinung macht, bleibt Ihre Kritik buchstäblich erfolglos – aber sie wird immer noch auf Sie selbst zurückwirken. Einen Menschen zu loben, trägt dazu bei, das Gute zu verstärken, das Sie mögen, ganz gleich, ob der andere Ihre Meinung schätzt oder nicht, denn das *Ku* spricht immer irgendwie auf Liebe an. Auch wenn Sie den Regen kritisieren, wird er tun, was Sie nicht wollen; loben Sie ihn, wird es gerade soviel regnen, wie es nötig ist. Wenn Sie Ihr Auto kritisieren, wird es wohl öfter eine Panne haben; wenn Sie es loben, dürfte es besser fahren (und wenn es einmal eine Panne gibt, wird es nicht allzu schlimm für Sie). Aber hüten Sie sich: Je mehr Sie das Handeln der Regierung kritisieren und ablehnen, desto stärker wird die Regierung dazu neigen, den unliebsamen Kurs weiter zu verfolgen; je mehr Sie loben, was sie mögen, desto deutlicher werden solche Aktivitäten zunehmen. – Drittens und aufgrund des fünften Prinzips wird jede Kritik Ihre Trennung vergrößern und Ihr Gewahrsein vermindern von dem, was Sie kritisieren – bis Sie am Ende auf eine sekundäre Eigenschöpfung reagieren, die vielleicht gar keine Ähnlichkeit mit dem Original mehr besitzt. Jedes Lob wird Sie

näher und näher an das heranbringen – und Ihr Bewußtsein dafür
schärfen –, was Sie loben, und trägt so auf vielerlei Weise zu Ihrem
eigenen Wachstum bei.

Wichtig ist auch, was Sie tun, wenn Sie selbst von jemand kritisiert werden. Dazu gibt es eine Vielzahl guter Anweisungen, deshalb
will ich jetzt nur einen Gedanken vorstellen, der sich direkt aus unserem Prinzip ableiten läßt. Das folgende Beispiel ist zwar extrem, aber
die Nutzanwendung wird dadurch umso deutlicher.

Im alten Hawaii herrschte große Angst vor Verwünschungen –
also vor kritischen Äußerungen, die als Drohung formuliert sind –,
weil man an die Macht des Wortes glaubte. Wenn Menschen jedoch
mit Schamanen in Verbindung waren, gab es jene Angst nicht, und
zwar aus genau dem gleichen Grunde. Laut schamanischer Tradition
kann die Macht eines Fluches neutralisiert und ausgeschaltet werden
durch die Macht eines Segens: eines Komplimentes, das als Ver-
heißung formuliert ist. Wenn also ein Mann im Zorn zu einem Bau-
ern sagte: »Möge deine Ernte verderben und verrotten!«, blickte der
Landwirt liebevoll über sein Feld und sagte: »Möge meine Ernte
wachsen und reichen Ertrag bringen.« Die Wirkung eines Fluches
war zunichte, und die Ernte erhielt ein gerütteltes Maß zusätzlicher
Energie. Wenn Sie die gleichen Gedanken im Persönlichen anwenden, brauchen Sie sich nur jedesmal, wenn Sie kritisiert werden, selbst
laut oder in Gedanken loben, und die Kritik wird keine Wirkung auf
Sie haben – so lange Sie eine solche nicht befürchten.

Erkunden die Macht der Liebe

Ich will Sie jetzt auffordern, etwas zu tun, das Sie vielleicht noch nie-
mals getan haben. Setzen Sie sich eine ganze Minute lang still hin,
schließen Sie die Augen und loben Sie sich ununterbrochen für jede
gute Eigenschaft, Qualität oder Verhaltensweise, die Ihnen in den
Sinn kommt. Wenn Ihnen nicht genug einfällt, dürfen Sie sich auch
wiederholen; mit zunehmender Übung wird Ihnen das leichter fallen.
Wenn spontan negative Gedanken oder Selbstkritik aufkommen, so
messen Sie ihnen keine Bedeutung bei; bleiben Sie einfach dabei, sich
zu loben. (Es ist auch in Ordnung, wenn es länger als eine Minute
dauert.) Wenn Sie fertig sind, dann achten Sie auf Ihre Empfindungen
und Wahrnehmungen. Sie werden sich fast zwangsläufig weit besser
fühlen als vorher. – Als nächstes sitzen Sie nun eine Minute lang mit

geöffneten Augen und loben Sie jede gute Eigenschaft, Qualität oder Verhaltensweise, die Sie in Ihrer unmittelbaren Umgebung wahrnehmen können. Lenken Sie abermals keine Aufmerksamkeit auf Kritik, und verlängern Sie diese Übung nach Belieben. Ist es nicht herrlich, sich so zu fühlen?

Sechstes Prinzip:
MANA – Alle Macht kommt von innen

Die meisten Philosophien lehren, daß wir relativ machtlos sind. Wahre Macht hingegen existiere außerhalb von uns in Gestalt eines von seiner Schöpfung getrennten Gottes oder als willkürlich handelnde Götter und Göttinnen, als Schicksal, Ereignisse der Vergangenheit, Gene von unseren Vorfahren, Gesellschaft (das heißt: andere Menschen), Regierung (das heißt ebenfalls: andere Leute), Eltern, eine spirituelle Hierarchie aufgestiegener Meister, Mächte des Bösen, die Natur ... buchstäblich überall, aber eben immer außerhalb von uns.

In völligem und für manche schockierendem Kontrast hierzu lehrt die *Huna*-Philosophie, daß *alle* Macht, die Ihr Erleben erschafft, aus Ihrem eigenen Körper, Verstand und Geist kommt. Logisch ausgedrückt: Wenn es keine Grenzen gibt, dann ist das Universum oder die Quelle des Lebens unendlich; wenn sie unendlich ist, dann ist all ihre Macht in jedem Punkt und Teil von ihr – einschließlich des Punktes, den Sie als sich selbst definieren. Verlagern wir diese Diskussion auf eine praktische Ebene, so gilt: Niemals stößt Ihnen jemals etwas zu, ohne daß Sie selbst daran beteiligt sind. Jedes Geschehen nämlich, das Ihnen begegnet, ziehen Sie schöpferisch an durch das, was Sie glauben, ersehnen, befürchten und erwarten – und dann reagieren Sie gewohnheitsmäßig darauf oder handeln bewußt danach.

An diesem Punkt werde ich gewöhnlich gefragt: »Und wie steht es mit unschuldigen Babys?« Nun, aus spiritueller Sicht gibt es keine unschuldigen Babys im Sinne unbeschriebener Blätter. In der Tat sind viele Babys weiser als ihre Eltern. Ein Baby, das in eine brutale Familie oder mit einer Behinderung geboren wird, mag dies selbst gewählt haben als eine Herausforderung dieses Lebens (keine Grenzen bedeutet sowohl Leben vor dem Leben als auch nach dem Tode), und ein Baby, das eine Krankheit entwickelt oder eine Verletzung erleidet, spiegelt vielleicht unterschwellige familiäre Konflikte wider.

Ähnlich gilt: Kein anderer macht Sie unglücklich. Sie können sich selbst unglücklich machen, wenn andere nicht so handeln oder sich verhalten, wie Sie es wollen, oder nicht so, wie Sie meinen, daß sie es tun sollten. Wenn Sie das Opfer irgendeiner Kränkung oder Verletzung sind, gilt es zu erkennen, daß etwas in Ihnen dazu half, dies herbeizuführen. Das bedeutet *nicht,* daß Ihnen etwas vorzuwerfen ist, denn Sie waren sich vermutlich nicht der Überzeugungen, Haltungen und Erwartungen bewußt, die auf Ihrer Seite mitspielten. Es bedeutet auch nicht, daß die andere Person unschuldig sei, denn was auch immer sie tat, kam aus ihren eigenen Überzeugungen, Haltungen und Erwartungen. In dem Maße, in dem sie bewußt entschied, Leid zuzufügen, ist sie den Gesetzen der Gesellschaft unterworfen. Gleichwohl ist es wichtig, daß Sie Ihren Anteil an dem Geschehen erkennen, so daß Sie in sich selbst das verwandeln können, was dazu beitrug, es herbeizuführen. Wenn in Ihnen die Macht lag, das Geschehene zu erschaffen, dann liegt es auch in Ihrer Macht, es zu verändern.

Folgesatz: Alles besitzt Macht
Wenn manche Menschen anfangen, mit dem Gedanken zu spielen, daß Sie selbst die Urheber und Schöpfer ihres Erlebens sind, kommen sie oft auf die merkwürdige Idee, daß niemand sonst etwas damit zu tun habe. Von dem Extrem, völlig machtlos zu sein, springen Sie zu dem gegenteiligen Extrem, alle Macht zu besitzen. Richtig aber ist: Jedermann hat die Macht, sein eigenes Erleben zu erschaffen. In jeder Situation und in jedem Geschehen erschaffen alle betroffenen Menschen ihr eigenes Erleben. Jeder hat also die gleiche Macht.

Und alles andere hat die gleiche Macht. Der Wind, die Bäume, die Blumen, Sterne, Berge, Meere, Regen, Wolken und alle übrigen Elemente und Gegenstände im natürlichen Universum haben die gleiche Macht, ihr eigenes Erleben zu erschaffen. Ein erfahrener Stadt-Schamane wundert sich nicht über den Gedanken, daß Computer von Menschen Gebrauch machen, um sich selbst zusammenzusetzen. Das wunderbar Kuriose ist dabei – abgesehen von den Spekulationen, zu denen wir uns nun verleiten lassen mögen –, daß wir wirklich keinerlei Möglichkeit haben, das Gegenteil zu beweisen. Ich weiß: Jonathan, mein Computer, denkt, daß dies wahr ist.

Mit Hilfe der Vorstellung, daß alles in der Natur seine eigene Macht besitzt, lernen Sie, respektvoll mit jenen Mächten zusamenzuarbeiten, anstatt zu versuchen, toter Materie Ihren Willen aufzuzwingen. Und nach wahrhaft schamanischer Art werden Sie allmählich auch deren Macht kennenlernen, für Ihren eigenen Nutzen. In traditionellen Gesellschaften lernt der Schamane die unsichtbare Macht des Windes, die Bewegungsmacht des Jaguars, die Heilungsmacht des Baumes und so weiter. Dies ist auch heute noch möglich, darüber hinaus aber können wir als Stadt-Schamanen auch die unsichtbare Macht des Elektromagnetismus lernen, die Bewegungsmacht von Maschinen, und die Heilungsmacht von Musik. Überall ist Macht, und alle Macht kann nützlich sein.

Folgesatz: Macht kommt aus Autorität
In der Psychologie gibt es den Begriff von äußerer und innerer Autorität. Äußere Autorität ist, wenn Sie entscheidende Macht an jemand anderes abgeben, und innere Autorität – die als die viel gesündere von beiden gilt – bedeutet, daß Sie die entscheidende Macht selbst in Anspruch nehmen. Interessanter wird es noch, wenn wir hören, daß eine der Grundbedeutungen des Wortes *mana* außer Macht »Autorität« ist. Und noch interessanter, wenn wir entdecken, daß das Wort *Autorität* auf einem Begriff basiert, der »erschaffen« bedeutet (dem wir übrigens auch das Wort »Autor« verdanken).

Mit Autorität zu sprechen bedeutet, mit der Zuversicht zu sprechen, daß Ihre Worte Wirkungen zeitigen wie in: »Es werde Licht!« Hierin liegt das Geheimnis der Macht von Gebeten, Segensworten, Zaubersprüchen und Affirmationen. Sie besitzen Macht in dem Maße, indem sie mit Autorität gesprochen werden. Lesen Sie den dreiundzwanzigsten Psalm oder das Vaterunser, und Sie werden finden, daß dies nicht nur schwächliche Bitten um Hilfe sind. Beide Texte sind starke Aussagen, die mit Vertrauen und Autorität (oder Glauben und Zuversicht, wenn Ihnen das besser gefällt) zu sprechen sind. Legen Sie jegliches Vorurteil beiseite, blättern Sie ein Buch über okkulte Zaubersprüche durch, und Sie werden finden, daß auch hier machtvolle, autoritative Aussagen stehen. Weder Gebete noch Zaubersprüche noch Affirmationen bewirken viel Gutes, wenn sie mit wehmütigem Zweifel aufgesagt werden oder mit dem schwachen Trost, die Wörter selbst würden den Zauber bergen. Zuversichtliche Autorität ist der Schlüssel zu bewußtem Schaffen, sei es durch Worte, Visualisierungen oder Empfindungen.

Erkunden der Macht der Autorität

Um ein Empfinden für die zuversichtliche Autorität zu entwickeln, blicken Sie sich um und beginnen Sie, Dinge und Umstände zu heißen, genau das zu sein, was sie sind. Heißen Sie Stühle und Tische, sich dort zu plazieren, wo sie sind; heißen Sie Bilder, dort zu hängen, wo sie aufgehängt sind; heißen Sie Blumen und Bäume, dort zu wachsen, wo sie stehen, und heißen Sie Wolken, dahin zu ziehen, wohin sie gerade gehen. Heißen Sie Ihren Körper, so zu sein, wie er ist, Ihren Kontostand das, was er ist, Ihre Beziehungen das, was sie sind, und die Weltsituation das, was sie ist. Geben Sie sich Mühe, dabei jeglichen Zweifel oder Kritik-Gedanken zu vermeiden. Diese Übung wird Ihnen helfen auf dem Weg zu einem Zustand zuversichtlicher Autorität, in dem Veränderungen stattfinden, wenn Sie über sie verfügen.

Siebtes Prinzip:
PONO – Wirksamkeit ist das Maß der Wahrheit

Viele Menschen haben damit zunächst Schwierigkeiten, weil sie meinen, es bedeute, daß der Zweck die Mittel heilige. Tatsächlich ist es genau das Gegenteil: das Mittel bestimmt den Zweck. Gewaltsame Mittel werden gewaltsame Ergebnisse herbeiführen, und friedvolle Mittel werden friedvolle Resultate hervorbringen. Erfolg durch Rücksichtslosigkeit zu erreichen, wird einen Zustand des Erfolges herbeiführen, in dem andere sich Ihnen gegenüber rücksichtslos verhalten. Erfolg durch Hilfeleistung zu erreichen, wird einen Zustand des Erfolges herbeiführen, in dem andere Ihnen helfen.

Dieses Prinzip besagt ferner, daß dasjenige wirkt, was wirklich wichtig ist. Schamanen sind weder Theologen noch theoretische Wissenschaftler. Sie sind eher wie Berater und Techniker. Absolute Wahrheit und Höchste Wirklichkeit haben für sie keinen praktischen Wert. Schamanen sind Pragmatiker dergestalt, daß sie – obschon die Kräfte des menschlichen Geistes ihr Spezialgebiet sind – nicht zögern, jegliches physische Werkzeug und Verfahren zu gebrauchen, das dazu beiträgt, eine Heilung herbeizuführen. Wenn dies hilft, sind sie sogar bereit, Denkgebäude umzubauen. Als ich noch viele private Beratungen zu geben pflegte, konnte es geschehen, daß ich im Laufe eines einzigen Tages zwischen Christentum, Buddhismus, Spiritualismus,

Woodoo, Psychoanalyse und Naturwissenschaft hin und her sprang.
Ich bewegte mich innerhalb der Glaubenssysteme jedes Individuums,
um diesem zu helfen, Wege zur Selbsthilfe zu finden. Heilung ist das
Ziel und Wirksamkeit das Kriterium, nicht das Beweisen eines bestimmten Systems oder einer einzelnen Methode.

Folgesatz:
Es gibt immer auch einen anderen Weg, etwas zu tun
Jedes Problem hat mehr als eine Lösung. Wie sollte dies in einem unendlichen Universum anders sein? Doch die Leute bleiben so oft an
einer Methode oder Technik, an einem Prozeß oder Plan hängen, um
ihre Ziele zu erreichen; und wenn ihr Weg nicht funktioniert, dann
geben sie auf.

Ist das Ziel wichtig, dann sollten Sie jedoch niemals aufgeben,
sondern einfach Ihren Ansatz ändern. Wenn sich eine chronische
Krankheit nicht verzieht, dann unternehmen Sie etwas, das Sie noch
nicht versucht haben. Arbeiten Sie zum Beispiel mehr mit Ihrem
Denken und Ihren Emotionen, wenn Sie bisher vor allem körperliche
Maßnahmen eingesetzt haben – oder probieren Sie mehr körperlich
orientierte Mittel, wenn Sie sich bisher hauptsächlich um mentale
und emotionale Aspekte bemüht haben. Hat ein konfrontatorischer
Ansatz in Ihrer Beziehung nicht den erwünschten Erfolg gebracht,
dann versuchen Sie es auf kooperative Weise, und umgekehrt. Wenn
Ihr derzeitiger Plan zum Geldmachen nicht funktioniert, so ändern
Sie Ihren Plan oder wechseln Sie in einen anderen Berufszweig. Wenn
der Frieden auf Erden noch nicht eingetreten ist, dann wollen wir
mehr tun von dem, was funktioniert, und erfolgversprechendere
Wege beschreiten. Das Leben und die Wege, das Leben zu verbessern,
existieren in endloser Vielfalt und Möglichkeit. Es gibt immer noch
einen anderen Weg.

Erkunden der Macht der Flexibilität

*Stellen Sie sich vor, eine Straße entlang auf eine Stadt zuzugehen. In
ihrem Zentrum gibt es einen Platz mit einer Schatztruhe in der Mitte;
sie stellt ein wichtiges Ziel in Ihrem Leben dar. (Sie brauchen sich jetzt
nicht festzulegen, worin dieses Ziel besteht.) Umgeben ist die Stadt
von einer hohen, bewachten Mauer; Ihre Straße führt durch ein
mächtiges, stabiles Tor hinein. Mit Hilfe jedes Mittels, das Ihnen in*

den Sinn kommt, gelangen Sie in die Stadt und erreichen Ihren Schatz. Ist dies vollbracht, dann wiederholen Sie die Szene und gelangen mit einem anderen Mittel in die Stadt. Dies tun Sie nun von neuem, und abermals, mindestens ein halbes dutzendmal; bei jedem Gang wählen Sie eine andere Methode zum Eindringen. Mit Ihrer Vorstellungskraft bringen Sie Ihrem Ku größere Flexibilität beim Erreichen Ihrer Ziele bei.

Die sieben Talente des Schamanen

Die sieben schamanischen Talente basieren einfach auf den Prinzipien. Sie sind weniger spezifische Techniken als zu entfaltende essentielle Fertigkeiten.

Sehen »Die Welt ist, wofür Sie sie halten«
Das ist die Fähigkeit, in der Welt zu wirken aus der Perspektive der Prinzipien: Dinge aus jener Sicht zu »sehen« anstatt auf gewöhnliche Weise. Wir nennen dies oft, »auf der zweiten Ebene« zu operieren *(ike papalua)* statt auf der ersten *(ike papakahi)*. Beim Denken der ersten Ebene, der »gewöhnlichen« Wirklichkeit der meisten Menschen, ist die Welt unabhängig von Ihrem Denken. Alles ist getrennt, Energie fließt nur durch physische Kanäle, die Vergangenheit besitzt mehr Macht als die Gegenwart, zu lieben heißt, Unglücklichsein zu riskieren, Macht ist im Äußeren, und Effektivität ist eine Frage von Genialität, Lohn, Kraft oder Glück. Auf der zweiten Ebene zu wirken in einer Welt, die hauptsächlich auf der ersten Ebene besteht, ist nicht einfach, aber es ist der Schlüssel zum Erfolg eines Schamanen. Zur besonderen Herausforderung wird es dadurch, daß Sie sich auch der ersten Ebene bewußt bleiben müssen, um mit anderen, die auf ihr operieren, kommunizieren zu können.

Klären »Es gibt keine Grenzen«
Um die größte Wirkung zu erzielen, gilt es, das beste zur Verfügung stehende Mittel zu gebrauchen, um die Verbindungen klar zu halten zwischen allen Aspekten Ihres Wesens und dem Universum, das Sie umgibt – zumeist durch konsequentes Loslassen von gedanklichem Streß und körperlicher Spannung ebenso wie durch die Besinnung darauf, sich andere Aspekte Ihrer selbst und der Welt bewußt zu machen.

Konzentrieren »Energie folgt der Aufmerksamkeit«
Hier geht es um die Fertigkeit, Ihre Absichten, Zielsetzungen, Ziele
und Bestimmungen im Auge zu behalten, das heißt, sich häufig auf
die Motivation hinter Ihrem Tun zu besinnen. Dies hilft Ihnen, ein
hohes Maß an Effizienz und ein geringes Maß an Frustration zu erreichen.

Präsent sein »Jetzt ist der Augenblick der Macht«
Es ist wichtig, soviel wie möglich im gegenwärtigen Augenblick zu
bleiben, besonders wenn Sie mit Angelegenheiten des gegenwärtigen
Augenblicks zu tun haben. Aus leidvoller Erfahrung habe ich gelernt,
daß Menschen, zu denen ich spreche, ein Absinken meiner Energie
spüren können, sobald ich meine Gedanken wandern lasse. Da sie
aber nicht wissen, was geschieht, deuten sie es als Distanziertheit
oder Abweisung meinerseits.
Ich besuchte einmal eine spezielle Schule, an der ein besonders
hitziger Konkurrenzkampf um Diplome herrschte. Während einer
Vorlesung erlaubte ich mir einen kurzen Blick aus dem Fenster, der
mich die Antwort auf eine Frage bei der nächsten Prüfung kosten
sollte. Den ersten Platz erreichte ich nur durch einen Vorsprung von
drei Hundertstel eines Punktes. Eine derart extreme Geistesgegen-
wart werden Sie vielleicht nie benötigen, aber es könnte immerhin geschehen. Je präsenter Sie sind, desto größer sind Ihr Einfluß und Ihre
Leistungskraft.

Segnen »Lieben heißt, glücklich zu sein mit ...«
Zu segnen heißt, tatsächliches oder potentielles Gutes durch Wort,
Bild oder Tat zu bekräftigen. Wenn Sie Schönheit anerkennen, Geschicklichkeit bewundern oder Freundlichkeit schützen, dann geben
Sie einen Segen. Der Schamane segnet darüber hinaus auch Potential,
das heißt Mögliches. »Mögest du eine sichere Reise haben,« – »Ich
wünsche dir Erfolg bei deinem Beginnen,« – »Möge der Wind für
dich immer von hinten kommen«, sind Beispiele dieser Art zu segnen. Denken Sie daran, daß telepathische – gedankliche – Segnungen
ebenfalls effektiv sein können.

Ermächtigen »Alle Macht kommt von innen«
Jedesmal, wenn wir etwas oder jemandem irgendeine Macht zuspre-
chen, ermächtigen wird es oder ihn. Menschen, die gewissen Kristallen bestimmte Kräfte nachsagen, ermächtigen sie, und solange sie die

Ermächtigung aufrechterhalten, werden ihnen die Steine größeren Nutzen bringen. Eine andere Methode der Ermächtigung ist, nichtmenschlichen Wesenheiten oder Gegenständen menschliche Eigenschaften zuzusprechen, sie zu personifizieren. Ich ermächtige beispielsweise meinen Computer, Jonathan, und ich habe eine bessere Beziehung zu ihm. Die Möglichkeit des Ermächtigens trägt auch die Möglichkeit des Entmachtens in sich. Krieger-Schamanen zum Beispiel neigen dazu, Böses mit Macht zu bedenken, indem sie es personifizieren, damit sie lernen können, es zu besiegen. Abenteuer-Schamanen dagegen werden eher das Böse entmachten, indem sie es de-personifizieren, so daß sie lernen können, es in die Harmonie zu führen. Man kann letztlich alles ermächtigen oder entmachten: Menschen, Orte, Dinge, die Vergangenheit, die Zukunft und alles ohne Ende.

Traumweben »Wirksamkeit ist das Maß der Wahrheit«
Als ein Traumweber webt der Schamane Träume für sich selbst und hilft anderen, gleiches zu tun. Diesen Vorgang bezeichnet man auch als »schamanisches Heilen«. Ein erstklassiger Masseur gebraucht seine Hände als Werkzeuge, um den physischen Körper zu heilen. Ein Schamanen-Masseur gebraucht den physischen Körper als ein Werkzeug, um einen neuen Traum zu weben und den Geist zu heilen. Es mag äußerlich gleich aussehen, aber das ist es nicht. Das Traumweben ist keine Frage einer Technik. Es geht darum, die Einstellung eines Heilers zu haben und heilende Handlungen vorzunehmen, mental oder physisch, in jeder Situation, die Ihnen begegnet. Dies zumindest ist das Ziel.

DAS VIERTE ABENTEUER

Harmonie im Körper erzeugen

Mai ka piko o ke po'o ka poli o ka wawae,
a la'a ma na kihi 'eha o ke kino
Vom Scheitel des Kopfes bis zu den Sohlen der Füße,
und die vier Ecken des Körpers
(ein Satz, der beim Heilen gesprochen wird)

Gesundheit ist ein Zustand von Frieden und Harmonie, Krankheit dagegen ein Zustand von Krieg und Konflikt. Ein Stadtschamanen-Heiler der Abenteurer-Tradition versucht nicht, den Krieg zu beenden – ob im Körper oder in der Welt –, sondern trachtet danach, Harmonie zu schaffen.

Die hawaiianische Vorstellung von Gesundheit und Heilen ist für unsere moderne Welt sehr nützlich. Sie basiert auf dem Wort *ola*, das auch »Leben« und »das Erreichen von Frieden« bedeutet; die Wurzel dieses Wortes bedeutet »überreiche Energie«. Krankheit, der entgegengesetzte Zustand, wird *ma'i* genannt; die Wurzel dieses Wortes bedeutet »ein Spannungs-Zustand«. Hier kommt also klar zum Ausdruck, daß Krankheit als Zustand mit Spannung zusammenhängt.

Die verschiedenen Worte, die wir für Ungesundheit verwenden – Krankheit, Unwohlsein, Leiden, Siechtum, Gebrechen usw. – spiegeln jedes einen philosophischen Zugang zum Heilen wider, auch wenn wir uns dessen für gewöhnlich nicht bewußt sind. Krankheit [engl. illness] bedeutet tatsächlich »das Böse«, eine Auswirkung von sündhaftem Verhalten, eine böswillige Macht, die man fürchten muß. Genau so reagieren unterbewußt viele Menschen auf Krankheit. Krankheit [sickness] kommt von der Wurzel »besorgt oder bekümmert sein« und zeugt von einer emotionalen Basis für den Zustand. Krankheit [disease] bedeutet im Grunde lediglich »Unwohlsein«, aber es besitzt heute ein starkes Element von Körperlichkeit, wird zum *Ding*, das in den Körper eindringt und das man zerstören, herausschneiden, neutralisieren oder ertragen muß. Ist also jemand mental krank [ill], neigen wir dazu, uns vor ihm zu fürchten; den mental Kranken [sick] bedauern wir, und dem mental Kranken [diseased] empfehlen wir eine Operation.

Im Gegensatz zum westlichen Denken, das dazu neigt, jede Manifestation von Krankheit als eine separate Wesenheit zu behandeln – nach ihren Symptomen, Lokalisierung und Reaktion auf Behandlung –, und das dem Benennen jedes einzelnen Leidens (oft nach der Person, die den jeweiligen Symptomenkomplex entdeckt oder als erste beschrieben hat) große Bedeutung beimißt, scheint der schamanische Zugang geradezu töricht einfach; er ist von den Prinzipien abgeleitet und in die hawaiianische Sprache gebunden: Alle Krankheit (wohlgemerkt: *alle!*) gilt als selbsterzeugt, als eine Auswirkung von Streß. Sie manifestiert sich einfach dort, wo der Streß sich konzentriert. Alle hawaiianischen Wörter, die sich auf das Heilen beziehen, bedeuten sinngemäß, Energie zum Fließen zu bringen, das heißt streß-bedingte Spannung zu lösen. Gewiß gibt es auch Viren, aber aus *Huna*-Sicht sind sie ebenfalls Auswirkungen von Streß und nicht Ursachen der Krankheit. Gewiß existieren auch Bakterien, aber sie verursachen nicht die Krankheit, sondern profitieren von ihr. Dazu höre ich schon eine Reihe von Einwänden, auf die wichtigsten will ich deshalb im folgenden eingehen. Bitte denken Sie jedoch daran, daß ich das traditionelle westliche Medizinsystem nicht ablehnen will; ich stelle lediglich ein anderes System vor.

Die Streß-Wirkung

Buchstäblich alles, was wir tun, verursacht Streß, und das ist ganz natürlich so. Gedanken, Gefühle, körperliche Tätigkeit, Ernährung, Umweltbedingungen – alle diese Faktoren verursachen naturgemäß Streß. Was jedoch nicht natürlich ist – im Gegensatz zu normal –, ist anhaltender Streß. Dem natürlichen Fluß des Lebens entspricht ein sich wiederholender Zyklus: Streß-Spannung-Lösung-Entspannung-Streß und so weiter. Der unnatürliche Fluß sieht etwa folgendermaßen aus.

Streß-Spannung-Lösung-Entspannung-
Streß-Spannung-Lösung-Entsp-
Streß-Spannung-Lös-
Streß-Spannung-Streß

Da die Lösungs- und Entspannungs-Teile des Zyklus gehemmt werden, bauen sich Streß und Spannung weiter auf. Wenn die Spannung durch Streß einen bestimmten, individuell verschiedenen Punkt erreicht, beginnen die Körperfunktionen zu versagen. Obwohl wir uns hier in erster Linie mit dem Körper befassen, sollten Sie doch im Auge behalten, daß die gleichen Gedanken auch für Beziehungen, Gesellschaften und die Natur gelten.

Wenn der Körper Streß erlebt, geschehen fünf Dinge fast gleichzeitig:

1. Zucker wird in den Blutstrom freigegeben. Der natürliche Zweck ist hierbei, Energie zum Handeln zur Verfügung zu stellen; im natürlichen Zyklus wird genau die richtige Energiemenge freigesetzt, um in der erlebten Situation angemessen zu handeln. Werden jedoch die Lösungs- und Entspannungs-Teile des Zyklus unterbrochen, wird mehr Zucker als nötig freigesetzt, und Disharmonie entsteht. Etwas kräftige körperliche Bewegung hilft, den überschüssigen Blutzucker aufzubrauchen.

2. Die Thymusdrüse zieht sich zusammen. Diese große Drüse in der Mitte der Brust hinter dem Brustbein spielt beim Wachstum der Kinder eine wichtige Rolle; beim Erwachsenen gilt ihre Hauptaufgabe dem Immunsystem. Eine natürliche Kontraktion und Ausschüttung soll die Produktion weißer Blutkörperchen anregen; anhaltende Kontraktion hingegen behindert sie und trägt bei zu Gefühlen der Ängstlichkeit. Klopfen Sie mit den Fingern leicht auf die Brust, um eine Entspannung Ihres Thymus zu erleichtern.

3. Muskeln spannen sich an, um die Zellen zu stärken und anzuregen als Vorbereitung für das der Situation angemessene Handeln. Der Entspannungs-Teil des Zyklus ermöglicht den Muskeln, sich zu erholen und wieder aufzuladen. Bobybuilder wissen, daß Muskeln durch wiederholtes Spannen und Entspannen gestärkt werden und

wachsen. Anhaltende Muskelspannung dagegen verursacht einen Kollaps der Zellen, die Ansammlung von Toxinen und eine Verminderung von Sauerstoff und Nährstoffen. Schmerzen sind allem Anschein nach nicht nur auf muskuläre Anspannung zurückzuführen, die die Nerven beeinträchtigt, sondern auch auf einen Mangel an Sauerstoff auf zellularer Ebene. Muskeln sind übrigens nicht nur jene großen Fleischmassen, die Ihren Körper bewegen. Nerven und innere Organe sind ebenfalls in Muskelgewebe eingehüllt. Dehnübungen und kräftige Selbstmassage werden helfen, die Muskelanspannung zu lindern.

4. Die Kapillaren erweitern sich. Kapillaren sind die haarfeinen Blutgefäße, die der unmittelbaren Blutver- und Entsorgung auf zellularer Ebene dienen. Sie bilden so etwas wie ein Netz aus Schläuchen, das dem Sauerstoff und den Nährstoffen aus dem Blutstrom die Möglichkeit gibt, zu den Zellen zu gelangen und sie zu nähren. Unter Streß weiten sich die Öffnungen im Netz und das Plasma, eine wäßrig-klare Substanz, die Blutzellen und Nährstoffe trägt, gelangt rascher hindurch. Während des Entspannungs-Teils im Zyklus sollen dadurch die Zellen rascher ernährt und gereinigt werden. Toxine werden in das Lymphsystem gespült, von diesem abtransportiert, fortgetragen und der Ausscheidung zugeführt. Unter anhaltender Spannung wird der Lymphfluß verlangsamt, Plasma und Eiweiße stauen sich zwischen den Zellen an und verursachen eine Toxin-Ansammlung, Druck und Schwellung, und behindern dabei auch die Versorgung der Zelle mit Nährstoffen und Sauerstoff. Unter extremem Streß, etwa durch Verletzung oder Schock, öffnet sich das Kapillarnetz so weit, daß auch Blutkörperchen austreten und schwarze oder blaue Flecken und/oder auffallende Blässe verursachen. Aus diesem Grunde kann nach einem sehr schweren Schock sogar eine Bluttransfusion notwendig werden, da die Blutkörperchen das Gefäßsystem durch die Kapillaren verlassen. Eine sanfte Massage – nicht jedoch im Bereich der verletzten Stelle – ist bei diesem Zustand ebenfalls hilfreich.

5. Zellen geben Toxine ab. Diese Freisetzung von Gift- und Abfallstoffen ist ein natürlicher Teil ihrer regelmäßigen Tätigkeit. Unter Streß steigert sich die Zellaktivität (solange die Spannung sie nicht behindert) und damit auch die Menge der abgegebenen Toxine. Auf natürlichem Wege werden diese Toxine vom Plasma fortgespült und vom Lymphsystem abtransportiert, um durch Schwitzen, Ausatmung und Ausscheidung ausgeschieden zu werden. Wenn anhal-

tende Spannung die Beseitigung der Toxine behindert, sammeln sie
sich an, vergiften die Zellen der Umgebung und gelangen durch die
geweiteten Kapillaren in den Blutstrom; so können sie schließlich
das Gehirn und die Drüsen beeinflussen. Das ist ein Grund, warum
manche Menschen schwindlig oder gereizt werden, wenn sie durch
Massage oder ein anderes Mittel nach einem langen Zustand der
Anspannung in die Entspannung kommen. Tiefes Atmen ist sehr
hilfreich; es regt das Lymphsystem an und trägt direkt zur Ausscheidung von Toxinen bei.

Die hier geschilderten Streß-Auswirkungen können wir, mehr oder
weniger stark ausgeprägt, überall im Körper feststellen, besonders
aber in den vom Streß direkt betroffenen Bereichen. Da nach der
Lehre der hawaiianischen Schamanen alle Zustände körperlichen
Krankseins mit Streß in Verbindung stehen, dürfte es überaus nützlich
sein, die Streß-Ursache zu kennen, um eine Heilung herbeizuführen.

Die Streß-Ursache

Ich möchte keine Zeit verschwenden: Die Streß-Ursache ist Widerstand, auf Hawaiianisch: *ku'e,* das heißt »sich distanzieren/abseits
stehen«. Natürlicher Widerstand ist wie die Reibung, die uns die
Fortbewegung ermöglicht, der Schwung, der einen geworfenen Ball
in seiner Bahn hält und nicht kreuz und quer wandern läßt, oder die
Neigung von Gewohnheiten, sich zu wiederholen, und von Erinnerungen, gespeicherte Muster aufrechtzuerhalten. Natürlicher Widerstand führt zu dem gesunden Zyklus des Lebens, in dem die Dinge
weitgehend ihr Muster wahren, dabei aber flexibel genug sind, um
sich anzupassen und zu wandeln.
    Man kann allgemein vier Arten von Widerstand unterscheiden,
die wir im folgenden besprechen wollen. Ich werde jeweils ihre positiven und negativen Aspekte vorstellen sowie »Rasches-und-Einfa-
ches«, das heißt einfache Techniken, die enorm helfen können, jegliche Art von Spannung zu lindern.

Körperlicher Widerstand
Wenn Ihr Körper einen Stoß erleidet, einen Schlag, Hieb, Schnitt
oder eine Verbrennung, reagiert er mit den oben genannten Streß-
Wirkungen; auch blaue Flecken, Wunden und Blasen sind eine natür-

liche Folge. Doch dies ist nicht zwangsläufig so. Da gibt es Menschen, die sich Stahlnadeln durch die Arme stechen können, ohne daß es zu einer Blutung oder Wunde kommt, Heiler, die ihre Hände mitten in den Leib eines anderen stecken können, ohne diesem wehzutun oder ein Loch oder eine Narbe zu hinterlassen, und Leute, die auf glühenden Kohlen gehen können, ohne sich zu verbrennen. Das mag Ihnen unnatürlich vorkommen, aber ich bin davon überzeugt, daß es – auch wenn es äußerst ungewöhnlich scheint – gleichwohl die natürlichste Sache der Welt ist. Ihr Körper reagiert auch auf Gifte, schädliche Substanzen, Strahlung und positive Ionen mit Anzeichen von Streß, doch es gibt Menschen, die unbeschadet Arsen oder Methylalkohol trinken können; nicht jeder, der bei der Arbeit mit Asbest in Berührung kommt, wird davon krank; manche Menschen können viel höhere Strahlungsmengen aushalten als andere, und viele empfinden positive Ionen als geistig und körperlich anregend.

Wodurch unterscheiden sich die einen von den anderen? Jene, die auf Gifte und Verletzung nicht mit Streß reagieren, besitzen eine höhere Toleranz für solche Substanzen oder Zustände. Was bedeutet das: eine höhere Toleranz? Es bedeutet, daß sie sich eine größere Menge der Substanz einverleiben oder sich eine längere Zeit den Umständen aussetzen können als die meisten Menschen, bevor ihr Widerstand genügend Spannung erzeugt hat, um einen Zusammenbruch im Körper zu bewirken. Dies wiederum bedeutet, daß sie entweder schon zu Beginn entspannter waren – also mehr Streß brauchen, um genügend Spannung zu erzeugen, daß die üblichen Symptome auftreten –, oder daß sie ihren Körper schon trainiert hatten, anders zu reagieren, um den Widerstand durch eine Veränderung des Reaktionsmusters zu reduzieren. Wir wissen beispielsweise, daß manche Menschen ihren Körper trainierten, indem sie im Laufe der Zeit immer stärkere und größere Mengen Arsen tranken. (Ich persönlich würde allerdings Tiefenentspannungs-Übungen vorziehen.)

Wie auch immer, vielleicht ist es möglich, unsere körperlichen Reaktionen zu verändern, so daß der akute körperliche Kontakt nicht zu physischer Verletzung führt. Während eines Aufenthaltes auf der Insel Tahiti im Jahre 1983 ging ich zusammen mit einem Tahiti-*kahuna* langsam barfuß über eine breite Anschüttung rotglühender Lava; dabei trat ich bei jedem Schritt fest auf die Steine. Weder wurden meine Füße verbrannt noch das Haar an meinen Beinen angesengt. Ich habe eine ganze Reihe von Feuerläufern gesehen und kenne selbst mehrere Methoden, solche Leistungen zu vollbringen. Der

weitaus gebräuchlichste Weg ist Devotion, das heißt der Glaube an
den Schutz durch eine Gottheit; wenn der Glaube stark genug ist,
funktioniert es gut. Der zweithäufigste Methode, von der ich weiß,
ist die Ablenkung; hierbei gelangt man in einen trance-ähnlichen Zustand, indem man seine Aufmerksamkeit auf etwas ganz anderes als
das Feuer konzentriert. Eine dritte Technik ist die Motivation, ein
von intensivster Energie getragenes Verlangen, das ganz darauf konzentriert ist, auf die andere Seite zu gelangen. Jede dieser Methoden
bewirkt, daß die Aufmerksamkeit des bewußten Denkens vom Feuer
abgezogen wird. Der Widerstand gegen die Hitze verringert sich dabei oder verschwindet ganz, und der Weg in einen natürlichen Sofort-
heilungs-Zyklus auf körperlicher Ebene ist frei. So jedenfalls lautete
meine Theorie, bevor ich über die glühende Lava ging.

Ich beschloß, meine Theorie zu prüfen, indem ich auf Tahiti eine
andere Methode ausprobierte. Anstatt mich an Devotion, Ablenkung
oder Motivation zu halten, konzentrierte ich alle meine Aufmerksamkeit auf genau das, was ich tat, ohne den geringsten Kommentar,
Zweifel oder Befund zuzulassen. Die Wirkung war ein derart starkes
Gefühl des Einsseins mit meiner unmittelbaren Umgebung, daß absolut keine Angst mehr da war. Deshalb gab es keinen Widerstand
und kam zu keiner Verbrennung. Mein Körper ging so rasch durch
den Zyklus Streß-Spannung-Lösung-Entspannung, daß die Auswirkungen gehäufter Spannung gar nicht eintreten konnten.

Umprogrammierung

Ich lernte vor langer Zeit – es ist so lange her, daß ich gar nicht mehr
weiß, woher –, daß man, wenn man sich die Zehen angestoßen hat,
nichts weiter zu tun brauchte, als die gleiche Bewegung mehrere Male
zu wiederholen, *ohne dabei die Zehe wieder anzustoßen* (sie also
nicht zu Ende zu führen), dann würde der Schmerz verschwinden.
Ich praktizierte das sehr häufig, ohne weiter darüber nachzudenken,
doch in späteren Jahren beschäftigte ich mich eingehender mit diesem
Phänomen und begann es in meinen Kursen zu vermitteln, wobei ich
den Teilnehmern riet, die Übung zu variieren. Ich gelangte zu der
Vorstellung, daß man durch Neu-Erschaffen des Musters *und Verändern seines Ausganges* dem *Ku* letztlich eine neue Erinnerung an
das Geschehnis eingab. Dies erforderte vom *Ku*, daß es den körperlichen Zustand veränderte, so daß er mit der neuen Version des Ge-
schehenen/Erinnerten übereinstimmte. Je kürzer nach dem ursprünglichen Geschehen man dies tun konnte, desto früher gelangte

der Körper zur Harmonie zurück – was die Schüler wunderte und mich freute.

Eine Woche nach dem Kurs setzte ein Teilnehmer aus Kalifornien einen Zaun hinter seinem Haus. Bei seiner Arbeit mit dem Hammer traf er auf einmal heftig seinen Daumen. Erschreckt ließ er den Hammer fallen und hüpfte vor Schmerz wie gewohnt auf und ab, während er seinen Daumen festhielt und fluchte. Am Höhepunkt seines Versuches, sich von dem akuten Schmerz abzulenken, erinnerte er sich an meine Lektion, den Vorgang zu wiederholen und dabei den Ausgang zu verändern. Er nahm den Hammer, holte aus und schlug erneut zu, ohne jedoch den Daumen zu treffen. Dies wiederholte er noch etwa fünfzehn bis zwanzig Mal. Inzwischen spürte er seinen Daumen kaum noch und setzte seine Arbeit fort. Als er fertig war, warf er einen Blick auf seinen unverändert schmerzlosen Daumen, und es war weder ein blauer Fleck, noch eine Quetschung oder Schwellung zu erkennen.

Ein Arzt in Texas berichtet, daß er sich beim Salat-Zubereiten mit einem Messer tief in den Finger geschnitten hatte. Von Berufs wegen wußte er zwar, daß eine Naht mit mehreren Stichen notwendig gewesen wäre, trotzdem probierte er meine verrückte Idee aus. Nachdem er die Bewegung mit dem Messer einige Male wiederholt hatte, hörte der Finger auf zu bluten und der Schmerz verging. Der Arzt dachte nicht mehr an seinen Unfall und widmete sich weiter seinem Salat. Drei Tage danach erinnerte er sich wieder an den Schnitt und betrachtete seinen Finger. Nicht das geringste Anzeichen einer Verletzung war mehr festzustellen.

Eine Frau in Minnesota verbrannte sich den Finger an einem heißen Topf. Rasch wiederholte sie die fatale Bewegung, ohne jedoch den Topf zu berühren. Es kam weder zur Blasenbildung, noch schmerzte der Finger.

Eine Frau in Kanada schlug die Tür ihres Wagens zu, bevor sie die Hand vom Türholm genommen hatte. Ungeachtet der erstaunten Blicke von Passanten wiederholte sie die Bewegung der Autotür in Richtung ihrer Finger, bis der Schmerz verging. Sie hatte weder blaue Flecken noch Verletzungen.

Am aufregendsten ist vielleicht der Fall einer Frau in Kalifornien. Sie faßte den Entschluß, konsequent nach der Annahme zu handeln, daß das *Ku* nur im jeweiligen Augenblick lebt und nicht zwischen lebhafter Imagination und akut-physischem Erlebnis unterscheidet. Sie hatte sich einige Wochen zuvor bei der Berührung eines heißen

Motorrad-Auspuffrohres eine schlimme Verbrennung am Bein zugezogen, und die Wunde verheilte nur schlecht. Als sie den Unfall in ihrer Imagination intensiv mit neuem Leben erfüllte, gab sie ihm in ihrer Vorstellung einen anderen Ausgang, bei dem ihr Bein nicht zu Schaden kam. Etwa vierzig Mal wiederholte sie diese Übung. Die Wunde an ihrem Bein, die schon zu eitern begonnen hatte, verheilte binnen drei Tagen.

Die Möglichkeiten dieser einfachen Methode sind phantastisch und grenzenlos, besonders wenn wir sie nutzen können, um die Auswirkungen früherer Ereignisse auf die Gegenwart zu verändern. In der Regel, so haben wir herausgefunden, erzielt man die besten Ergebnisse, wenn man in die Wiederholung des Musters eine möglichst kleine Veränderung einführt.

Emotioneller Widerstand

Widerstand kommt auch aus Angst und Wut. Wir widerstehen dem, was wir fürchten, und wir widerstehen dem, was uns wütend macht. Doch selbst wenn der Widerstand aus *Lono*-Entscheidungen erwächst, äußert das *Ku* immer noch emotionellen Widerstand über den körperlichen Streß-Zyklus.

Natürliche Angst soll uns vor drohender Gefahr warnen, und auf natürliche Weise verschwindet die Angst, sobald man zur Tat schreitet. Mit unserer schöpferischen Imagination jedoch erzeugen wir oft unnatürliche Angst noch lange nach einem Ereignis – und häufig trotz eines Ereignisses. Bei einem Gruppen-Treffen in unserem Zentrum auf Kauai berichtete kürzlich eine Frau, daß sie gerade ein Kind vor dem Ertrinken gerettet habe, und sie sei immer noch ganz schwach vor Angst, wenn sie daran denke, was geschehen war. Ich forderte sie auf, ihre Denkmuster zu prüfen, und sie vermochte zu erkennen, daß Angst und Trauma von ihrer lebhaften Vorstellung dessen kamen, was möglicherweise passiert wäre, wenn sie nicht zur Stelle gewesen wäre. Statt sich über den tatsächlichen Erfolg ihrer Rettungstat zu freuen, machte sie sich in ihrer Phantasie verrückt vor Angst. Sie befaßte sich mit den angsterfüllten Phantasien und steigerte dadurch die Spannung in ihrem Körper immer weiter. Bei Symptomen wie Lähmung, Unterfunktion, Starrheit, Ängstlichkeit, Übelkeit und Schwindel könnte Angst als wichtiger Faktor zugrundeliegen.

Natürliche Angst soll Ihre Energie darauf ausrichten, etwas an Ihrer unmittelbaren Situation zu verändern, sei es durch Warnung oder direktes Handeln. Die Angst wird zur unnatürlichen, wenn wir die Erinnerung benutzen, um sie wieder und immer wieder zu schüren. Abgesehen von der Tatsache, daß wir am Ende eher über unsere Vorstellung oder Erinnerung wütend sind als über die tatsächliche, gegewärtige Person oder Situation, bringt anhaltende Wut den Körper wirklich durcheinander und ist vermutlich der Hauptfaktor bei den meisten Krankheiten. Bei allen Schwellungen, Infektionen, Entzündungen, Fiebern, Empfindlichkeiten und wunden Stellen oder Tumoren spielt die Wut als ursächlicher Faktor eine wichtige Rolle. Sie ist auch zu berücksichtigen bei Zuständen der Starrheit und Schmerzen jeglicher Art.

Doch nun wollen wir einige »rasche-und-einfache« Methoden betrachten, mit diesen Dingen umzugehen.

Der Erwartungs-Effekt

Es ist hilfreich, wenn man weiß, was Angst wirklich ist. Angst ist einfach die Erwartung von Schmerz. Sie ist das Ergebnis, wenn wir unsere Phantasie von einem Punkt der Gegenwart oder der Vergangenheit in die Zukunft projizieren und eine Schmerz-Erfahrung erzeugen. Bei der Angst geht es nie um die Gegenwart, sondern allein um die Zukunft. Das Problem ist nur, daß das *Ku* davon nichts weiß. Was auch immer Sie in Ihrem Denken bewegen, wird vom *Ku* als ein gegenwärtig-augenblickliches Geschehen behandelt. An eventuell-zukünftige Schmerzen zu denken, ist für das *Ku* das gleiche, wie tatsächlichen Schmerz in der Gegenwart zu erleben; *Ku* reagiert darauf, indem es den Körper in einen negativen Streß-Zyklus versetzt.

Entspannung freilich reduziert die Angst; Wissen bewirkt dies in vielen Fällen gleichermaßen. Angst geht immer mit Spannung einher; wenn Sie also vollkommen entspannt sind, können Sie keine Angst empfinden, und wenn Sie mit einiger Wahrscheinlichkeit wissen, daß das Befürchtete nicht eintreten kann oder keine Schmerzen verursacht, so wird auch die Angst vergehen. Doch die meines Wissens schnellste und einfachste Methode, seine Angst loszuwerden, besteht darin, seine Aufmerksamkeit auf das Gegenteil zu lenken. Angst ist die Erwartung von Schmerz, ihr Gegenteil ist also die Erwartung von Lust. Ich demonstriere dies gewöhnlich, indem ich eine Gruppe auffordere, sich auf folgende Vorstellung zu konzentrieren: »Was wäre, wenn in den nächsten fünf Minuten etwas Schreckliches passiert?« Nach wenigen Augenblicken, in denen die Teilnehmer ihre körperlichen Reaktionen beobachten können, sage ich dann: »Doch nun stellt euch vor: Was wäre, wenn stattdessen etwas Wunderschönes geschieht?« Und sofort spüren Sie den spontanen Wechsel zur lustvollen Erwartung, den die positive Imagination mit sich bringt. Auch wenn Sie sich in einer Situation befinden, in der Sie absolut sicher sind, daß Schmerz auf Sie zukommt (zum Beispiel im Behandlungszimmer eines Zahnarztes), dann unternehmen Sie trotzdem den Schritt, bauen Sie eine tatsächliche oder wenigstens vorgestellte positive Erwartung auf. Wenn die Angst Ihnen erst ihre Warnung vermittelt hat, brauchen Sie die Angst nicht mehr, und Sie brauchen auch nicht die Spannung, die mit ihr einhergeht.

Die Blanko-Vergebungs-Technik

Unnatürliche Wut, deren Streß-Wirkungen wir verändern wollen, ist vor allem eine Frucht unnatürlicher Maßstäbe. Wir alle haben Vorstellungen davon, wie Dinge sein sollten und wie Menschen – einschließlich wir selbst – handeln sollten. Dank dieser Maßstäbe können wir uns nach unseren Idealen ausrichten und weiter Veränderungen durchführen, um unsere Welt zu verbessern.

Ein unnatürlicher Maßstab fordert zum Beispiel: »Dinge und Menschen sollten nicht von meiner Erwartung abweichen; wenn sie es tun, sind sie schlecht und sollten bestraft werden.« Ein solcher Maßstab verursacht eine Unmenge von Wut und Streß, weil Dinge und Menschen von unseren Vorstellungen abweichen werden, ob wir es wollen oder nicht – wenn aus keinem anderen Grund als einfach aus schöpferischer Spontaneität heraus. Manche Menschen versuchen, jedes »Sollte« abzulegen, um Wut und Streß zu reduzieren; bis zu einem gewissen Punkt ist das auch eine Hilfe. Andere üben sich gerne in Entspannung, weil Wut auch mit Muskelspannung verbunden ist; wenn man völlig entspannt ist, kann man sich nicht ärgern. Die »rasche-und-einfache« Methode meiner Wahl ist jedoch »Blanko-Vergebung«.

Der Vergebung geht grundsätzlich die Entscheidung voraus, daß nicht länger wichtig ist, was auch immer geschah, oder daß es keine Rolle mehr spielt. Das ist eine wunderbare Sache für alle jene bewußten Bitterkeiten und Schuldgefühle, die viele von uns aus der Vergangenheit mit sich tragen. Doch nicht alle Ursachen heutiger *Ku*-Reaktionen sind dem bewußten Denken leicht zugänglich, zum Teil weil die Wut nur als einer von mehreren Faktoren an dem derzeitigen Zustand beteiligt ist. Wenn Sie jedoch den existierenden Ärger reduzieren können, dann wird der ganze Zustand mehr oder weniger gelindert.

Beim Üben in der Blanko-Vergebung nehmen Sie also zunächst einmal an, daß an jedem derzeitigen Schmerz oder Unbehagen irgendeine Wut beteiligt ist, selbst wenn Sie nicht wissen, worum es geht. Berühren Sie den Bereich ihres Körpers, in dem Sie Schmerz oder Unbehagen spüren, mit den Fingern beider Hände und sagen: »Womit auch immer dies zusammenhängt: Ich vergebe es vollständig, und es spielt keine Rolle mehr.« Die meiste Zeit werden Sie spontan zumindest eine gewisse Erleichterung spüren, oft sogar eine vollständige Linderung. Wenn sie nicht eintritt, dann setzen Sie die Übung eine volle Minute lang mit aller Konzentration und ganzer Aufmerksamkeit fort. Die geringste Veränderung ist eine Linderung am Wut-Anteil Ihres Stresses. Ich rate Ihnen, diese Ein-Minuten-Übungen häufig zu wiederholen; das ist neben allen Arten von Beschäftigung möglich. Wenn auch nach einer vollen Minute keinerlei Veränderung eintritt, haben Sie es entweder nicht mit Wut zu tun, oder Sie sind nicht bereit, sich von ihr zu trennen.

Mentaler Widerstand

Wenn wir gegen irgend etwas Widerstand leisten, erzeugen wir Streß. Mentaler Widerstand unterscheidet sich vom emotionellen Widerstand ebenso, wie Einschätzung sich von Analyse unterscheidet. Emotioneller Widerstand kommt davon, daß wir etwas für schlecht halten; mentaler Widerstand kommt davon, daß wir etwas für falsch halten. An sich besitzt er gar nicht die verheerende Macht von Angst und Wut, aber er nagt am Vertrauen, Selbstwertgefühl und der Gesundheit des Körpers, wie ein kleiner Bach durch ständige Erosion am harten Gestein nagt. Mentaler Widerstand nimmt die Gestalt negativer Kritik an, und jede kleine Kritik, die das *Ku* wie einen Schlag empfindet, verursacht eine verhältnismäßig kleine Menge von negativem Streß. Doch der gleiche Schlag, den Sie in entspanntem und gesundem Zustand leicht bewältigen können, kann sehr verletzen, wenn Sie von bereits vorausgegangenen Hieben noch verspannt und wund sind. Diese Art von Kritik ist, wenn sie gewohnheitsmäßig stattfindet, eine so subtile Angelegenheit, daß sie Ihnen schon blitzartig in den Sinn kommt, bevor Sie es merken. Denken Sie bitte daran: Spannung entsteht auf jeden Fall, ob eine Kritik laut ausgesprochen wird oder nicht.

Eine der verrücktesten Ideen unserer modernen Gesellschaft behauptet, daß Kritik gut sei oder einem beim Lernen helfe. Kritik bewirkt jedoch überhaupt nichts anderes als Streß, und sie verstärkt das, was sie kritisiert. Zu bemerken oder sich zu erinnern, was wir nicht richtig getan haben, stellt sich unserem Lernen einfach in den Weg. Daß Sie als Kind gelernt haben zu gehen, geschah, indem Sie vergaßen, was »nicht geht«, und sich merkten, wie »es ging«. Menschen, die im Sinne behalten, was »nicht geht«, neigen dazu, es zu wiederholen. Wenn jemand unter Kritik lernt, so geschieht dieses Lernen trotz der Kritik, nicht dank der Kritik.

Ich werde oft nach dem Wert der »konstruktiven Kritik« gefragt. Sie hat keinen Wert, denn sie ist in der Regel nur ein Vorwand zu kritisieren. Der Hinweis auf Fehler wird mehr von einem Verlangen motiviert, jemanden zu demütigen und sich selbst überlegen zu fühlen, als von einem wahren Wunsch zu helfen. Wollten Sie wirklich helfen, so würden Sie Erfolge aufzeigen und Wege, die Erfolge zu steigern.

Es gibt eine hochentwickelte Fertigkeit, kritische Analyse genannt, aber man findet nur selten einen geübten Praktiker. Konstruktive Kritik klingt gewöhnlich etwa folgendermaßen: »Nein, nein, das ist falsch. Mach' es doch so – ach, wie dumm.« Kritische Analyse klingt so: »Was du gerade getan hast, bringt dir nicht das gewünschte Ergebnis. Wenn du es auf folgende Weise tust, funktioniert es.« Es geht also um Erkennen und Empfehlen ohne Urteil. Eine Person mit sehr geringem Selbstwertgefühl wird natürlich selbst die positiv-kritische Analyse als persönlich-negative Kritik deuten und in Spannung geraten.

Nach meiner Erfahrung ist die Reaktion auf Kritik ein wichtiger Faktor bei Asthma, Allergien, Erkältungen, Kopfschmerzen und – vielleicht weil sie, zur Gewohnheit geworden, starres Denken fördert –, von Arthritis.

Wendung und Sandwich

Manche Menschen sind so gefangen in der angelernten Kritik-Gewohnheit, daß sie keine andere Hilfe wissen, um Veränderung in sich selbst und anderen herbeizuführen. Wenn es Ihnen ebenso geht, dann brauchen Sie sich jetzt nicht elend zu fühlen, denn Sie gehören zur Mehrheit. Die Lösung heißt: Kritisieren, wenn nötig, dann aber anders!

Die Wendung bezieht sich auf ein Wenden, ein Umkehren des gewöhnlichen Kritik-Musters, das zuerst etwas Gutes anerkennt, dann aber sofort zur Kritik übergeht – etwa: »Das ist ein herrliches Gemälde, aber am Himmel hast du zuviel Rot verwendet.« Um eine bessere Wirkung zu erzielen, kehren Sie es um; dann klingt es etwa folgendermaßen:»Ich denke, du hast am Himmel zuviel Rot verwendet, aber insgesamt ist es ein herrliches Gemälde.« Der Zweck dieser Wendung ist, mit dem Kompliment aufzuhören, weil es – denken wir an Spannung und Entspannung im Körper – eine Kritik neutralisiert – besonders im Körper des Sprechers, aber auch beim Hörer, der für Rat und Hilfe damit offener ist.

Die Sandwich-Technik ist ähnlich. Dieses Mal jedoch beginnen Sie mit einem Kompliment, bringen danach Ihre Kritik an und enden schließlich mit einem Kompliment:»Das ist ein herrliches Bild, auch wenn zuviel Rot im Himmel ist, aber es gefällt mir gut, wie du die Wellen gemalt hast.« Eine solche Form bereitet den Weg zu einem entspannteren Annehmen einer Kritik und einer größeren Bereitschaft zur Veränderung; darüber hinaus hilft sie, Streß zu lindern.

Spiritueller Widerstand

Widerstand und die daraus erwachsende Spannung können auch davon kommen, daß man zu einem physischen Reiz hin oder von ihm fort drängt, aus Reaktionen der Angst und Wut oder von der Verteidigung vor negativer Kritik. Widerstand kann auch von Entfremdung kommen. Wie Sie wissen, heißt das hawaiianische Wort für Widerstand *ku'e:* »sich distanzieren/abseits stehen«. Spannung durch Widerstand entsteht, wenn Sie sich von etwas trennen oder versuchen, sich zu distanzieren. Beim spirituellen Widerstand entfremden Sie sich eines Ortes, einer Gruppe oder der ganzen Welt, weil Sie das Gefühl haben, nicht dazu zu gehören. Der Grund ist häufig, daß Sie sich nicht angenommen fühlen, aber es kann auch sein, daß Sie sich woanders zugehörig fühlen. Es gibt so viele mögliche Kombinationen von Überzeugungen, die hinter solchen Empfindungen stehen können, daß ihr Ursprung keine Rolle spielt. Wichtig ist jedoch, daß der negative Streß stärker wird, je ernster die Entfremdung ist. Sich nicht an Aktivitäten der Gruppe zu beteiligen oder sich nicht verbunden zu fühlen mit dem Gebiet, in dem man lebt, verursacht nur einen relativ geringen Streß (um Angst, Wut und kritische Faktoren einmal außer acht zu lassen), aber die Extreme wie ausgedehntes Tagträumen, extensive Meditation und Autismus können große körperliche Probleme verursachen. Anhaltendes Tagträumen bedeutet, daß Sie den größten Teil des Tages mit all Ihrer bewußten Aufmerksamkeit mit anderen Träumen verbringen als dem dieser Welt. (Romanautoren finden ihren Ausgleich meist durch die körperliche Tätigkeit des

Schreibens, Tippens oder Diktierens.) Ausgedehnte Meditation be-
deutet, den größten Teil des Tages in irgendeiner Art meditativer
Ausrichtung zu verbringen, die Ihre Aufmerksamkeit von dieser
Welt und von Ihrem Körper ablenkt.

Die Zunahme der körperlichen Spannung ist auch auf die ausgedehnte Inaktivität zurückzuführen, die die Sauerstoff-Aufnahme
reduziert und die Ansammlung von Toxinen unterstützt. Aber auch
durch die längeren Trennungsphasen Ihres *Lono* vom *Ku* oder Ihres
mentalen Bewußtseins vom Körper-Gewahrsein entsteht Spannung.
Das gleiche kann passieren, wenn Sie zu lange schlafen, deshalb können Trägheit, Schmerzen und Beschwerden auch von zu vielem
Schlafen herrühren. Menschen, die sich irgendeiner dieser entfrem-
denden Aktivitäten hingeben (ausgedehntes Schlafen, Tagträumen
oder Meditation), finden es nach längeren Phasen der »Geistesabwe-
senheit« oft immer schwieriger und unbehaglicher, »zurück in den
Körper« zu gelangen – was sie wiederum veranlaßt, noch längere Zeiten »außerhalb« zu verbringen. Doch es war eben gerade die ausgedehnte Distanzierung, die das unbehagliche Gefühl erzeugte.

Ich kann in diesem Zusammenhang ein persönliches Erlebnis berichten: Ich war mit meinen Söhnen auf einer Rucksacktour in den
Bergen. An einem Punkt unserer Tour fiel es mir schwer, mit ihnen
Schritt zu halten, und so verlegte ich mich auf eine Methode, einen
Gesang ständig zu wiederholen, der meinen Geist vom Körper ab-
lenkte, damit ich rascher gehen konnte, ohne die Signale seines Unbe-
hagens wahrzunehmen. Ich hielt mühelos mit meinen Söhnen Schritt,
bis wir unseren Lagerplatz erreichten. Sobald ich mich dort wieder
mit meinem Körper vereinigte, brach ich überhitzt zusammen. Mein
»ausgeklinktes« *Lono* hatte keine bewußte Verbindung mit meinem
Ku mehr gehabt, das zunehmende Anspannung und Austrocknung
signalisierte. Die Jungen waren zu einem Wasserfall losgezogen, und
ich brauchte eine halbe Stunde, meinem *Ku* behutsam zuzureden,
sich zu erholen, bis ich schließlich nach meiner Feldflasche greifen
konnte.

Es gibt kein festes und absolutes Maß, wie lange man ohne
unnötige Spannung »ausgeklinkt« bleiben kann, denn wir alle unterscheiden uns in Stoffwechsel und Motivation. Der beste Maßstab ist,
wie Sie sich fühlen. Ein gesundes Zeitmaß des »Ausgeklinkt-Seins«
wird Ihnen ein gutes Gefühl vermitteln, wenn Sie zurückkehren.
Wenn spirituelle Entfremdung ein Problem gewesen ist, wird bewußte Verbindungsaufnahme mit körperlicher Aktivität, Menschen

oder dem Land sehr hilfreich sein; die Übung des Segnens wird Ihnen dabei helfen.

Autismus ist ein spezieller Fall, weil sich eine Person mit diesem Zustand so weit von der Welt abgekehrt hat, daß in der Regel Hilfe von außen nötig ist, um zurückzugelangen. Die Symptome rangieren gewöhnlich zwischen einer Weigerung zu sprechen oder sich an Aktivitäten zu beteiligen oder Menschen oder Umgebung auch nur zu erkennen und dem völligen Vergessen der Umgebung. Rhythmische, anscheinend sinnlose Bewegungen können auftreten. Die produktivste Hilfe scheint bedingungslose Liebe zu sein, und jedem, der sich mit dieser Thematik befaßt, möchte ich die Bücher von Barry Kaufman empfehlen. In manchen Fällen braucht es wirklich nichts weiter als ein wenig Liebe.

Unter meinen Seminarteilnehmerinnen war eine Grundschullehrerin, die eine Schülerin hatte, die wohl an der Grenze zum Autismus stand. Das Mädchen sprach nicht und blieb teilnahmslos. Sobald sie zur Schule gebracht war, saß sie einfach still an ihrem Platz, bis sie wieder abgeholt wurde; sie sprach nicht einmal auf die Aufmerksamkeit des Lehrers an. Da die Lehrerin jedem einzelnen Schüler nur eine begrenzte Zeit widmen konnte, schlug ich ihr vor, sich einfach je Unterrichtsstunde zwei Minuten zu dem Mädchen zu setzen und, so gut sie konnte, ihre Haltung, Miene und jegliche Bewegung nachzumachen, die das Mädchen zeigte. Nach jeder dieser Zwei-Minuten-Sitzungen sollte sie das Kind sanft berühren und »danke« sagen. Nach drei Wochen sprach das Kind mit anderen, lächelte und begann, sich am Unterrichtsgeschehen zu beteiligen.

Kahi – Die magische Berührung

In der hawaiianischen Tradition gibt es ein System der Körperarbeit namens *lomi-lomi.* Man betrachtet es im allgemeinen als eine Massage-Methode, doch es handelt sich um eine Kombination von Elementen, die an die schwedische und an die Esalen-Massage erinnern, und läßt an Rolfing, Polarity und an Akupressur denken; darüber hinaus gibt es weitere Aspekte, die keiner anderen bekannten Methode ähneln. Ich schreibe hier zum ersten Male im Detail über eines dieser anderen Dinge, einen selten gelehrten Prozeß, den ich seit einigen Jahren in meinen Schamanen-Kursen unterrichte. Ich denke, es gehört zum Nützlichsten, was ich je gelernt habe oder selbst lehre.

Der Prozeß wird *kahi* genannt, das heißt »Einssein«, und bezieht sich auch auf eine *lomi-lomi*-Technik, die mit sehr leichtem Druck der Hand oder der Finger arbeitet. Einige meiner hawaiianischen Freunde lernten es anders als ich, aber nach dem, was mir vermittelt wurde, kommt es beim *kahi* mehr auf die innere Haltung als auf das äußere Tun der Hände an.

Die acht Zentren und vier Ecken des Körpers
In der traditionellen hawaiianischen Heilkunst sind die acht Zentren des Körpers Scheitel, Brust, Nabel, Schambein, die Handflächen und die Fußsohlen; als die vier Ecken gelten die Schultern und Hüften. Als zusätzliche Zentren wurden mir auch der siebte Halswirbel (der bei vorgebeugtem Kopf unterhalb des Nackens etwas aus der Wirbelreihe hervorragt) und das Steißbein vorgestellt; damit sind es insgesamt vierzehn Punkte. Jeder einzelne wird beim *kahi* als »Kraftzentrum« oder Energiequelle bezeichnet, was etwa dem östlichen Begriff Chakra entspricht.

Bei der Ausübung des *kahi* legt man die Finger oder Fläche der einen Hand (welcher, spielt hierbei keine Rolle) auf ein Kraftzentrum, und jene der anderen Hand auf einen »Lösungspunkt«. Dies ist eine Stelle des Körpers, die Spannung, Schmerz, Verletzung oder einen anderen Zustand der Disharmonie aufweist; in manchen Fällen kann es sogar ein anderes Kraftzentrum sein. Bei Kopfschmerzen etwa könnte man die Finger der einen Hand leicht auf den schmerzhaften Bereich legen, die Finger der anderen Hand auf den Nabel oder an das Ende der Wirbelsäule. Bei Magenschmerzen könnte man die eine Hand sanft über den Magen legen und die andere Hand in den Nacken oder auf eine Handfläche des Leidenden. Dann – und dies ist der wichtigste Teil – konzentriert man seine Aufmerksamkeit auf beide Hände gleichzeitig, während man tief atmet. Bis man in dieser Konzentration auf zwei Punkte zugleich geübt ist, kann man mit der Aufmerksamkeit rasch zwischen beiden Händen hin und her wechseln oder sich so etwas wie einen Regenbogen vorstellen, der sie verbindet. Als weitere Hilfe zur besseren Konzentration lehre ich in meinem Kurs über die sieben Prinzipien ein hawaiianisches Lied, aber weil ich Ihnen jetzt mit der Aussprache und Melodie nicht helfen kann, teile ich Ihnen den Text des folgenden Liedes in Ihrer Sprache mit, es beruht ebenfalls auf den Prinzipien:
»Sei gewahr, sei frei, sei gesammelt, sei hier, sei geliebt, sei stark, sei geheilt.«

Rhythmus und Melodie können Sie nach Belieben wählen. Das Lied erfüllt zwei Aufgaben: es unterstützt Ihre Ausrichtung und gibt Ihrem *Ku* Suggestionen. Die Hauptwirkung beim *kahi* kommt jedoch aus der Konzentration auf beide Hände. Sie versuchen dabei nicht, Ihre Energie in den Körper eines anderen zu schicken, oder mit Ihrem Atmen oder Ihrem Denken ein Kanal für Energie zu sein. *Alles,* was Sie tun, ist: aufmerksam zu bleiben. Aufgrund des dritten Prinzips intensiviert und harmonisiert die Aufmerksamkeit selbst die Energie in dem Körper, den Sie behandeln.

Ich kann dies nicht stark genug betonen, denn so viele Menschen wollen den Prozeß oder die Energie mit ihrem *Lono* kontrollieren. Das ist aber nicht nötig. Die Energie weiß genau, was sie tun muß, und das *Ku* weiß, wie darauf anzusprechen ist. Diese Technik lehrt auch Vertrauen. Gebrauchen Sie Ihr *Lono,* um die Aufmerksamkeit aufrechtzuerhalten, und lassen Sie das Übrige von selbst geschehen. Wenn Sie drei oder vier Atemzüge gemacht haben, prüfen Sie Ihren Körper oder den des Menschen, dem Sie helfen, um ein Feedback zu erhalten. Hat sich der Zustand zum Besseren verändert, dann sind Sie fertig. Wenn nicht, steht es Ihnen frei, die Behandlung fortzusetzen.

Beim *kahi* löst die Konzentration auf die Hände einen Energiefluß zwischen ihnen aus, der mit dem elektrischen Strom in einer Leitung vergleichbar ist. Die Wirkung dieses Flusses beim *kahi* ist eine zweifache: Zum einen steigert er die Intensität Ihres persönlichen Energiefeldes, zum anderen regt er die Lösungs- und Entspannungs-Phasen des Streß-Zyklus an, was zu einer Linderung der Spannung führt und einer Harmonisierung des Bereiches unter und zwischen den Händen. Wenn Sie einem anderen Menschen die Hände auflegen, geschieht Ihnen beiden das gleiche. Gemäß dem zweiten Prinzip behandeln Sie sich selbst, wenn Sie *kahi* bei einem anderen anwenden. Im einzelnen stellen sich folgende Wirkungen ein:

1. Auflösung von muskulärer Spannung, eine Linderung von Schmerzen und eine Anregung des körperlichen Heilungsprozesses an dem Lösungspunkt. Dies kann mit Wahrnehmungen von Wärme und/oder Kribbeln einhergehen.
2. In manchen Fällen kommt es zu einer scheinbaren Verlagerung des Schmerzes an einen anderen Ort. Die Erfahrung zeigt, daß hier in Wirklichkeit eine neue Schmerzschicht offenbar wird, die durch die erste überlagert war. Setzen Sie die Behandlung in gleicher Weise an der neuen Stelle fort.

3. Manchmal gibt es überhaupt keine Veränderung, selbst nach mehreren *kahi*-Runden oder Sitzungen. (Eine »Runde« ist eine *kahi*-Konzentration, die drei oder vier tiefe Atemzüge lang dauert; eine »Sitzung« ist jede einzelne *kahi*-Anwendung, die zeitlich von einer anderen getrennt erfolgt.) Dies kann geschehen, wenn die Ursache des Stresses vor allem Widerstand aus Wut oder Angst ist. Eine verstärkte Konzentration vermag solchen Widerstand zwar zu durchbrechen, gleichwohl sei eine Technik empfohlen, die eher eine Veränderung der Emotionen oder Erinerungsmuster anstrebt, die sie hervorrufen. Solche Methoden werden in einem späteren Teil dieses Buches besprochen.

4. Zuweilen kehrt der ursprüngliche Zustand nach einer *kahi*-Sitzung zurück. Dies liegt an einer Erneuerung oder Wiederaufnahme jener Denkmuster, die den Zustand zuerst verursacht hatten. *Kahi* ist nur eine Hilfe zum Heilen; sie wirkt durch Verwandlung des körperlichen Zustandes von Spannung zur Entspannung. Heilungen erwachsen aus einer Änderung des Sinnes.

5. Häufig spürt der *kahi*-Ausübende Bewegung, Wärme und/oder Kribbeln in seinen Händen. Meist fühlt er sich nach der Behandlung erfrischt. Weil Sie nicht versuchen, Energie zu beherrschen oder zu zwingen, werden Sie dabei auch nicht müde.

Wie bereits erwähnt, können Sie *kahi* bei sich selbst oder bei anderen anwenden. Die Wirkung ist erfahrungsgemäß am besten, wenn Sie der allgemeinen Praxis folgen, das vom Lösungspunkt fernste, noch leicht erreichbare Kraftzentrum zu behandeln. Für die Arbeit im oberen Rückenbereich empfiehlt sich also ein Hand-Zentrum, das Steißbein- oder das Nabel-Zentrum eher als Schulter-, Brust- oder Nacken-Zentrum. (Das Schambein-Zentrum sollte man nur unter engen Freunden behandeln.) Liegen die beiden behandelten Stellen zu nahe beieinander, ist der Fluß vermindert; liegen sie zu weit auseinander, wird die Spannung des Behandlers durch die Anstrengung beim Ausstrecken gesteigert. Dies ist keine feste Regel, sondern nur eine Richtschnur, denn es gibt Gelegenheiten, bei denen Sie aus irgendeinem Grunde die beiden behandelten Punkte nahe beieinander oder weit entfernt voneinander wünschen.

Sie werden feststellen, daß *kahi* eine wunderbare Alternative zur Akupressur und Reflexzonenbehandlung ist. Ohne den Nutzen dieser beiden wertvollen Systeme schmälern zu wollen, muß ich doch bemerken, daß es ein Vergnügen ist, sie schmerzlos zu praktizieren.

Kombinieren Sie hierzu die *kahi*-Kraftzentren mit irgendwelchen empfindlichen Akupressurpunkten oder Reflexzonen. Sie können beispielsweise das Fußsohlen-Zentrum der einen Seite und einen empfindlichen Punkt des anderen Fußes behandeln. Drücken Sie die Punkte gerade so stark, daß die Empfindlichkeit festzustellen ist; dann lassen Sie nach und halten Sie die Stelle leicht, während Sie sich konzentrieren. Prüfen Sie nach einer Runde, ob der Punkt noch empfindlich ist.

Gegenseitiges *Kahi*

Eine glänzende Methode, jemanden zu beruhigen, sein Gemüt zu erbauen, eine kooperative Behandlung durchzuführen oder einen tiefen Austausch herzustellen, ist eine gegenseitige *kahi*-Behandlung. Hierbei gibt es zwei Variationen:

1. Stehen Sie Ihrem Partner gegenüber, die linke Handfläche nach oben und die rechte nach unten. Berühren Sie die Handflächen Ihres Partners und beugen Sie die Finger etwas, so daß Sie einander leicht mit den Fingern halten. Dann beginnen beide mit *kahi*, indem sie sich auf ihre eigenen Hände konzentrieren und dabei in Gedanken chanten (ein Wort oder einen Gedanken singen).
2. Beide Partner legen Fläche oder Finger ihrer rechten Hand auf den eigenen Nabel und die Fläche oder Finger der linken Hand auf die Brust oder Stirn des anderen. Konzentrieren Sie sich auf Ihre eigenen Hände und chanten Sie, während Sie tief atmen.

Möglicherweise haben Sie – neben anderen Wahrnehmungen – nach mehreren Runden nun den Eindruck, das Gefühl dafür zu verlieren, wo Ihr eigener Körper aufhört und der Ihres Partners anfängt. Das geschieht nicht immer sofort, aber es ist ein Zeichen dafür, daß die persönlichen Felder miteinander verschmelzen, daß man in das »Einssein« übergeht. Wenn Sie dies mit einem Partner häufig praktizieren, werden Sie merken, daß Sie eine tiefe Freundschaft und eine starke telepathische Verbindung aufbauen.

Kahi in der Gruppe

So wie die elektrische Kraft sich verstärken läßt, indem man Batterien in einer Reihe hintereinander schaltet, läßt sich auch die Heilungskraft steigern, indem man Menschen »hintereinanderschaltet«. Folgende beiden Varianten haben sich sehr bewährt:

1. Sitzen oder stehen Sie im Kreise zusammen mit allen, die sich am *kahi* beteiligen wollen. Halten Sie sich an den Händen, und alle praktizieren gemeinsam *kahi*. Manchmal kommt es zu einer stärkeren Gruppenwirkung, wenn Sie den Gesang laut anstimmen. Wenn Sie noch ein kleines rituelles Element hinzufügen möchten, können Sie darauf achten, daß beim Händehalten die rechte Hand über der linken Ihres Nachbarn zu liegen kommt. Das ist nicht notwendig, aber manche Menschen finden es schön.

2. Alle Teilnehmer stehen in einer Linie, die auch gebogen sein darf. Jeder legt eine Hand auf den eigenen Nabel und die andere leicht auf das Nacken-Zentrum des vor ihm Stehenden, und alle praktizieren gemeinsam *kahi*. Die erste Person der Reihe gibt jemanden, der Hilfe braucht, eine normale *kahi*-Behandlung.

Mentales *Kahi*

Man braucht wohl kaum zu erwähnen, daß der Einsatz der Hände beim *kahi* nicht unbedingt notwendig ist, da die Konzentration die entscheidende Rolle spielt. Die Hände dienen vor allem dazu, Ihnen bei der Konzentration zu helfen. Viele Menschen brauchen diese Hilfe, und sehr viele sprechen auf die Behandlung besser an, wenn sie dabei berührt werden. Gleichwohl gibt es auch Gelegenheiten, bei denen es sehr nützlich ist zu wissen, daß eine klare, gebündelte mentale Konzentration ebenso gut wirken kann, zum Beispiel in solchen Fällen:

1. Der Lösungspunkt einer Person, mit der Sie arbeiten, reagiert zu empfindlich auf Berührung oder befindet sich in einem zu delikaten Bereich der Anatomie. Dann können Sie Ihre Hand fünf bis zehn Zentimeter oberhalb des Punktes halten oder sich einfach gedanklich auf ihn konzentrieren.

2. Sie möchten an sich selbst arbeiten und haben keine Hand frei. Dies passierte mir einmal, als ich beim Autofahren Muskelkater bekam.

3. Sie wollen jemandem in der Nähe helfen, doch es erscheint weder praktisch noch ratsam, *kahi* offenkundig zu praktizieren.

Die Arbeit über eine Distanz hinweg wird im nächsten Kapitel besprochen werden.

Kaulike – eine weitere magische Berührung

Kaulike bedeutet »Gleichgewicht oder Harmonie« und bezieht sich auf eine überaus einfache Art, jemandem zu helfen, sich wohlzufühlen. Man kann diese Methode auch an sich selbst durchführen, aber sie wirkt immer besser, wenn ein anderer dies tut, weil es dabei um den Austausch von Liebe und Freundschaft geht. Im Grunde genommen handelt es sich um eine leichte Berührung des Körpers, während beide Personen stehen, sitzen oder liegen. Wenn Gebender und Empfangender dabei die richtige Einstellung haben, fühlt es sich außerordentlich schön an. Die richtige Einstellung, das heißt einfach: bereitwillig zu geben und zu empfangen. Das Schöne an *kaulike* ist, daß es dabei überhaupt keines *Lono*-Denkens bedarf, nicht einmal einer Konzentration des *kahi*.

Stellen Sie sich zuerst vor den Empfangenden und berühren Sie ihn oder sie abwechselnd mit den Fingern beider Hände, jeweils etwa zwei Pulsschläge lang an Scheitel, Kehle, Brust, Solarplexus und Nabel. Dann führen Sie die Hände an beide Seiten des Körpers und berühren Sie nacheinander Kiefer, Schultern, Ellbogen, Handgelenke, Hüften, Knie, Knöchel und Zehen Ihres Gegenübers. Zum Ende der Behandlung heben Sie Ihre Arme nach außen, führen Sie sie über Ihren Kopf, und ziehen Sie sie mit den Handflächen nach außen vor dem Empfänger bis etwa in Höhe seiner Hüfte hinunter. Das ist alles. Einen zweiten Schritt gibt es nicht. Sie brauchen nicht zu denken, nicht zu chanten, tief zu atmen, oder irgend etwas anderes zu tun, nur Ihr Gegenüber zu berühren und Ihre Hände durch die Luft zu führen.

Im folgenden werden wir nun mehr im Mentalen arbeiten, aber immer in partnerschaftlicher Verbindung mit dem Körper.

DAS FÜNFTE ABENTEUER

Veränderung anregen durch Intuition

Ka po nui ho'olakolako, ke ao nui ho'ohemahema
Die innere Welt versorgt, die äußere Welt ignoriert

D er Schamane gibt keine Unterweisungen in Intuition, er setzt sie voraus. Die Intuition ist eine ebenso natürliche Funktion wie das Atmen, und sie ist eine logische Folge der ersten drei Prinzipien. Die Intuition ist ein wichtiger Weg, auf dem die Welt zu dem wird, wofür wir sie halten; sie ist einer der Aspekte, durch die alles miteinander verbunden ist; und sie wird getragen von der Energie, die fließt, wohin die Aufmerksamkeit geht. Doch wie schon die Atmung zu einer hochentwickelten Fertigkeit trainiert werden kann, kann man auch die Intuition üben und verfeinern.

Ich möchte hier gleich zu Beginn feststellen, daß ich das Wort *Intuition* sowohl im aktiven als auch im passiven Sinne verwende, sowie als Alternative für die Wörter *Telepathie* und *Hellsehen.* Zunächst einmal bezieht sich der Begriff Intuition allgemein auf Information oder Wissen, die durch einen der inneren Sinne – Sehen, Hören, Spüren (und manchmal auch Riechen, selten nur: Schmecken) – gewonnen wurden. Telepathie hingegen wird in der Regel mit etwas Aktivem, Verbalem assoziiert, Hellsehen bedeutet etwas Passives und Visuelles. Zweitens gilt (genau wie in der äußeren Welt): Inneres Wissen und Information können sowohl gegeben als auch empfangen werden.

Wie also funktioniert Intuition? Um dies zu erklären, müssen wir ein Bild verwenden, denn wir beschreiben hier nichts Physisch-Stoffliches, das wir in Stücke zerlegen und dessen Teile wir dann einzeln mit Namen bezeichnen können. Damit stoßen wir die Hobby-Wissenschaftler schon einmal vor den Kopf. Die Beweise für Intuition – der Austausch von Daten ohne materiellen Kontakt oder Nähe – liegen unzweifelhaft vor (wenn Sie sie nicht einfach ignorieren wollen), und doch scheint es keine physische Grundlage für die Intuition zu geben. Da die stoffliche Welt ein Produkt der nicht-stofflichen ist – so das schamanistische Denken –, könnte eine physische Grundlage zu finden sein – oder eben nicht. Gewisse Forscher erinnere ich an eine Beobachtung von C. W. Leadbeater: »Der häufigste Fehler ist die Annahme, daß die Grenze unserer Wahrnehmung auch die Grenze alles Wahrnehmbaren sei.«

Doch nun zu unserem Bild: Ein gutes, oft gebrauchtes und bereits weiter oben erwähntes Bild ist das Netz oder Gewebe, auch *aka* genannt. *Aka* ist das hawaiianische Wort für »Essenz« oder »Schatten«; es bezieht sich auch auf die Vorstellung eines nichtstofflichen Netzes aus Fäden, die alles im Universum miteinander verbinden. Häufige Verbindungen mit emotioneller Bedeutung werden an manchen Stellen als Schnüre oder gar Kabel bezeichnet. Während die meisten Menschen bis zum Augenblick ihres Todes durch Schnüre an ihr äußerliches Leben auf dem Planeten Erde gebunden sind, erstreben die Schamanen, zu jeder Zeit durch Fäden mit allem verbunden zu sein.

Wenn wir bei diesem Bild bleiben, können wir sagen, daß die Verbindungen des Netzes immer existieren; bestimmte Fäden aber werden nur durch bewußte Aufmerksamkeit aktiviert. Das heißt, Intuition tritt ein – Information wird übertragen –, wann immer man an etwas denkt oder seiner bewußt wird. Typisches Beispiel: Sie denken an einen Freund. Kurz darauf klingelt das Telefon, derselbe Freund ruft Sie an. Nun könnte der Gedanke an den Freund eine Suggestion oder den Wunsch weitergetragen haben, auf den er oder sie angesprochen hat – oder der Freund hat vor seinem Anruf gerade an Sie gedacht, und Sie nahmen es auf. In beiden Fällen ließe sich das Phänomen erklären durch eine Informaitonsübertragung über das Netz.

Ein weiteres, für den modernen Stadt-Schamanen brauchbares Bild ist die Signalwirkung. Hier wiederum sendet alles im Universum sein eigenes Signal aus – etwa wie ein Rundfunksender –, und alles ist zugleich auch Empfänger. Jedes Signal ist eine Kombination von Frequenzen, die alle Informationen vermittelt, die über den Sender existieren. Jeder Empfänger hingegen ist nur für die Aufnahme eines bestimmten Frequenz-Bereiches geeignet – wie ein spezielles Radio, das zwar die Tonsignale eines Fernseh-Senders empfangen, aber nicht die visuellen Signale umsetzen kann, oder wie ein Fernsehgerät, das bestimmte Kanäle nicht empfangen kann. Bildlich gesprochen, ist Ihre Wahrnehmung der Rundfunksignale eines anderen Menschen eingeschränkt durch Ihre Einstimmung auf ihn. Je genauer und feiner Sie eingestimmt sind, desto mehr nehmen Sie auf; je weniger Sie eingestimmt sind, desto mehr entgeht Ihnen. Die Einstimmung geschieht gezielt durch bewußtes Gewahrsein oder Aufmerksamkeit: entweder passiv, um Information zu empfangen, oder aktiv, um Information auszusenden – oder durch Unterlassung, aufgrund von Ähnlichkeiten der im *Ku*-Gedächtnis gespeicherten Überzeugungen. Gezieltes Senden zu oder Empfangen von einem Individuum ist wie die Kommunikation zwischen einem Sender und Empfänger in einem bestimmten, engen Frequenzbereich. Hier können Störungen von außen auftreten durch Signale aus anderen Quellen, die benachbarte Frequenzen belegen, oder auch innere Störungen durch Abgleiten von der exakten Empfangsfrequenz oder durch Interferenzen (das heißt durch Ablenkung der Konzentration oder durch Zweifel und/oder Kritik). Dieser Vergleich mit Sender und Empfänger ist sehr ergiebig, weil er so viele Phänomene im Bereich der Intuition veranschaulichen kann.

Ein drittes Bild, das den mehr mystisch veranlagten Leser ansprechen dürfte, ist die Feldwirkung. In diesem Fall sind Sie unendlich, da auch das Universum unendlich ist. Wenn Sie unendlich sind, sind Sie überall. Wenn Sie überall sind, dann kann Ihr Bewußtsein alles umfassen, und Sie können alles beeinflussen, indem Sie Ihre Aufmerksamkeit darauf richten. Hier heißen die Schlüssel Reinheit der Absicht und Klarheit der Ausrichtung.

Sollte Sie jemand fragen, was Intuition wirklich ist, dann sagen Sie ihm, das es so ist, wie *er* es sieht.

Schamanen gebrauchen die Intuition, um Informationen einzuholen über die Vergangenheit, Gegenwart oder Zukunft als Vorbereitung für ihre Tätigkeit als Heiler, oder für das Heilen selbst. Wir werden eine Reihe von Hilfsmitteln und Techniken hierzu besprechen, aber zuvor ist noch etwas mehr Theorie notwendig, damit Sie die Praxis besser ausüben können.

Am allerwichtigsten ist ein Gedanke, der auf dem vierten Prinzip beruht: Man kann sich nicht auf die Vergangenheit oder Zukunft einstellen – selbst wenn man es will –, weil der gegenwärtige Augenblick die einzige Wirklichkeit ist. Wenn Sie zu einem Medium gehen und um ein Reading bitten, werden Sie meist zuerst etwas über Ihre Vergangenheit hören, dann über Ihre Gegenwart, und schließlich über Ihre Zukunft. Nach der hier vertretenen Ansicht stellt sich das Medium dabei jedoch nicht auf Ihre Vergangenheit ein, sondern nur auf Ihre (bewußten oder unbewußten) Erinnerungen an die Vergangenheit, die Sie im Augenblick aussenden (um wieder das Bild von Sender und Empfänger zu bemühen). Wenn Ihnen das Medium etwas über Ihre Gegenwart sagt, dann nimmt es Erinnerungen und Gedanken über Ihre derzeitigen Belange und Anliegen auf; spricht es schließlich über Ihre Zukunft, so ist es auf eine logische Projektion Ihrer derzeitigen Denkmuster und Tendenzen in die Zukunft eingestellt, gibt gewissermaßen eine Hochrechnung aufgrund der gegenwärtig verfügbaren Daten wieder. Beachten Sie bitte, daß ich nicht behaupte, es handelte sich hierbei um eine bewußte Bemühung auf seiten Ihres Mediums. Die meisten überlassen diesen Vorgang einfach ihrem *Ku* oder *Kane;* dabei ergeht unbewußt etwa folgende Weisung: »Also los, Leute, gebt mir ein paar Informationen über die Vergangenheit, Gegenwart und Zukunft dieses Menschen.« Dann wartet das Medium darauf, daß ihm Worte oder Bilder, Symbole oder Empfindungen ins Bewußtsein steigen, interpretiert sie, wenn nötig, bewußt und gibt die Information an Sie weiter.

Ein gutes Medium ist meist recht akkurat in bezug auf die Vergangenheit, einigermaßen genau hinsichtlich der Gegenwart und schändlich ungenau bezüglich der Zukunft. Dies liegt zum Teil daran, daß die Information durch das Medium selbst gefiltert werden muß, zum Teil auch daran, daß Sie selbst ständig Ihre Ansichten über Ihre eigene Vergangenheit, Gegenwart und Zukunft ändern, vermutlich auch einige Erinnerungen blockiert haben und widersprüchliche Vorstellungen mit sich herumtragen. Angesichts des schamanistischen Gedankens, daß wir unsere Zukunft selbst gestalten, können Sie sich vielleicht die Schwierigkeiten vorstellen, auf die ein Medium stößt, wenn es eine sinnvolle Zusammenfassung aus der Fülle häufig widerstreitender und verworrener Information extrahieren soll, die Sie selbst und jene, die derzeit oder möglicherweise mit Ihnen in Verbindung stehen, aussenden. Da ist es direkt erstaunlich, welch gute Leistungen trotzdem möglich sind.

Zugegebenermaßen liefern Medien zuweilen Informationen über die Zukunft, die sich dann in der Tat genau so einstellen; doch das geschieht in der Regel nur, wenn sie auf ein derzeitiges Muster sehr starker Gewohnheiten, Suggestionskraft oder Entschlossenheit treffen. Weil wir uns und unsere Ansichten ständig verändern, bleiben die Aussagen der Medien meist völlig ungenau oder nur teilweise exakt. Ich suchte einmal ein sehr bekanntes Medium im Süden Kaliforniens auf und bat um ein Reading. Die Dame hatte einen tiefen Einblick in meine Vergangenheit, und ihre Aussagen über meine Gegenwart machten mir manche Elemente bewußt, die mir noch nicht aufgefallen waren, aber ihre Botschaft über meine Zukunft war sehr gemischt. Mein – damals noch nicht in die Tat umgesetztes – Vorhaben, öffentlich zu sprechen, nahm sie wohl auf, und sie vermochte genaue Angaben über das Aussehen eines Mannes und über den Zeitpunkt unserer Begegnung zu machen, mit dem ich im Äußeren erst ein halbes Jahr später zusammentraf. Doch sie stellte ihn als einen Menschen dar, der sich als wichtiger Lehrer in meinem Leben erweisen würde. Es zeigte sich, daß wir gute Freunde wurden und einiges Wissen miteinander teilten, doch er spielte nie die Rolle eines Lehrers. Wenn jedoch meine Verfassung zur Zeit des Readings sich nicht inzwischen gewandelt hätte, wäre es möglicherweise durchaus dazu gekommen. Schließlich erfreute mich das Medium mit der Aussicht, daß ich eines Tages an die Riviera ziehen würde, um dort die Hälfte des Jahres zu leben, während ich die andere Hälfte auf Reisen verbrachte. Dies kam natürlich nie zustande, aber die diesbezügliche Passage des Readings könnte eine Mischung aus meiner Erinnerung an die französischsprachige, nordafrikanische Stadt Dakar sein – die in mancher Hinsicht an die Riviera erinnert –, und meinem Wunsch, auf Hawaii zu leben und von dort aus die Welt zu bereisen.

Ungeachtet werbewirksamer Übertreibungen sind Medien in selten mehr als dreißig Prozent der Fälle mit ihren Voraussagen akkurat, und fünfzig Prozent ihrer Aussagen sind geraten. Dieses Problem hängt mit Störungen durch die eigenen Wünsche und Spannungen des Mediums zusammen, aber auch mit der Tatsache, daß die Menschen ihre Ansichten ändern. Selbst die Erde ändert ihre Meinung offenbar noch häufiger, denn der Punkt, an dem die Medien sich am gründlichsten und am leichtesten irren, ist die Vorhersage von Erdbeben (um Begegnungen mit Außerirdischen einmal außer acht zu lassen). Ich habe erst ein »Medium« mit einer Voraussage-Zuverlässigkeit von neunzig bis achtundneunzig Prozent kennengelernt. Dies lag jedoch in der Seltenheit und der Art seiner Vorhersagen begründet. Das fragliche »Medium« war Jack Smith, ein Kolumnist der *Los Angeles Times*. Seine Methode bestand darin, auf die jährliche Veröffentlichung des *National Enquirers* über die Prognosen berühmter Medien für das kommende Jahr zu warten. Dann schrieb er neben jede Voraussage der berühmten Medien den Satz: »Wird nicht eintreten«. Seine Treffsicherheit war bemerkenswert.

Wenn wir wirklich nicht in die Vergangenheit oder die Zukunft eintauchen, sondern lediglich Erinnerungen oder Möglichkeiten aufnehmen – warum sollten wir uns dann der Mühe unterziehen, die Intuition überhaupt in diese Richtungen zu lenken? Warum begnügen wir uns nicht damit, sie in der Gegenwart zu erweitern? Eben deshalb, weil uns die Intuition der erweiterten Gegenwart wertvolle Information vermitteln kann über Gedanken, die wir immer noch über die Vergangenheit haben und die uns im Heute behindern, aber auch über derzeitige Muster, die zu einer Zukunft führen könnten, wie wir sie nicht wünschen. Wir können von der Intuition Gebrauch machen, um uns selbst und andere besser zu verstehen, um unsere Vorstellungen und damit die Auswirkungen der Vergangenheit zu verändern, und um die Zukunft zu ändern, indem wir gegenwärtige Muster wandeln.

Hailona – schöpferische Intuition

Hailona ist eine Kunst der Divination, das ist ein altes Wort für die Einstimmung in die Intuition. Das Werfen oder Legen selbst ist eine Technik, mit deren Hilfe man intuitive Information dem bewußten Denken zugänglich macht. Grundsätzlich gilt es, sich bewußt auf eine Frage zu konzentrieren und dann das innere Selbst (die *Ku/Kane*-Verbindung) die Antwort in Form einer spezifischen Anordnung von Zeichen und Symbolen geben zu lassen. In den meisten Fällen ist die Bedeutung von Zeichen, Symbolen und die Art ihrer Anordnung bereits vorher festgelegt. Zu den gebräuchlichen Techniken gehören das Werfen von Münzen beim I Ging und das Auslegen von Tarot-Karten. Das Schamanen-Wissen besagt, daß das innere Selbst die gewünschte Information über das Netz, die Aussendung oder das Feld bezieht und die Zeichen und Symbole dergestalt beeinflußt, daß das Muster ihrer Anordnung Ihnen die nach der jeweiligen

Technik optimale Antwort auf Ihre Frage vermittelt. Bei einer Befragung des I Ging könnte man also sagen, daß das *Ku* die erwünschte Information durch Intuition erwirbt und dann unter Einbeziehung der Schwerkraft, des Luftwiderstandes, der Muskelkraft und der Oberflächenreibung die Münzen dergestalt fallen läßt, daß sie, wenn sie zu liegen kommen, ein bedeutungsvolles Muster zeigen.

In den folgenden Abschnitten will ich Ihnen eine alte hawaiianische Weissage-Methode – eine modifizierte Technik aus Afrika –, und eine höchst flexible Methode eigener Erfindung vorstellen, die auf alten Vorbildern aufbaut.

'Oi-pahu

Der Name dieser Methode, die im alten Hawaii gebräuchlich war, bedeutet »ungerade/gerade« oder »erfolgreich/erfolglos«. Man verwendet sie, wenn man den Ausgang eines Geschehens oder Unternehmens bestimmen will. Zuerst legt man zwei Tücher –Handtücher erfüllen diesen Zweck –, oder zwei Schalen aus. Das eine definiert man als Darstellung seiner selbst, das andere als Darstellung der Person, des Ortes, des Geschehens oder Unterfangens, um die oder das es geht. Dann entspannt man sich, besinnt sich auf die Frage des Erfolges, und nimmt aus einem Haufen Kiesel oder Murmeln mit jeder Hand wahllos eine Handvoll und legt sie unter die Tücher oder in die Schalen. Schließlich zählt man die Steine oder Murmeln auf jeder Seite. Zählen Sie zuerst die Steine auf »Ihrer« Seite, um Zeit zu sparen, denn wenn Sie eine gerade Zahl erhalten, ist die Sache bereits zu Ende. Ganz gleich, was auf der anderen Seite liegt, ist das ein Zeichen für Scheitern. Wenn auf Ihrer Seite eines übrig bleibt (ungerade) und die andere Seite auch ungerade ist, dann gilt dies ebenfalls als ein Zeichen des Mißerfolgs. (Doch ich denke, dies ist allzu pessimistisch. Der ursprüngliche Gedanke war, daß Sie beide nicht gewinnen können (*'oi*, ungerade, bedeutet auch »erfolgreich«), und daß zwei Ungerade einander ausgleichen. Wenn Sie hingegen eine Philosophie des Gewinns auf beiden Seiten vertreten, so kann dieses Ergebnis auch Erfolg für beide Seiten bedeuten.) Die letzte Möglichkeit – Ihr Häufchen ist ungerade, das andere gerade –, ist ein eindeutiges Zeichen für Ihren Erfolg. Doch denken Sie immer daran, daß die Information, die Sie empfangen, nichts mit der Zukunft zu tun hat. Sie ist eine Wiedergabe des aufgrund der derzeitigen Verhältnisse und Pläne wahrscheinlichen Ausgangs. Ändern Sie Ihre Haltung und Vorhaben, und Sie können das Ergebnis verändern.

Die sechzehn Augen von Fa

Vor langer Zeit entstand im Volk der Fon in Dahome (heutzutage Benin genannt), Westafrika – ich lebte dort für zweieinhalb Jahre –, eine Methode der Divination mit sagenhaftem Ursprung; sie ist noch heute in Gebrauch. Die Sage handelt von dem Gott Fa, dem Schöpfer der Menschheit und Botschafter der großen Götter. Er besaß sechzehn Augen in Form von Kokosnüssen, die sich jeden Morgen öffneten, so daß er ausblicken und prophezeien konnte. Deshalb heißt diese Art der Divination »die Augen Fas öffnen«. Es ist eine Ungerade/Gerade-Methode, doch ich habe das ursprüngliche Verfahren vereinfacht, um die Durchführung zu erleichtern. Es gilt, sich zu entspannen, auf die Frage zu konzentrieren, und dann viermal eine Münze zu werfen (Zahl = gerade, Kopf/Wappen = ungerade) oder zu würfeln und die Ergebnisse zu notieren. Dann erhalten Sie die Antwort anhand der untenstehenden Liste. Ein »ungerader« Wurf ist als ein Punkt wiedergegeben, ein »gerader« Wurf als zwei Punkte.

Diese Methode wird Ihnen helfen, Ihre Intuition zu entfalten, denn Sie müssen sich verschiedene Möglichkeiten überlegen, die Ein-Wort-Antwort auf Ihre Frage zu beziehen und dann die Deutung zu wählen, die sich richtig *anfühlt*. Wenn Sie zum Beispiel gefragt haben, ob Sie und Ihre Freundin nächstes Jahr noch zusammen sein würden, und dann vier ungerade Würfe nacheinander bekommen haben, wäre die Antwort *Vereinigung* – recht offensichtlich. Aber wenn Sie zwei ungerade, dann einen geraden, dann wieder einen ungeraden Wurf erhalten – die Antwort *Schwäche* –, müßten Sie nachdenken über die Stärke Ihrer Beziehung oder Ihres Verlangens oder die Motivation hinter Ihrer Frage.

Vereinigung	Trennung	glücklich	unglücklich

positiv	negativ	Stärke	Schwäche

Freiheit Begrenzung Erfolg Scheitern

Bewegung Stille Überfluß Mangel

Schamanen-Steine

Diese dreiteilige Methode vermittle ich in meinen Kursen. Man verwendet hier insgesamt sieben »Steine«, die überhaupt nicht aus Stein zu sein brauchen. Meist teile ich sieben Kunststoffperlen in den Farben Weiß, Rot, Orange, Gelb, Grün, Blau und Violett aus. Teilnehmer, die Freude an dieser Methode haben, kaufen oder fertigen sich selbst später oft eine hübschere, persönlichere Reihe von »Steinen«. Schmucksteine sind beliebt, aber auch glatt erodierte, bunt gefärbte Basaltsteine; meinen blinden Seminarteilnehmern empfehle ich verschiedene Anhänger, wie man sie für Armreife oder Halsketten kaufen kann. Wenn Sie eine Vorliebe für Kristalle haben, können Sie sich eine bunte Reihe aus klarem Bergkristall, Rhodochrosit oder Rosenquarz, Karneol, Zitrin, Malachit oder Aventurin, Türkis oder Sodalith und Amethyst oder purpurnem Fluorit zusammenstellen. Der Durchmesser sollte nicht mehr als anderthalb Zentimeter betragen. Im folgenden gehe ich davon aus, daß Sie eine Reihe von »Steinen« in den genannten Farben besitzen.

Die Ja/Nein-Technik

Hierzu brauchen Sie nur den weißen, den roten, und den grünen Stein. Der weiße Stein wird *kumu* genannt, der »Grundlage«-Stein, die anderen heißen *eo*, »Antwort«-Steine. Die Antwort gibt der Stein, der dem weißen am nächsten fällt. Der rote Stein bedeutet Nein, der grüne Stein dagegen Ja. Sie entspannen sich und stellen jede beliebige Frage, die durch Ja oder Nein beantwortet werden kann. Hüten Sie sich jedoch vor »Sollte«-Fragen (etwa: »Sollte ich dies oder jenes tun?«), denn ein »Sollte« bezieht sich auf Maßstäbe oder Regeln, und

Ihr *Ku* hat als Erinnerungen oft mehr als einen Maßstab gespeichert, und so wird die Beantwortung problematisch. Doch, aus welchem Grund auch immer, sind solche Fragen ohnehin weniger brauchbar. Wenn Sie bereit sind, halten Sie die Steine in der Hand und werfen Sie sie dann vor sich hin.

Wenn Sie »Testfragen« stellen, wirkt Ihr Zweifeln sich möglicherweise störend auf die Antwort aus. Der einzige Unterschied zwischen professionellen Medien und dem Rest der Bevölkerung liegt darin, daß die Medien dazu neigen, ihren Antworten zu vertrauen. Wenn wir den Faktor Streß außer acht lassen, werden Ihre Antworten umso genauer sein, je mehr Vertrauen Sie Ihnen entgegenbringen.

Denken Sie auch daran, daß Ihre Antworten nur Ihr *Ku* und Ihre gespeicherten Muster vermitteln, und vielleicht gar nichts zu tun haben mit der Situation, wie andere sie wahrnehmen oder wie sie sich tatsächlich herausstellen mag. Sie können nach allem fragen, was Ihnen in den Sinn kommt, besonders aber eignet sich diese Technik zur Entdeckung von Einstellungen und Überzeugungen auf der *Ku*-Ebene, und um Informationen über Ihre unterbewußten Wahrnehmungen über andere Menschen und Situationen zu erlangen.

Beim Fragen über Dinge, die Sie wirklich beschäftigen, spüren Sie vielleicht den Wunsch, auf der Stelle noch einmal die Steine zu werfen, wenn Ihnen die Antwort nicht gefällt. Ich rate Ihnen, dies zu unterlassen, denn es würde leicht Angst auslösen und Verdrängung veranlassen. Stattdessen empfehle ich Ihnen folgendes Vorgehen:

Die geheime Schamanen-Methode, um die
Antwort zu erhalten, die Sie wollen

1. Holen Sie sich von den Steinen eine Antwort ein, die Ihnen nicht gefällt.
2. Erkennen Sie an, daß diese Antwort ein augenblickliches Muster widerspiegelt.
3. Greifen Sie sich *energisch* die beiden Antwortsteine und vertauschen Sie ihre Position; *schreien* Sie dabei: »Das ist das neue Muster, *Ku!* Merke es dir!« Diese Heftigkeit, der Schrei und die körperliche Bewegung werden beim *Ku* einen starken Sinneseindruck hinterlassen und dazu beitragen, ihm ein neues Muster mit besseren Ergebnissen einzuprägen.

Die Beratungs-Technik
Hier brauchen Sie alle sieben Steine. Der weiße Stein ist immer noch
der *kumu*, auch wenn er in der folgenden Liste zusammen mit den
eo-Steinen aufgeführt wird.

Weiß   = erstes Prinzip; Schlüsselwort: *Bewußtheit*
Rot   = zweites Prinzip; Schlüsselwort: *Freiheit*
Orange = drittes Prinzip; Schlüsselwort: *Sammlung*
Gelb   = viertes Prinzip; Schlüsselwort: *Ausdauer*
Grün   = fünftes Prinzip; Schlüsselwort: *Liebe*
Blau   = sechstes Prinzip; Schlüsselwort: *Zuversicht*
Violett = siebtes Prinzip; Schlüsselwort: *Flexibilität*

Wenn Sie bereit sind, entspannen Sie sich und besinnen Sie sich auf
eine Bitte um Rat, etwa: »Welches ist der beste Weg, zu bekommen,
was ich will?« oder: »Was ist das beste, das ich in dieser Situation tun
kann?« Denken Sie daran, daß diese Methode keine Ja/Nein-Ant-
worten gibt. Werfen Sie nun die Steine und stellen Sie fest, welcher
dem weißen Stein am nächsten zu liegen kommt. Nehmen Sie eine
Kombination des Prinzips und des Schlüsselwortes als Antwort auf
Ihre Frage. Es liegt in der Natur der Sache, daß die Antworten eben-
soviel Intuition brauchen wie die Fragen.

Bei einer Variante dieser Technik bitten Sie nicht um einen Rat in
einer bestimmten Sache, sondern um einen Plan, nach dem Sie handeln
können. Entscheiden Sie im voraus, wie viele Steine Sie als Teil Ihrer
Antwort zulassen möchten. Wenn Sie beispielsweise fragten: »Zeige
mit einen Drei-Stufen-Plan zur Steigerung meines Einkommens«, und
nun die Steine Orange, Rot und Grün in dieser Reihenfolge dem
weißen Stein am nächsten zu liegen kommen, könnte die Antwort
etwa folgendermaßen lauten: »Kläre deine Ziele, mache dich frei von
Schuldgefühlen und tue, was du liebst.« Das ist natürlich vereinfacht,
denn in Wirklichkeit würden Ihnen wahrscheinlich noch viele weitere
Gedanken zu jedem einzelnen Stein in den Sinn kommen.

Oder Sie fragen, statt um einen Rat oder Plan zu bitten: »Was
steht dem Erreichen meiner Ziele im Wege?« Werfen Sie die Steine,
und Sie erhalten die Antwort von dem, der dem weißen am nächsten
liegt, doch dieses Mal wird die Bedeutung umgekehrt:

Rot   = mentaler oder körperlicher Streß
Orange = mangelnde Konzentration

Gelb   = Verzögerung
Grün   = Wut
Blau   = Angst oder Zweifel
Violett = starres Denken

Bilder-Werfen

Das ist eines der größten Geheimnisse der schamanistischen Weissagekunst. Stellen Sie sich einen Anthropologen vor, der auf einer tropischen Insel den Dorfschamanen beobachtet, wie dieser Muscheln, Knochen und Steine wirft und dann eine lange Deutung von sich gibt. Mal für Mal beobachtet der Wissenschaftler den Schamanen, und nie gelingt es ihm, die Bedeutung der Gegenstände oder die Struktur des divinatorischen Musters auszumachen. Als der Schamane ihm erklärt, daß es kein solches gebe, glaubt er ihm nicht, bis er ihn schließlich als Scharlatan abtut.

Was aber tut der Schamane? Er betrachtet Bilder. Dies ist meiner Meinung nach die höchste Form der Weissagekunst, denn sie regt durch Symbole und Assoziationen die tiefste Intuition an.

Um diese Methode mit Ihren Steinen zu praktizieren, entspannen Sie sich und bitten Sie um ein Bild, das den derzeitigen oder zukünftigen Zustand einer Person, eines Ortes, Gegenstandes, einer Situation oder eines Umstandes darstellen möge. Werfen Sie dann alle sieben Steine, ohne sie nach *kumu* oder *eo* zu unterscheiden. Wenn die Steine liegen, betrachten Sie sie wie beiläufig. Woran läßt Sie das Muster denken, woran erinnert es Sie? Vielleicht kommen Ihnen die Steine wie Punkte in einem Kinderbuch vor, die Sie nun auf verschiedene Weisen durch imaginäre Linien miteinander verbinden. Auch wenn wir von einem Bild sprechen, teilt sich seine Hauptbedeutung oft durch eine Empfindung mit. Sie starren es vielleicht nur an und achten darauf, welche Assoziationen oder Erinnerungen Ihnen in den Sinn kommen. Wenn es passend erscheint, können Sie auch die Bedeutung der Steine mit einbeziehen, die bei der vorausgehenden Technik genannt wurden. Für manche wird diese Technik ein Kinderspiel sein, andere werden sie längere Zeit üben müssen, bevor die Barrieren sinken, die ihnen den Weg zu dieser Art der Wahrnehmung zunächst versperren. Wenn das Muster der Steine Ihnen jedoch – ganz gleich, was Sie auch versuchen – überhaupt nichts sagt, so danken Sie Ihrem *Ku* für den Versuch, und bitten Sie es, Ihnen ein anderes Bild zum gleichen Anliegen zu schenken; dann werfen Sie von neuem.

Sie können hier auch den Muster-verwandelnden Prozeß anwenden, der bei der ersten Technik gezeigt wurde, wenn Ihnen das Bild nicht gefällt. Dieser Vorgang kann sogar als Fernheilungsprozeß wirken, wenn Sie um ein Bild zum Zustand eines anderen Menschen bitten. In diesem Fall verbessern oder verändern Sie bewußt und energisch das Bild, indem Sie die Lage der Steine verändern.

La'a kea – das Licht der Liebe

Dank des Netzes, des »Rundfunks« oder des Feldes – suchen Sie sich selbst aus, welches Bild Ihnen am besten zusagt – nimmt alles Einfluß auf alles andere, wenn auch nicht in dem gleichen Maße. Wir können mit Bestimmtheit feststellen, daß das *Ku* hauptsächlich von dem stärksten, nächsten, am meisten resonanten Feld beeinflußt wird.

Ein Feld ist ein Einflußbereich (wie das Magnetfeld) oder Wahrnehmungsbereich (wie das Gesichtsfeld). Hier haben wir es vor allem mit Einfluß zu tun und in erster Linie mit dem menschlichen Energiefeld, auch Aura genannt oder, auf hawaiianisch, *hoaka*. Das Energiefeld des Menschen besitzt sowohl stoffliche als auch nicht-stoffliche Anteile, aber fürs erste wollen wir es als eine Einheit behandeln. Es wird auch hilfreich sein zu bemerken, daß Energie an sich ordentlich definiert wird als beeinflussende Bewegung oder Aktivität; das heißt Bewegung oder Aktivität, die Veränderung hervorruft. Man könnte auch von beeinflussender Schwingung sprechen. Energie ist selbst nichts Greifbares, aber greifbare Dinge besitzen Energie. Eine Verminderung oder Schwächung der Energie ist also gleichbedeutend mit einer Verlangsamung der Schwingungsfrequenz, bedeutet aber nicht die Wegnahme von etwas Greifbarem. Eine Zunahme der Energie ist gleichbedeutend mit einer Beschleunigung der Schwingungsfrequenz, fügt aber nichts Greifbares hinzu. Eine Steigerung der Energie ist nicht wie die Zugabe eines Glases Wasser zu einer Backmischung; es ist eher wie eine Steigerung der Mixer-Geschwindigkeit.

Der Begriff Resonanz hat zwei Bedeutungen, die im Zusammenhang mit dem menschlichen Energiefeld anwendbar sind. Zum einen bezieht er sich auf Elektrizität: »der Zustand der Anpassung eines Schaltkreises, damit dieser den größten Stromfluß einer bestimmen Frequenz zuläßt«. Auf den Menschen übertragen heißt dies, daß der geistige und körperliche Zustand bestimmen, welche Art von Energien ihn am meisten beeinflussen wird. Einfacher ausgedrückt: Welche Angst Sie auch haben: sie wird ansprechen (Resonanz) auf oder beeinflußt durch weitere Angst in Ihrer Umgebung – und: Was an Vertrauen Sie auch besitzen, wird auf Vertrauen in Ihrer Umgebung ansprechen (Resonanz). Deshalb ist der wichtige erste Schritt bei jeder Heilbehandung durch einen Stadt-Schamanen, daß das Vertrauen des Individuums aufgebaut wird. Aufgrund des dritten und des sechsten Prinzips können Sie natürlich auch bewußt die Wahl treffen, Ihre Aufmerksamkeit auf das Vertrauen zu lenken, das Sie besitzen, um sich damit stärker auf den Einfluß des Vertrauens um Sie herum einzustellen und zugleich den Einfluß der Angst zu reduzieren.

Die zweite Bedeutung von Resonanz kommt aus der Physik: »Verstärkung der Schwingung eines Körpers, der der Schwingung etwa der gleichen Frequenz eines anderen Körpers ausgesetzt ist«. Auf den Menschen übertragen bedeutet dies, daß Ihre Angst dazu neigt, die Angst in Ihrer Umgebung zu steigern, und Ihr Vertrauen dazu neigt, das Vertrauen in Ihrer Umgebung zu stärken.

Nähe und Stärke menschlicher Energiefelder sind eng miteinander verknüpft. Allgemein gilt: Je näher Sie dem Ursprung eines Feldes sind, desto stärker – energiereicher – ist es. Ihre Aura dehnt sich zwar grenzenlos aus, Ihre mentale und sensorische Wahrnehmung jedoch meist nicht. Aufgrund des dritten Prinzips kann sich also Ihr effektives Feld von Ihrem tatsächlichen Feld sehr unterscheiden. Lassen wir die Frage der Frequenzen einmal außer acht, wird der Mensch stärker von physischen Energien beeinflußt, die er über die physischen Sinne (Sehen, Hören, Berührung usw.) wahrnimmt, als von mentalen Energien, die ihm die mentalen Sinne vermitteln. Deshalb ist die Nähe ein wichtiger, einflußreicher Faktor.

Die Stärke eines Feldes hängt zusammen mit der Energie-Intensität, diese wiederum mit der Schwingung. Die Schwingungsqualität hat zwei Komponenten, Frequenz und Amplitude, anders ausgedrückt: Häufigkeit und Intensität. Nehmen wir Meereswellen als Beispiel, so gibt die Anzahl der Wellen auf einer Strecke von hundert Metern die Frequenz an, die Höhe jeder Welle dagegen die Amplitude. Es liegt auf der Hand, daß zwei Meter hohe Wellen mehr Energie bergen als einen halben Meter hohe Wellen der gleichen Frequenz. Eine im Klavier angeschlagene C-Saite schwingt mit der gleichen Frequenz wie das C einer Tuba, doch das C aus dem Blasinstrument hat eine viel größere Lautstärke (der musikalische Ausdruck für Amplitude). In der Aura des Menschen wird die Frequenz durch die Ausrichtung, die Amplitude durch Emotion bestimmt. Die Ausrichtung oder Konzentration kommt von der Aufmerksamkeit von *Kane, Ku* und *Lono;* die Emotion kommt von den absichtlichen und gewohnheitsmäßigen Reaktionen auf Reize von innen und außen.

Fassen wir dies alles zusammen, so können wir feststellen, daß das *Ku* vom stärksten, nächsten und resonantesten Feld beeinflußt wird. Wenn Sie im Zustand potentieller Wut (das heißt, es gibt Dinge in Ihrem Leben, die Sie ärgern, doch im Augenblick spüren Sie Ihren Zorn nicht) einen Raum voll mit Menschen betreten und eine Person in diesem Raum im Moment sehr wütend ist, dies aber nicht offen zeigt, werden Sie sich wahrscheinlich bald zunehmend gereizt und ärgerlich fühlen, ohne genau zu wissen, warum. Ist die andere Person über etwas wütend, das auch Sie verärgern würde, dürfte die Wirkung auf Sie noch stärker sein. Hier wirken Feldstärke, Nähe und Resonanz. Wenn Sie unbewußt Taktiken verfolgen, um Ärgernissen aus dem Weg zu gehen, dann wird die Feldwirkung Sie wahrscheinlich dahingehend beeinflussen, daß Sie Ihre Emotionen unbewußt unterdrücken, indem Sie Ihre Muskeln anspannen. Je länger Sie in dem Raum bleiben, desto unwohler oder erschöpfter werden Sie sich fühlen. Es ist *wichtig* zu erkennen, daß nicht die andere Person Sie erschöpft oder schwächt, sondern Ihre eigenen Reaktionen. Niemand kann Ihnen Ihre Energie stehlen, weil Energie grenzenlos ist – wie Sie selbst. Wenn Sie sich in der Gesellschaft eines anderen Menschen geschwächt fühlen, so reagiert Ihr *Ku* gerade auf etwas an ihm, das Sie nicht mögen. Wenn Sie selbst glücklich sind und den gleichen Raum betreten, wirken Sie auf die wütende Person besänftigend und heilsam.

Doch nicht nur Menschen können Ihre Stimmungslage beeinflussen, sondern auch die äußere Umgebung. Ein klein wenig Streß, das in eine sehr energievolle Umgebung getragen wird – etwa in ein klimatisiertes Büro oder eine große Pyramide –, kann gewaltig verstärkt und von Wut oder Angst begleitet werden je nachdem, wie Sie selbst auf Streß zu reagieren gewohnt sind. Im *Ku* gespeicherte Erinnerungen des betreffenden Ortes können Ihre Reaktion sogar noch weiter verstärken.

In Ägypten besuchte ich einmal am Abend eines langen, anstrengenden Tages einen kleinen Isis-Tempel auf einer Nil-Insel. Als unsere Gruppe den Innenraum des Bauwerks erreichte, wurde eine der Frauen – eine sehr sensitive Dame, die nicht dazu neigte, ihren

Emotionen freien Lauf zu lassen – am Eingang schlagartig ohnmächtig. Später sagte sie, sie habe sich von Wut überwältigt gefühlt. Je näher ich kam, desto zorniger begann auch ich mich zu fühlen, und als ich schließlich den Eingang erreichte, war ich außer mir. Unerklärliche Erinnerungen über Entweihungen im Tempel stiegen mir ins Bewußtsein. Mit großer Überwindung trat ich ein und versuchte, den Innenraum zu harmonisieren, doch ich war nicht mehr in der Verfassung, dies zu vollbringen. Nachdem die Frau versorgt war, wollte kurioserweise kein anderer mehr in die Kammer gehen. Es hatte den Anschein, als hätten alle ihr Interesse verloren; wahrscheinlich aber war es eine Reaktion ihres *Ku*. Kurz bevor wir wieder an Bord unseres Flußschiffes gingen, fand ich einen zehn Zentimeter langen Bergkristall im Sand und merkte, daß die Insel eine Menge dieser Steine bergen mußte, die die vorhandene Energie natürlich verstärkten. Gleichwohl bedurfte es großer Anstrengungen bewußter Entstressung und Umprogrammierung, bis ich wieder meinen Normalzustand erreichte. Wäre ich glücklich und entspannt auf der Insel angekommen, wäre mein Erleben auf andere Weise verstärkt worden. Entweder hätte ich den historischen Ort aktiv und mit wachsendem Interesse erkundet, oder ich wäre euphorisch geworden und offen für alle glücklichen Erinnerungen, die hier wurzelten.

Diese Geschichte vermittelt uns an praktischem Wissen, daß Sie zwar all Ihre Emotionen selbst erzeugen, ihre Intensität jedoch kann auch von etwas oder jemandem in Ihrer Umgebung beeinflußt werden. Statt Ihre Zeit mit dem Versuch zu vergeuden, den Grund Ihrer Emotion herauszufinden, wäre es also ratsam, weiterzugehen und etwas zu unternehmen. Wenn Ihnen die jeweilige Erfahrung gefällt, dann genießen Sie sie. Wenn nicht, haben Sie hier einige Methoden zur Wahl:

Das weiße Licht des Schutzes

Wo Angst regiert, folgt auch Konflikt. In einer Welt, die von so viel Angst beherrscht wird, überrascht es nicht, daß selbst metaphysische Techniken aufkommen, die auf Verteidigung und Angriff basieren. Vielleicht am bekanntesten ist »das weiße Licht des Schutzes«, wie man es häufig nennt. Das ist eine schöne Idee, aber ihre Anwendung läßt viel zu wünschen übrig.

In der einfachsten Form stellt man sich vor, von weißem oder klarem Licht umgeben zu sein, das einen vor allem Schaden bewahrt und entweder dem eigenen Geist entspringt oder von einem geistigen

Wesen geschenkt wird. Von einem guten Beispiel dieser Praxis erzählte mir einer meiner Schüler. Als er in den sechziger Jahren in
New York lebte, zählte zu seinem Freundeskreis eine hübsche junge
Frau, die gewöhnlich kaum mehr als ein dünnes Baumwollhemd trug
und so durch die übelsten Gegenden der Stadt spazierte. Er und
andere versuchten, sie vor der Gefahr zu warnen, in die sie sich begab, doch sie lächelte nur und meinte, ihr Licht werde sie schützen.
Eines Tages folgte er ihr und war verblüfft zu beobachten, wie harte
Männer von der Straße ihr durchweg höflich und freundlich begeg-
neten. Das Licht räumte die Angst des Mädchens aus, und die Menschen sprachen auf ihre Angstlosigkeit und Liebe an.

Nur zu oft jedoch verstärkt der Einsatz des weißen Lichtes Angst
und Schlimmeres. Dann ist die Motivation das Schutz-Suchen, und
nicht das Vertrauen. In solchen Fällen gebraucht man das Licht wie
einen Zaun oder eine Barriere, die die Ursache der Angst fernhält,
doch die Angst selbst wird man dabei nicht los. Tatsächlich wird sie
jedesmal vom Licht noch verstärkt, da eine Gewohnheit erschaffen
wird, nämlich Angst zu haben. Wenn Sie ein weißes Licht des
Schutzes um sich, Ihre Familie und Freunde, Ihr Haus und Ihr Auto
legen und dann darauf vertrauen, daß für alles gesorgt ist, wird es gut
funktionieren. Wenn Sie aber das gleiche Licht verwenden und dabei
an alles denken, wovor es Sie schützen soll, dann werden Sie sich
selbst erschöpfen, während Sie das Licht immer stärker und heller
machen – und damit zu sich ziehen, was Sie fürchten.

Der schlimmste und abscheulichste Mißbrauch des Lichtes wird
manchmal sogar von wohlmeinenden metaphysischen Lehrern verbreitet, die selbst zu tief in ihrer Angst stecken, um zu wissen, was sie
eigentlich tun. Hier wird das Licht nicht als Schutzschild verwendet,
sondern als ein Reflektor oder Spiegel, um Negatives zu seiner
Quelle zurückzusenden. Man geht davon aus, daß jegliche Negativität, die man spürt, absichtlich von einem Bösewicht geschickt
wurde, der es verdient, zurückzuerhalten, was er einem gewünscht
hat. Psychische Kriege sind zwar nicht unmöglich, aber äußerst
selten, weil nur wenige Menschen unserer Welt schlau genug sind zu
wissen, wie man sich wirklich daran beteiligt – *und* zugleich töricht
genug, es auch zu tun. (Sie wissen ja: Das *Ku* nimmt alles persönlich!)

Wir jedoch gehen davon aus, daß alles Negative, das Sie spüren,
Ihre Reaktion auf Ihre geistige und physische Umgebung ist – ganz
gleich, ob irgendjemand wütend auf Sie ist oder Ihnen Böses
wünscht. Das Licht zu gebrauchen, um anderen Schaden zuzusen-

den – selbst wenn Sie denken, nur das zu reflektieren, was Ihnen geschickt wurde –, ist nichts anderes als schwarze Magie.

Das weiße Licht des Schutzes ist sehr nützlich als ein Erste-Hilfe-Schild für Menschen, die so tief verängstigt sind, daß ihnen nichts anderes ein Gefühl der Sicherheit gibt. Ist jedoch erst einmal ein Mindestmaß an Vertrauen erreicht, ist es an der Zeit, zu etwas Höherem und Wohltuendem weiterzuschreiten.

Das Liebeslicht *La'a kea*

La'a kea ist ein hawaiianischer Ausdruck und bedeutet »heiliges Licht«. Es bezieht sich auf die guten Dinge, die das Tageslicht repräsentiert: zum Beispiel Sonnenschein, Wissen und Glück. In der schamanischen Praxis steht es auch für eine von Sonnenschein, Wissen und Glück erfüllte Aura. Die Technik an sich ähnelt der Methode des Weißen Lichts, nur daß der Einsatz der Heilung und Harmonisierung gilt. Um den Unterschied deutlicher hervorzuheben, werden wir hier vom Liebeslicht sprechen.

Nehmen Sie die Verbindung auf zu der Kraft in Ihrem Innern, und stellen Sie sich vor, daß Sie umgeben und erfüllt sind von dem Liebeslicht. Diesen Teil nennen wir »das Anschalten des Lichts«. Doch stören Sie sich nicht an dem Wort Licht. Sie können sich auch Farben, Klänge und Empfindungen vorstellen, wenn Sie mögen. Mein eigenes Liebeslicht ist in der Regel voller Farben, Symbole, Muster, Musik und sanften Wahrnehmungen oder einem Kribbeln, je nachdem, welche Wirkung ich erzielen will. Beim Einschalten des Lichts kommt es auch zur »Aufladung des Lichts« durch Erzeugung einer positiven Emotion. Hierzu genügt der Gedanke an etwas Schönes, oder aber auch eine stärkere Emotion.

Die drei Grundannahmen zu dieser Übung sind: Das Liebeslicht existiert. Es breitet sich aus oder strahlt überall dorthin, wohin Sie Ihre Aufmerksamkeit richten. Es wird Ihren Anweisungen folgen. Doch nun einige praktische Empfehlungen:

1. Beginnen Sie jeden Tag mit dem Einschalten des Liebeslichts, und dehnen Sie es in ihre unmittelbare Umgebung aus. Sprechen Sie zu dem Liebeslicht – alles ist lebendig, bewußt und gibt Antwort –, und geben Sie ihm, gedanklich oder laut, die Anweisung: »Harmonisiere diesen Ort.«
2. Setzen Sie das Liebeslicht während des ganzen Tages bei verschiedenen Menschen, Orten und Situationen auf die gleiche Weise ein.

3. Jedesmal, wenn Sie körperliche oder emotionale Spannung erleiden, schalten Sie das Liebeslicht an und sagen Sie: »Harmonisiere die Energien, die um mich sind.«

4. Wenn Sie eine schwierige Beziehung mit jemand haben, so dehnen Sie das Liebeslicht auch über jenen Menschen aus (ganz gleich, wo er sich aufhält), und sagen Sie: »Harmonisiere die Energien zwischen uns«, oder »Harmonisiere unsere Felder.«

5. Wenn Sie Familie, Freunde oder Besitz schützen wollen, so stellen Sie sich vor, wie sie vom Liebeslicht umgeben sind, und sagen Sie zu diesem: »Bewahre diese (Person, Örtlichkeit oder Sache) in Frieden und Harmonie.«

6. Wenn Sie das Liebeslicht zur Heilbehandlung auf Distanz einsetzen wollen, üben Sie zunächst, sich selbst mit dem Licht in verschiedenen Farben (oder Symbolen für die Farben) zu umgeben, wobei Sie jede mit einer anderen Anweisung ansprechen. Wenn Sie bereits eine Farbenreihe gebrauchen, die Ihnen zusagt, so bleiben Sie dabei; wir verwenden die folgenden Farben:

Weiß/farblos – »Erhelle!« (beim Heilen zur Vertiefung der Selbsterkenntnis und Stärkung der Verbindung mit dem Höheren Selbst – oder wenn keine andere Farbe angebracht scheint)

Rot/rosa – »Klar!« (zur Beseitigung mentaler und physischer Spannung und Begrenzungen; gut zur Intensivierung des Austauschs in der Gruppe)

Orange/Pfirsich – »Konzentriere!« (zur Sammlung von Aufmerksamkeit und Energie)

Gelb – »Sammle dich!« (zur Linderung von Sorgen, Groll und Schuldgefühlen, zur Ausschaltung von Verzögerungen, zur Steigerung der Ausdauer und zur Anregung der Freude am gegenwärtigen Augenblick)

Grün – »Segne!« (zum Aufbau von Selbstwertgefühl, Achtung, Freundschaft, Liebe und Glück)

Blau – »Ermächtige!« (zur Steigerung von geistiger und körperlicher Stärke, Selbstvertrauen und innerer Autorität)

Violett – »Stehe bei!« (zur Verankerung geistiger und körperlicher Harmonie, zur Einstimmung auf Bestimmung und Gedeihen, zur Ausrichtung auf gemeinsame Ziele)

Darüber hinaus können Sie bei Bedarf auch Schwarz verwenden (»Nimm auf!«), um Negativität zu absorbieren und umzuwandeln.

Grau (»Neutralisiere!«) kann gebraucht werden, um jede Art von Überschuß auszugleichen, und ein Regenbogen ist eine Alternative zu Weiß. Nachdem Sie mit den Farben an sich selbst geübt und ein Gespür für sie entwickelt haben, dürfen Sie sie auch bei anderen Menschen, Orten und Dingen nutzen, für die Sie sich einsetzen, wie in Punkt 5. oben angegeben.

7. Für eine besonders intensive Form der Fernbehandlung mit dem Liebeslicht wählen Sie einen kleinen Gegenstand – vielleicht eine Münze, einen Kristall oder einen Kiesel –, der die Person oder den Ort darstellen soll, der oder dem Sie mit einer Heilbehandlung helfen möchten. Nehmen Sie den Gegenstand in die linke Hand. Dann nehmen Sie einen der Schamanen-Steine oder einen anderen Gegenstand mit einer Farbe aus der Liste unter Punkt 6., und zwar in die rechte Hand. Jetzt umgeben Sie sich mit dem Liebeslicht in der Farbe des Gegenstandes in Ihrer Rechten, und praktizieren Sie *kahi* mit beiden Händen. Atmen Sie tief, während Sie die geeignete Anweisung geben. Sie konzentrieren sich hier auf drei Dinge: auf beide Hände und auf das Liebeslicht. Sie brauchen sich nicht auf ein Bild der betreffenden Person zu besinnen, weil sich ein Symbol für die Person in Ihrer Linken befindet. Der greifbare Gegenstand hilft, die Energien und Aufmerksamkeit des *Ku* mit einzubeziehen. Irgendwann werden Sie ein Signal erhalten, um aufzuhören. Es mag dies ein tiefer Seufzer sein oder ein innerer Impuls, eine körperliche Wahrnehmung wie ein Kribbeln oder eine Müdigkeit. Es ist dann wie ein Signal vom *Ku* der anderen Person, da Ihnen mitteilt, das es für dieses Mal genug aufgenommen hat. Schließen Sie die Behandlung nun durch ein Wort oder einen Satz, wie etwa »Es ist vollbracht«, »Danke« oder mit dem hawaiianischen »*amama*«, was etwa dem »So sei es« entspricht.

Mögen Sie immer segnen
und gesegnet sein
vom Licht der Liebe.

Die Welt verändern mit schamanischem Träumen

Aia ke ola i Kahiki
Gesundheit und Wohlstand sind in *Kahiki*
(einem Ort in der Innenwelt)

Dieses Kapitel wird Ihnen zeigen, welche Macht das schamanische Träumen zur Veränderung der Welt besitzt. Zu Beginn werden Sie Möglichkeiten kennenlernen, mit Träumen zu arbeiten, die unserer Außenwelt sehr nahestehen; danach befassen wir uns mit immer tieferen Traum-Ebenen, bis Sie den eigentlichen schamanischen Traum, die Visionssuche, verstehen und nutzen können.

In der hawaiianischen Kultur wird das Universum traditionell nach *po* und *ao* unterschieden. *Po* ist der innere Traum, unsichtbare Wirklichkeiten, die den äußeren Traum *ao* hervorbringen. *Po* bezeichnet das Unsichtbare, jenen Erfahrungsbereich, den der westliche Mensch als Geist oder geistige Welt bezeichnen würde; das gleiche Wort wird auch für »Nacht« gebraucht, für die Zeit der Dunkelheit. Im poetischen Denken der Hawaiianer früherer Zeiten wurde die Nachtzeit – *po* – zu einem Symbol für die Innenwelt; die Tagzeit – *ao* – zum Symbol für den äußeren Ausdruck der Innenwelt. Deshalb bedeutet *ao* auch »lehren und lernen«. Der Augenblick des Sonnenuntergangs war der Beginn eines neuen Tages, und die Morgendämmerung war der Beginn der Manifestation, der Offenbarung aller

Kreativität der vorausgegangenen Nachtzeit. Auch der Westen wurde zu einem Symbol für *po*, was viele frühe Forschungsreisende verwirrte und die Anthropologen noch heute vor ein Rätsel stellt. Wenn Polynesier sagten, sie kämen von Westen, meinten sie damit nicht Asien, sondern *po*, das Reich des Geistes, die Innenwelt. Nach der Vorstellung des Schamanen ist also, was wir als äußere Realität erleben, Ausdruck oder Widerspiegelung einer inneren Wirklichkeit, und einer der machtvollsten Möglichkeiten der Verwandlung der äußeren Realität – des Lebenstraumes – besteht darin, die innere Wirklichkeit, den Traum des Geistes, zu verändern.

Die drei Bereiche von *Po*

Wie die Außenwelt drei Bereiche – Land, See und Himmel – umfaßt, so besitzt auch die Innenwelt ihre drei Bereiche – jedenfalls im Denken des hawaiianischen Schamanen. Sie heißen *Lanikeha, Kahiki* und *Milu.*

Lanikeha ist die Oberwelt im unsichtbaren Bereich. Hier sind Gott, Engel und Heilige; hier spielen Götter und Göttinnen, und hier findet sich eine Fülle von großen Helden, Heldinnen und Mythen. In Ihren nächtlichen Träumen haben Sie selbst diese Welt vielleicht schon hin und wieder besucht, wenn Sie große, wichtige oder übernatürlich anmutende Träume hatten. Schamanen suchen in diesem Bereich vor allem Inspiration – wie Maui seinerzeit, der die Geheimnisse des Feuers und der Landwirtschaft erwerben wollte.

Kahiki, die Mittelwelt, ist der innere Bereich, er gleicht unserer äußeren Realität am meisten. Die Mehrzahl unserer nächtlichen Träume sowie unserer Tagträume finden hier statt. Wenn das Wort *Kahiki* Sie an *Tahiti* erinnert, so liegt dies daran, das es sich um den gleichen Begriff handelt, wenn auch in unterschiedlichen Dialekten. Es war in Polynesien gang und gäbe, Orte in der Außenwelt nach Stätten der Innenwelt zu nennen. *Kahiki* bedeutet im Hawaiianischen »fremd«, aber auch »die Macht, etwas zu tun«. In der Sprache Tahitis heißt *tahiti:* »verpflanzen« und »überkreuzen«. Darüber hinaus haben diese Wortbedeutungen mit dem Umgang mit *Kahiki*-Träumen zur Veränderung dieser Welt zu tun.

Der dritte Bereich ist *Milu,* die Unterwelt. Dies ist das Reich der Alpträume und der Herausforderungen, das Schamanen oft betreten auf ihrer Visionssuche, um verlorene Macht wiederzuerlangen.

Wir werden zunächst in *Kahiki* mit den Träumen arbeiten, die Sie nachts haben.

Mo'ike – die Kunst der Traumdeutung

Jetzt wird es kurz, angenehm und einfach. Sie sind nämlich selbst der beste Deuter Ihrer Träume, und dank der Methode, die ich Ihnen nun zeigen werde, können Sie einen großen Bogen um dicke Bücher und Lexika der Traumsymbole machen und sich zeitraubende Assoziationsübungen und thematische Analysen ersparen. Sie können geradewegs auf die wirkliche Bedeutung Ihrer Träume zugehen, und zwar aufgrund des Folgesatzes zum fünften Prinzip, der da lautet: »Alles ist lebendig, bewußt und gibt Antwort.« Alles, das heißt auch alle Personen und Gegenstände in Ihren Träumen, sogar die Träume selbst.

Um einen Traum zu deuten, rufen Sie sich ihn in Erinnerung, wenn Sie entspannt und wach sind. Dann sprechen Sie jede Person und jeden Gegenstand aus dem Traum direkt an mit der Frage: »Was tust du hier? Was stellst du dar, was symbolisierst du?« In den meisten Fällen wird Ihnen die Person, das Tier oder der Gegenstand antworten und die gewünschte Information geben. Um den Traum als Ganzes anzusprechen, stellen Sie ihn sich als einen Ball oder eine Kugel vor. Wenn Sie unbewußt etwas unsicher dabei sind, steht der Antwort vielleicht ein kleiner Widerstand im Wege. Dann müssen Sie vielleicht besonders nett zureden oder ganz bestimmt auftreten – je nach Ihrer Persönlichkeit.

Sollte es überhaupt keine Antwort geben, dann wenden Sie die Technik der »erfinderischen Interpretation« an. Das heißt, Sie stellen die Frage und formulieren dann bewußt selbst die Antwort, als ob Sie für die Person oder den Gegenstand aus Ihrem Traum sprechen würden. Ich weiß, das klingt verrückt, aber es funktioniert, denn *Sie können sich in diesem Augenblick keine Antwort ausdenken, die nicht Gültigkeit besäße* – aufgrund des Folgesatzes zum zweiten Prinzip: »Alles ist verknüpft.« Schon nach wenigen Anwendungen der erfinderischen Interpretation werden Sie feststellen, daß spontane Antworten leichter kommen.

In diesem Zusammenhang ist es vielleicht interessant anzumerken, daß wir Erinnerungen von Außenwelt-Erlebnissen zur Deutung auf die gleiche Weise behandeln können wie Träume. In Malibu war ich einmal mit einem Bekannten zum Mittagessen ausgegangen, und wir unterhielten uns über unsere transformative Arbeit. Ein Mann am Nachbartisch hörte uns zu und lud uns zu einer Präsentation ein, die für uns beide, wie er sagte, von großem Interesse wäre. Mein Freund konnte zwar nicht kommen, aber ich ging hin – und fragte mich schon bald, was ich da zu suchen hatte. Das Ganze war so verrückt, daß ich nicht lange blieb, obwohl noch ein anderer Freund dort war, den ich schon lange nicht mehr gesehen hatte. Die Veranstaltung wollte ein Projekt vorstellen; man plante den Bau eines Zentrums für zweiundzwanzig Millionen Dollar! Ein Teil des Geldes würde ein riesiger Kuppelbau verschlingen, der aus irgendeinem geheimnisvollen Grund halb unterirdisch gebaut werden sollte. Ein anderer Teil war der Finanzierung eines intelligenten Computersystems gewidmet, das eine Technik voraussetzte, die noch gar nicht entwickelt war. Und noch ein weiterer Teil sollte Erfindungen unterstützen, etwa einen Apparat, den man um die Nase trug, und der automatisch Luft abwechselnd in das linke und das rechte Nasenloch blasen würde, um die Wirkung einer bestimmten Yoga-Übung zu erreichen. Und das waren erst die besten Teile des Vorhabens!

Nachdem ich den Saal verlassen hatte, fühlte ich mich verwirrt und aufgebracht, weil ich darauf zu vertrauen pflege, daß meine Intuition und Führung mich in Situationen bringen, die meinen Zielen dienen – und dieses Erlebnis schien überhaupt nicht zu passen. Nun hatte ich die Wahl: an mir selbst zu zweifeln – oder mehr zu vertrauen. Ich beschloß, mehr zu vertrauen, und behandelte das Erlebnis wie einen Traum: Ich bat die Teilnehmer um Deutungen. Wie sich herausstellte, war ich zum Teil hier, um dem anderen Freund einen positiven Impuls zu vermitteln, und außerdem, um – durch Übertreibung – aufmerksam zu werden auf meine damaligen Bedenken hinsichtlich der möglicherweise verrückten Erscheinungsform meiner eigenen Projekte. Da alles Leben ein Traum ist, können wir auch alle Erinnerungen als Träume behandeln.

Traumveränderung

Zu den effektivsten Methoden der Traumarbeit gehört die Veränderung Ihrer nächtlichen Träume mit Hilfe Ihrer Imagination. Träume sind reale Erlebnisse in einer anderen Dimension, aber wie alle realen Erlebnisse sind sie die Auswirkungen von Glaubensstrukturen oder Gewohnheitsmustern. In dieser Hinsicht sind sie wie Sprachen, die ebenfalls auf Strukturen und Mustern beruhen. Selbst mit der flexibelsten grammatikalischen Struktur und einem überreichen Wortschatz kann eine Sprache nur das ausdrücken, was der menschliche Geist zu sagen hat, der sie hervorbringt. So können auch die inneren und äußeren Traumwelten nur das zum Ausdruck bringen, was der menschliche Geist denkt, der sie hervorbringt. Wie eine Veränderung im Sprachlichen durch eine Wandlung der Ausdrucksweise das Denken und damit auch das Erleben verändern kann, so vermag eine Veränderung in der Traumszenerie alle Traumerlebnisse zu wandeln, die dem gleichen menschlichen Geist entspringen.

Praktisch ausgedrückt, bedeutet dies: Wenn Sie einen Traum verändern, verwandeln Sie auch die Struktur der Muster, die ihn hervorriefen – und damit automatisch jeden weiteren Traum, der aus den gleichen Mustern hervorging. Sie können die Außenwelt heilen, indem Sie die Innenwelt heilen.

Es ist zwar – genügend starke Motivation vorausgesetzt – möglich, zu lernen, wie man mitten in einem Traum aufwacht, aber es ist dies doch nicht notwendig, um die Vorteile des Traum-Veränderns zu erreichen. Erinnerungen nämlich bergen die gleichen Muster wie der ursprüngliche Traum, die überdies modifiziert sind durch jegliche Veränderungen im Denken, die seit der Zeit des Traumes eingetreten sind. Zum Zwecke der Heilung ist das Verändern der Erinnerung an den Traum ebenso gut wie der Eingriff in den momentanen Traum.

Es gibt drei Methoden, einen Traum zu verändern (oder die Erinnerung eines Traumes): a) durch Verändern Ihrer Reaktion in dem Traum; b) durch Zulassen, daß der Traum weitergeht; c) durch Verändern der Handlung oder Ereignisse im Traum. Jede dieser Techniken ist sehr hilfreich bei wiederkehrenden oder einzelnen Träumen, die durch Angst, Wut, Verletzung oder Enttäuschung charakterisiert sind. Diese Eingriffe werden im Bereich *Kahiki* vorgenommen.

Ihre Reaktionen im Traum zu verändern, setzt die bewußte Entscheidung voraus, auf das Traumgeschehen anders zu antworten. Eine Seminarteilnehmerin erzählte von einem wiederkehrenden Traum, in dem sie von einem feuerspeienden Drachen verfolgt wurde. Im ursprünglichen Traum rannte sie »wie in Zeitlupe« davon, und der Drachen war immer kurz davor, sich auf sie zu stürzen; in diesem Augenblick pflegte sie aufzuwachen. In der Gruppe nun richtete die Träumerin ihre Aufmerksamkeit auf einen Augenblick kurz vor dem bekannten Punkt, an dem sie sonst erwachte. Sie stellte sich vor, wie sie stehenblieb, sich umdrehte und rief: »Warum verfolgst du mich?« Zu ihrer Überraschung blieb auch der Drachen stehen, blickte sie verwirrt an und antwortete: »Ich verfolge dich nicht, ich folge dir!« Dieser Eingriff bewirkte, daß sie in ihrem Leben fortan weniger Angst und mehr Selbstvertrauen hatte.

Zuzulassen, daß der Traum weitergeht, verlangt, daß man sich den Traum in Erinnerung ruft und die Aufmerksamkeit bewußt über den üblichen Aufwachpunkt hinaus konzentriert. Für manche Träume eignet sich diese Technik besser als für andere, aber wenn man diese Veränderungstechnik lange genug verfolgt, wird es immer zu einer positiven Auflösung kommen. Ein Seminarteilnehmer berichtet von einem wiederkehrenden Traum, in dem er in ein Parkhaus fuhr, wo bereits ein anderes Auto auf ihn wartete (das seine Mutter fuhr, wie er bei der Traumdeutung herausfand). Beide Wagen rasten die spiralförmig angelegten Rampen bis zum obersten Stockwerk hinauf, wo das Fahrzeug seiner Mutter stehenblieb, sein eigenes jedoch über den Rand hinaus ins Freie schoß. An diesem Punkt pflegte der Träumer angsterfüllt aufzuwachen. In der Gruppe erlebte er den ganzen Traum von neuem (einschließlich seiner Angstgefühle, wie er später kommentierte), bis sein Wagen von der obersten Parkebene aus abhob. Dieses Mal jedoch blieb er in seinem Traum und ließ zu, daß dieser weiterging. Sein Auto flog weit über die Häuser und landete sanft auf einer Schnellstraße am anderen Ende der Stadt. Als er dort weiterfuhr, konnte der Träumer das Nummernschild sehen, auf dem stand: »Das Leben geht weiter.« Diese Traum-Veränderung bewirkte eine Verbesserung seiner Beziehung zur Mutter und eine Verminderung seiner Angst vor dem Tode.

Das Traumgeschehen selbst zu verändern, ist ein direktes, schöpferisches Eingreifen, das oft eine Stärkung des Selbstvertrauens und der Selbstachtung nach sich zieht. Wenn diese Aspekte schon von Hause aus recht schwach entwickelt sind, ist der Traumveränderungsprozeß mit verschiedenen Teilen eines Traumes wohl über einen längeren Zeitraum hinweg zu wiederholen. Eine Frau, der diese Methode sehr viel Hilfe brachte, arbeitete etwas sechs Monate lang an einem einzigen Traum; in der Regel ist jedoch ein einmaliger Eingriff völlig ausreichend. Um Ihnen an einem Beispiel zu demonstrieren, wie das schöpferische Eingreifen auch zu einer spontanen Veränderung führen kann, möchte ich Ihnen nun von meinem Hubschrauber-Traum berichten.

Ich träumte, Passagier in einem Helikopter zu sein – eine für mich schon sehr ungewöhnliche Sache. Der Hubschrauber hob ab, kam aber nicht sehr weit empor, weil Hochspannungsleitungen im

Wege waren. (Für dieses Symbol brauche ich keine Deutung, danke schön.) Der Rest des Traumes bestand in einem enttäuschend hüpfenden Flug, bis ich aufwachte. – Gleich nach dem Erwachen ging ich an den Anfang meines Traumerlebnisses zurück. Ich stoppte den Piloten, bevor der Hubschrauber abhob, ging auf die andere Seite hinüber und setzte mich selbst in den Pilotensitz. Ich übernahm den Steuerknüppel, brachte den Helikopter in die Luft, fand eine Lücke zwischen zwei Überlandleitungen und stieg geradewegs nach oben. Ich fühlte mich prächtig. Ohne dies bewußt beabsichtigt zu haben, befand ich mich nun auf einem Flug über die Vereinigten Staaten; von oben sah ich die Grenzen zwischen allen Bundesstaaten säuberlich eingezeichnet. Bald darauf war der Himmel zu meinem Entzücken und Erstaunen plötzlich voller Hubschrauber, die von allen anderen Schamanen geflogen wurden, die ich ausgebildet hatte; sie begannen, überall übers Land Exemplare meines Büchleins *The Aloha Spirit*[1] abzuwerfen. – Im Traum des äußeren Lebens nahm bald darauf die Zahl der Menschen, die ich erreichte, rapide zu.

Da ich lehre, wie man Träume verändern kann, wird jetzt fast unvermeidlich jemand Einwände und Sorge äußern, daß hier Träume manipuliert würden, noch bevor man wisse, was sie bedeuten oder welches ihre Botschaft oder »Lektion« sind. Zuweilen höre ich auch von der Befürchtung, solche Veränderung sei gleichbedeutend mit einer Unterdrückung dessen, was der Traum vermitteln sollte. All jenen unter Ihnen, die diese Befürchtungen teilen, möchte ich folgendes sagen: Die Innenwelt ist nicht so sehr verschieden von der Außenwelt. Wenn Sie in der Außenwelt den Arm brechen, bleiben Sie auch nicht sitzen und zerbrechen sich noch dazu den Kopf über die tiefere Bedeutung dieses Ereignisses; sie lassen Ihren Arm auch nicht gebrochen, um sicher zu gehen, die mit der Fraktur verbundene Lektion nie wieder zu vergessen. Nein, sie lassen Ihren Arm möglichst rasch in Ordnung bringen. Die erste Botschaft ist doch völlig klar: »He, dein Arm ist gebrochen!« Und die zweite Botschaft, vermittelt durch Schmerz und Behinderung, ist genauso klar: »Unternimm sofort etwas!« Natürlich können Sie auch nach anderen Bedeutungen forschen oder untersuchen, welche Denkmuster Ihnen zu Ihrem Armbruch verholfen haben, wenn Ihnen dies wichtig erscheint – möglicherweise ist es ja schon das dritte Mal im Laufe eines Jahres, daß Sie einen Arm gebrochen haben! –, aber die richtige Zeit, um so etwas zu tun, kommt erst, nachdem Sie die zur Heilung notwendigen Schritte unternommen haben. Das gleiche gilt für innere Träume von Angst und Wut, Schmerz und Verletzung: Vergessen Sie die Erste Hilfe nicht. Was das Verdrängen angeht, so empfehle ich immer, den Traum erst ganz bewußt so anzuerkennen, wie er ist, bevor Sie ihn verändern. Dann können Sie aus Liebe heraus heilen mit voller, bewußter sensorischer Beteiligung. Wenn Sie versuchen, rasch alles zu ändern, was Ihnen nicht gefällt, ohne ihm wirklich Beachtung zu schenken, dann handeln Sie vermutlich aus Angst, und die Ergebnisse werden nicht so gut sein.

Tagträumen Sie Ihre Sorgen fort

Die Tatsache, daß wir vierundzwanzig Stunden am Tag innere Träume haben, ist kaum bekannt oder gewürdigt. Träume der Innenwelt gibt es nicht nur während unseres nächtlichen Schlafes, sondern jederzeit. Doch nur von Zeit zu Zeit stellen wir uns auf sie ein. In unserer Gesellschaft wird die Offenheit für das Träumen bei Kindern wie bei Erwachsenen gehemmt und mißbilligt; toleriert wird sie zur Not unter Poeten, Romanschreibern und Urlaubern, solange sie es nicht übertreiben. Passive Tagträumer, die sich erlauben, ihre Gedanken treiben zu lassen, wohin sie gerade ziehen, hält man für Faulenzer oder Nichtsnutze. Aktive Tagträumer, die kreativ phantasieren, verurteilt man als Realitäts-Flüchter, solange sie sich nicht für ihre Phantasien bezahlen lassen. Ich möchte Ihnen die Wege des passiven und des aktiven Tagträumens als Möglichkeiten zur Heilung für sich selbst und andere vorstellen. Dieser Vorgang findet im Bereich *Kahiki* statt und ist eine logische Weiterführung der sieben schamanischen Prinzipien.

Wir gehen zunächst davon aus, daß alles träumt, nicht nur die Menschen. Weiter nehmen wir an, daß wir uns auf diese Träume (zumindest auf ihre unserem Verständnis angepaßte »Übersetzung«) einstellen können, indem wir unsere Aufmerksamkeit auf einen bestimmten Gegenstand richten mit der Absicht, seinen Traum zu erfahren. Dann nehmen wir an, daß alles, was uns von diesem Augenblick an und bis wir uns nicht mehr darauf konzentrieren, in den Sinn kommt, der Traum dessen ist, auf das oder den wir uns einstellen. Schließlich nehmen wir an, daß wir durch Verändern eines solchen Traumes – auf die gleiche Weise, wie wir unseren eigenen nächtlichen Traum verändern – die gleiche Art heilsamer Ergebnisse erzielen können, manchmal sogar augenblicklich. In meinen Seminaren haben

Teilnehmer viele sofortige Heilungen erlebt, angefangen beim Verschwinden von Grippe-Symptomen über Schmerzlinderung bis hin zu Tumoren, die kleiner wurden. Vollständige Heilungen treten nicht immer sofort ein, aber es gibt fast immer einige spontane Besserungen. Nun möchte ich Ihnen diesen Vorgang anhand einiger Beispiele etwas verdeutlichen. Ich war einmal in einem Restaurant und trank Kaffee. Die Bedienung war schlechter Laune, sprach zu keinem, schenkte nicht nach und verschüttete beim Servieren Speisen auf die Tischdecke. Ich stellte mir vor, daß ihr derzeitiger Traum sich oberhalb ihres Kopfes abspielte, und stimmte mich darauf ein. Ich bekam eine trostlose Landschaft zu sehen; der Himmel darüber war mit grauen Wolken verhangen. Mit meiner kreativen Phantasie veranlaßte ich die Wolken abzuregnen, sich zu teilen und die Sonne hindurchzulassen; ich ließ Blumen sprießen und lud Vögel, Bienen und Schmetterlinge in das Bild ein. Ich genoß diesen Vorgang, bis die Kellnerin plötzlich in die Küche hinausging. Als sie nach fünf Minuten zurückkam, war sie wie verwandelt. Sie lächelte jedermann zu, füllte sorgfältig die Tassen nach, begrüßte einen neuen Gast und schien allgemein glücklicher. Was ich nun getan hatte, verursachte nicht die Veränderung, sondern es trug nur dazu bei, daß sie eintreten konnte. Ihren Traum zu verändern, während ich ihn wahrnahm, war, als hätte ich ihrem *Ku* über die Intuition eine neue Idee geschickt, und diese neue Idee war so schön, daß das *Ku* beschloß, sie aufzunehmen und selbst eine Veränderung herbeizuführen. Beachten Sie auch, daß ich nicht in die Gedankenwelt oder Privatsphäre der Kellnerin eingedrungen war. Ich nahm nur auf, was sie ausstrahlte, übertrug es in eine Form, die ich verstehen konnte, und strahlte eine heilende Botschaft zurück, die sie aufnehmen – oder ignorieren konnte.

Wir können dies für andere Menschen tun, aber auch für uns selbst. Versuchen Sie, ausgehend von den oben genannten Annahmen, sich vorzustellen, daß jeder Teil Ihres Körpers seinen eigenen Traum hat – über all die Träume hinaus, die Sie als ganzes Wesen haben. Sie können damit praktisch arbeiten, indem Sie sich einstimmen (Ihre Aufmerksamkeit richten) auf einen Teil Ihres Körpers, der vielleicht krank ist oder schwach, oder dessen Funktion nicht Ihren Erwartungen entspricht. Den meisten Menschen fällt dies leichter, wenn sie die Augen dabei schließen, aber Sie können die Augen natürlich auch offen lassen, wenn Sie wollen. Der Körperteil Ihrer Wahl kann alles sein, was Sie mit Namen benennen können, etwa das

Herz, eine Hand oder eine Schulter. Seien Sie zunächst passiv und lassen Sie den Traum von selbst Gestalt annehmen. Er mag sich als visueller oder akustischer Eindruck äußern, als Empfindung oder eine Kombination dieser Elemente; er kann wild und phantastisch oder sehr alltäglich und gewöhnlich sein. Selbst wenn Ihnen nichts anderes in den Sinn kommt als eine Hausarbeit oder die Arbeit im Büro, die Sie noch zu erledigen haben, behandeln Sie es als einen Traum. Wenn der Traum erst einmal Gestalt angenommen hat, treten Sie bewußt in ihn ein und verändern Sie ihn. Ist der Traum abschreckend und unangenehm, dürfte Ihnen gewiß etwas einfallen, das Sie unternehmen können, aber selbst wenn der Traum in jeder Hinsicht perfekt anmutet, *verändern Sie ihn zum Besseren*. Wenn ein Körperteil nicht so gesund ist, wie Sie es gerne hätten, kann die Vollkommenheit im Traum eine Maske sein, und jede Veränderung wird eine Heilung in Gang setzen. Die besten Resultate werden Sie bei Ihrer Veränderungsarbeit erzielen, wenn Sie alle Ihre Sinne beteiligen. Fahren Sie fort, so lange es Ihnen Freude macht, oder bis Sie eine physische Reaktion in Ihrem Körper spüren.

Da alles Traum ist, können Sie sich auch einstellen auf – und Änderungen einfügen in – den Traum eines Baumes, eines Hauses, einer Maschine, einer Gruppe, einer Nation oder eines Planeten, wenn Sie es wünschen. Der Schlüssel zum Erfolg ist, einen neuen Traum zu träumen, der so erfreulich und angenehm für das *Ku* des Gegenstandes Ihrer Aufmerksamkeit ist, daß es sich verändern will. Hier kommt die Entfaltung Ihrer Traum-Fertigkeit eines Stadt-Schamanen ins Spiel.

Haipule – einen neuen Traum ins Dasein bringen

Man kann einen Traum in der Außenwelt verändern, indem man ihn durch einen neuen, im *Kahiki* erschaffenen Traum ersetzt. *Haipule* ist eine sehr alte und bewährte Methode dazu. Sie kann viele Formen annehmen, und die hier dargestellte entspricht der Aufgabe dieses Buches.

Zunächst soll uns eine kurze Untersuchung des überaus wichtigen Begriffes *haipule* ein tieferes Verständnis vermitteln. Die Wurzel *hai* bedeutet »Verlangen oder Bedürfnis«, »ein Opfer darbringen«, »erklären« und »verfolgen«. *Pule* wird im allgemeinen übersetzt als »Gebet, Segen, Zauberspruch«. Verwandte Wurzeln sind *pua* (»er-

scheinen«), *pu'u* (»verlangen«), *lele* (»hervorbrechen«) und *le'a*
(»gelingen«). Jede einzelne Silbe besitzt auch eine Bedeutung für den
Prozeß: *ha* – »Energie verleihen durch tiefes Atmen und Erinnern«; *i*
– »bestätigen, was du willst«; *pu* – »sich vorstellen, was man will«,
und *le* – »eine Tat vollbringen«. *Haipule* ist also ein Prozeß, in dem
Affirmation, Imagination und Aktion gebraucht werden, um einen
neuen Traum zu erschaffen. Wenn der neue Traum dann genügend
Energie besitzt, wird er Realität (in der Sprache des Schamanen: Er
ersetzt den derzeitigen Traum).

Zuerst – wie immer – entscheiden Sie, was Sie ins Dasein träumen
wollen. Eine bessere Gesundheit? Eine neue Beziehung oder die Verbesserung einer bestehenden? Mehr Geld? Ein neues Auto oder
Haus? Daß die Delphine von allen Nationen geschützt und geachtet
werden? Frieden auf Erden? Denken Sie daran: Je mehr Menschen
Ihr neuer Traum betrifft, desto mehr Energie wird zu seiner Manife-
stierung gebraucht. Wenn Sie andere dazu bewegen können, das gleiche *haipule* zu praktizieren, wird die Wirkung verstärkt. Doch vor
dem eigentlichen *haipule* müssen Sie entscheiden, was Sie tun wollen.

Der Prozeß selbst wird hier unterteilt in kurzes *haipule* und
langes *haipule*. Das kurze *haipule* führen Sie täglich und über den
ganzen Tag verteilt durch, bis der Traum real genug ist, um sich zu
manifestieren. Das ist es, was den Traum wirklich erschafft. Das lange
haipule ist eine Art meditativer Übung, die dazu dient, das kurze
haipule zu verstärken. – Hier zunächst die Praxis des kurzen *haipule*:

Ha – Erinnern Sie sich häufig an Ihren Traum; atmen sie dabei tief
und verbinden Sie ihn mit positiven Emotionen.

I – Sprechen Sie über Ihren Traum immer positive Worte und
Affirmationen, in Gedanken, aber auch laut. Zwingen Sie niemanden Informationen über Ihren Traum auf und verteidigen Sie
ihn auch nicht vor anderen – aber versuchen Sie auch nicht, ihn
geheim zu halten. Wenn Ihre Motivation so schwach ist, daß die
Skepsis eines Mitmenschen ihr Vertrauen zerstören könnte, sollten Sie zuerst an Ihrer Motivation und Vertrauensfähigkeit arbeiten. Es spielt keine Rolle, welche Formulierungen Sie gebrauchen, aber es wird helfen, im Zusammenhang mit Ihrem Traum
grundsätzlich in der Gegenwart (ich *bin*, es *ist* usw.) zu sprechen.
Denken Sie daran, daß Ihre Affirmationen nicht die Außenwelt
wiedergeben, wie sie ist, sondern den neuen Traum beschreiben,
den Sie ins Dasein bringen.

Pu – Stellen Sie sich lebhaft und unter Einbeziehung aller Ihrer Sinne all die Freuden, Vorzüge und Veränderungen vor, die Ihr neuer Traum bringen wird, als würden sie bereits jetzt eintreten. Mit ein wenig Übung werden Sie dies auch häufig üben können, jeweils einige Sekunden lang. Es ist besser, sich hundert Mal am Tag jeweils zehn Sekunden in den neuen Traum zu vertiefen, als sich ein einziges Mal, morgens oder abends, zwanzig Minuten lang damit zu befassen.

Le – Unternehmen Sie so häufig wie möglich auch etwas im Äußeren, was Ihren Traum verstärkt. Es kann mit der Manifestation Ihres Traumes unmittelbar zusammenhängen – etwa das Entwerfen von Plänen oder Treffen mit den entsprechenden Leuten –, oder es kann eine symbolische Handlung sein, etwa eine spezielle Geste oder das Berühren eines Symbols für Ihren Traum (z. B. einen Glücksbringer, der für Sie das Ergebnis des Traumes verkörpert, oder ein Bild, das die Verwirklichung darstellt). Es ist wichtig, daß Sie dieses Symbol nicht nur betrachten, sondern *berühren.*

Negative Gedanken, Erinnerungen und Reaktionen von Ihnen und von den Menschen Ihrer Umgebung müssen definitiv auf der Stelle behandelt werden, damit Sie Ihren neuen Traum gesund und am Leben erhalten können. Die Lösung ist eine uralte Variante des kurzen *haipule;* ich nenne es »dreifacher Hammer«: Es geht darum, augenblicklich positive Worte, positive Bilder und eine positive Haltung einzusetzen als Erwiderung auf jegliche Form von Negativität gegenüber Ihrem neuen Traum.

Wenn Sie negative Worte über Ihren Traum denken, reden oder hören, sprechen Sie sofort – sobald Sie es wahrnehmen – in Gedanken oder laut hörbar das positive Gegenteil. Was Sie sagen, ist im Hinblick auf den derzeitigen Traum vielleicht nicht wahr, aber das spielt keine Rolle. Diese positiven Worte handeln von dem neuen Traum. Wenn der negative Gedanke also lautet: »Es kann nicht geschehen«, kontern Sie augenblicklich mit »Es kann geschehen«. Wenn Sie denken »Wie soll das je funktionieren?«, erwidern Sie mit »Ich weiß es nicht, aber es *wird* funktionieren.« (Viele Schamanen reagieren auf Zweifel mit PESA! – aus den Anfangsbuchstaben der Affirmation »Perfekt entfaltet sich alles!«)

Positive Gegen-Bilder werden nützlich sein bei Vorstellungen Ihrer eigenen Ängste und Zweifel, die auf früheren Erfahrungen und bestehenden Zukunftsprojektionen beruhen (die beide ohnehin nur Träume sind). Wenn Sie sich vorstellen, abgelehnt zu werden, so malen Sie sich augenblicklich aus, akzeptiert zu sein; wenn Sie sich Scheitern vorstellen, dann machen Sie sich sofort ein Bild Ihres Erfolges. Das fühlt sich gelegentlich vielleicht sehr kurios an, weil Sie die Energiemuster alter Träume verändern.

Nehmen Sie schließlich auch eine positive Haltung an, wenn negative Emotionen wie Angst, Wut und Niedergeschlagenheit aufkommen. Jede Emotion ist verknüpft mit einer bestimmten Körperhaltung, die sie verstärkt. Allgemein kann man sagen: Angst ist gespannt und nach hinten gezogen, Wut ist gespannt und nach vorne geschoben, und Niedergeschlagenheit ist gespannt und nach innen gezogen. Bei Angst also nehmen Sie die entspannte Haltung von Mut und Vertrauen ein, bei Wut eine Haltung, in der Sie sich leicht und fröhlich fühlen, und bei Niedergeschlagenheit die Haltung freudigbegeisterter Erwartung. Durch die Veränderung Ihrer Haltung werden auch Ihre Empfindungen sich wandeln. Beobachten Sie andere Menschen, besonders Schauspieler, wenn Sie ein Vorbild für die emotionale Haltung suchen, die Sie verkörpern möchten. Es kann freilich vorkommen, daß Sie sich nicht so fühlen, wie es der Veränderung entspräche, aber dann sollten Sie sich fragen, wie wichtig der neue Traum für Sie ist.

Das lange *haipule* findet statt, wenn Sie mehr Zeit aufwenden können, um Ihren neuen Traum zu klären, zu stärken und zu bekräftigen. Hierbei gilt es ebenfalls zu energetisieren, zu affirmieren, zu imaginieren. Sie nehmen die entsprechende Körperhaltung an, jedoch an einem Ort, an dem Sie sich behaglich fühlen. Vielleicht schließen Sie die Augen und lassen sich so lange Zeit, wie Sie es möchten. Es wird gut sein, Ihr langes *haipule* bewußt zu beenden. Machen Sie eine Geste im Äußeren (schließen Sie etwa die Faust, legen Sie eine Hand übers Herz etc.) und sprechen Sie ein abschließendes Wort, etwa das hawaiianische *amama*.

Strukturiertes Träumen

Je tiefer Sie in *po* eindringen, desto schwieriger wird es, Ihre Konzentration aufrechtzuerhalten. Dies führt häufig dazu, daß Ihre Gedanken von dem beabsichtigten Gegenstand abwandern oder Sie Ihre bewußte Wahrnehmung verlieren. Zu den ältesten schamanistischen

Lösungen dieses Problems gehört das strukturierte Träumen. In einem strukturierten Traum werden bestimmte Grundelemente der Innenwelt gewissermaßen umprogrammiert. Im Ägyptischen Totenbuch ist von einem Fluß die Rede, der überquert werden muß, man begegnet einem bestimmten Wesen, und die Seele wird auf einer Waage gewogen; in vielen Schamanen-Traditionen gilt es, in Löcher oder auf Bäume zu klettern. Innerhalb der Struktur hat man freie Wahl – auch wenn oft Richtlinien mitgegeben werden –, so daß jedes Erlebnis in der Innenwelt ganz anders ausfällt, selbst wenn die Struktur allmählich vertraut wird. Es ist etwa so, als verbrächten Sie wiederholt Ihren Urlaub auf Hawaii. Die Geographie der Inseln wird gleich bleiben, und die Informationsbroschüren für Touristen schlagen Ihnen vor, was Sie besichtigen und tun können, aber jedesmal erleben Sie etwas anderes. Ein polynesisches Wort für solche inneren Strukturen ist *tiki*. Normalerweise stellen wir uns unter einem *tiki* eine Holzstatue vor, tatsächlich aber bezieht sich das Wort auf die Idee hinter der äußeren Form.

Der Garten *Tiki*

In meinem Buch *Begegnung mit dem verborgenen Ich* schildere ich detailliert das Wesen und den Gebrauch einer Art *tiki*, die man »Garten« nennt, deshalb werde ich hier nicht so ausführlich darauf eingehen. Doch ich möchte Ihnen eine Einführung geben und einige weitere Anwendungsmöglichkeiten vorstellen.

Der Garten ist in *Kahiki*, nur etwas weiter innen als die Art von Träumen, die wir bisher behandelt haben. Er ist in erster Linie ein privater Ort, den Sie mit Hilfe Ihrer Vorstellungskraft aus Erinnerungen oder Wünschen erschaffen, und den Sie in Ihrem Traumkörper aus verschiedenen Gründen besuchen, etwa um Ruhe, Heilung, Erkenntnis und Abenteuer zu finden. Zum Garten gehören Helfer, die unter Ihrer Leitung arbeiten (Aspekte Ihres Selbst in Form von Dienern, Elfen, Feen oder anderen), ein Gärtnermeister, der mit Rat und Werkzeug zur Seite steht, und eine Wasserquelle. Natürlich gibt es auch Pflanzen, vielleicht sogar Bäume und Wege und andere Dinge. Weil der Garten ganz Ihre Schöpfung ist, spiegelt alles hier Ihre bewußten und unbewußten Überzeugungen, Meinungen und Erwartungen des jeweiligen Augenblicks wider. Wie bei anderen Träumen gilt auch hier: Eine Veränderung des Gartens verändert Sie und damit Ihr Er-Leben.

Sie können den Garten gut nutzen, indem Sie ihn aufsuchen und um ein Symbol einer aktuellen Herausforderung in Ihrem Leben bitten. Sprechen Sie mit ihm auf der Suche nach einer Deutung, wenn Sie mögen, und weisen Sie dann Ihre Helfer an, ihn zu verbessern, zu verwandeln oder zu ersetzen. Sie können den Garten auch für Zusammenkünfte auf der inneren Ebene mit Menschen nutzen, die Sie sprechen wollen, mit denen Sie aber in der Außenwelt nicht zusammenkommen oder kommunizieren können. Das Hauptgewicht wird jedoch darauf liegen, den Garten zu einem Ort der Stabilität in der Innenwelt auszubauen, zu einer vertrauten Umgebung, von der aus Sie fernere Bereiche des *po* erkunden können.

Ich schlage vor, Sie beginnen mit der Erschaffung eines Traumkörpers. Dies bedeutet einfach, daß Sie sich vorstellen, einen weiteren Körper zu besitzen, der Ihren physisch-stofflichen Leib verlassen kann, wenn Sie es wünschen, und der seine Form ändern kann, wie es Ihnen gefällt. Dies geschieht automatisch, immer wenn Sie träumen, aber bewußte Absicht und Aufmerksamkeit werden Ihrem Traumkörper mehr Macht und Flexibilität verleihen. Je mehr Sinneswahrnehmungs-Fähigkeit Sie Ihrem Traumkörper geben, desto besser werden Sie in *po* bewußt und aufmerksam sein können.

Stellen Sie sich nun – mit geöffneten oder geschlossenen Augen – vor, daß Sie eine Höhle betreten, einen Durchgang, der Sie an einen anderen Ort führt, zu Ihrem Garten. Sowie Sie dort sind, steigern Sie Ihre Wahrnehmung, indem Sie das Detail eines Gegenstandes betrachten – zum Beispiel ein Blatt oder eine Blüte –, indem Sie die Reinheit eines Klanges vernehmen – zum Beispiel eines Vogelrufs, einer leichten Brise oder des fließenden Wassers –, und indem Sie die Oberflächenstruktur etwa eines Steines oder einer Rinde erfühlen. Lernen Sie die Anlage und Einzelheiten Ihres Gartens kennen oder erfüllen Sie ihn selbst bewußt mit Pflanzen, wenn Sie sich bereits einen Plan erdacht haben, wie Sie ihn anzulegen wünschen. Wenn es Ihnen gefällt, können sie sogar eine Hütte, eine Laube oder ein Häuschen bauen, einen idealen Platz, an dem Sie allein sein oder Gäste empfangen können. Manche Menschen zeichnen gerne Karten oder Bilder ihres Gartens, um ihn besser in Erinnerung zu behalten und sich leichter auf ihn einstellen zu können, wenn sie ihn besuchen. Was auch immer Sie tun: Lassen Sie Raum und Freiheit für Wachstum, Veränderung und neue Entdeckungen in Ihrem Garten. Jedesmal, wenn Sie ihn aufsuchen, werden Sie seine »Wirklichkeit« als Teil Ihres Erlebens vergrößern.

Schamanische Reise zu einem besonderen Ort

Unter den Sagen vieler Kulturen unserer Welt finden sich immer wieder Geschichten über ein magisches Dorf, eine Stadt oder einen heiligen Versammlungsort. Die Sagen schildern solche Stätten in der Regel so realistisch, daß sich schon häufig Forscher und Abenteurer aufmachten, um sie in der physischen Welt zu finden. In manchen Fällen stellte sich heraus, daß die Sagen sich um tatsächliche geographische Orte rankten – zum Beispiel um Lhasa, Troja oder Cuzco.

Uns geht es jetzt aber um jene, die zwar in der physischen Welt nicht existieren, deshalb aber nicht weniger real sind – zum Beispiel Agartha, Shambala und Cibola. Ich beziehe mich damit auf die Vorstellung, daß es im Bereich *po* einen Ort gibt, der für jene, die dort leben und ihn aufsuchen, ebenso real ist wie unsere physische Erde für uns. In *po* jedoch, wo andere Naturgesetze herrschen, kann die Erscheinung dieser inneren Stätte variieren, je nach den Überzeugungen, Vorstellungen, Meinungen und Erwartungen des Besuchers. Mystiker und Schamanen kennen den Ort sehr gut und gaben ihm, entsprechend ihrer kulturellen Herkunft, unterschiedliche Namen. Auch Sie sind vielleicht in Ihren nächtlichen Träumen schon dort gewesen und haben den Ort als eine geschäftige Stadt, eine Universität, einen Palast mit zahllosen Räumen, als einen Tempel oder einen Jahrmarkt kennengelernt. In spontanen Träumen erscheint er mir oft als ein Einkaufszentrum.

In der hawaiianischen Tradition heißt der Ort *Pali Uli*, »tiefgrüne Klippen«, aber ich bevorzuge den bekannteren, aus der Sprache Samoas übernommenen Namen *Bali Hai*. Trotz der mannigfaltigen Erscheinungsformen verwende ich in meinen Seminaren das Bild eines Dorfes auf einer tropischen Vulkaninsel, das umgeben ist von einer Lagune, etwa wie Bora Bora. Es ist ein Ort, den man aufsucht, um zu lernen, zu heilen und zu entdecken. Auf ihrer ersten Reise lasse ich meine Schüler meist etwas von einem anderen Schamanen lernen, jemandem in Not helfen, und ein Geschenk übergeben und empfangen. Sie beginnen die Reise, indem Sie Ihren Garten betreten, wie schon oben gezeigt. Im folgenden gebe ich das Erlebnis eines Seminarteilnehmers wieder, das mir recht typisch erscheint.

»Ich schloß die Augen, begab mich in meinen Traumkörper und ging durch die Kristallhöhle wie gewohnt zu meinem Garten. Ich kontrollierte meinen kleinen Wasserfall und die Seerosen im Teich, und nahm einige tote Blätter von den Chrysanthemen; dann fand ich einen Weg, der vom Garten fort zum Strand hinab führte. Wie Serge

sagte, lag dort ein Segelboot bereit, und die Besatzung – zwei gut aus-
sehende Hawaiianer – wartete auf mich. Serge sagte, es handele sich
um ein Ausleger-Segelboot, aber meines sah eher wie ein Hobi-Kata-
maran aus. Die Hawaiianer und ich schoben das Boot ins Wasser hinaus und stiegen an Bord. Ich übernahm den Klüver, der eine Bursche
das Hauptsegel und der andere das Ruder. Wir segelten sehr schnell
über das Meer, bis wir eine Wolke am Horizont ausmachten und auf
sie zu steuerten. Schon bald konnten wir die Insel Bali Hai sehen,
ihre smaragdgrünen Vulkan und den weißen Ring der Brandung, der
sie umgab. In diesem Augenblick flog ein weißer Vogel empor, um-
kreiste unser Boot und wies uns den Weg durch das Riff. Gerade vor
uns war das Dorf, das mich an eine Kleinstadt im Staate Maine erinnerte, die ich als Kind gesehen hatte. Wir sicherten das Boot, und
ich überließ es der Besatzung, darauf aufzupassen.

Am Ende des Steges wartete die Schamanen-Meisterin auf mich,
um mir zu helfen. Sie trug ein weißes Kleid, einen Blütenkranz um
den Kopf und lächelte bezaubernd. Ich ging auf sie zu, wir umarmten
uns, und ich bat sie, mir bei meinen Angst-Attacken zu helfen. Sie
lehrte mich, mit den Fingern eine Kugel aus Licht zu weben und mit
Liebe aufzublasen, um sie dann in meinem Brustkorb zu verankern,
wo sie leuchten und die Attacken lindern konnte. (Ich praktiziere
dies seitdem, und es funktioniert wirklich.) Dann blickte ich mich um
auf der Suche nach der Person, der ich helfen sollte. Ich fand einen
kleinen Jungen, der auf einem Felsen saß und sehr traurig aussah. Ich
fragte ihn, warum er traurig sei, und er antwortete, er sei gestorben
und wisse nicht wohin. Ich entsann mich, daß Serge gesagt hatte, daß
ein Schamane manchmal auch Leuten hilft, nach dem Tode hinüber-
zugehen, aber im ersten Augenblick hatte ich keine Ahnung, wie ich
dem Jungen helfen könnte. Schließlich wünschte ich von ganzem
Herzen, daß er seinen Weg finden möge, und ein Engel kam vom
Himmel herab und sagte: ›Vielen Dank, ich habe schon überall nach
dem Jungen gesucht‹, und nahm ihn mit sich.

Dann ging ich hinter das Dorf, um die heilige Stätte zu finden,
wo Schamanen, wie Serge gesagt hatte, Geschenke für andere Schamanen ablegten. Ich fand einen Hain, in dem alle möglichen Gegenstände an den Zweigen der Bäume hingen. Ich ließ eine kristallene
Blüte zurück zur Vermehrung der Liebe und nahm mir eine Bambus-
flöte, die Lieder des Glückes spielte. Dann ging ich wieder zum Boot,
segelte zurück zum Strand, dankte meiner Besatzung, kehrte in den
Garten zurück, wo ich die Flöte verbarg, und kam wieder hierher.

Jetzt freue ich mich darauf, erneut dorthin zu gehen und einen anderen Schamanen kennenzulernen, der mich auf eine Reise jenseits von Bali Hai mitnimmt.«

Lanikeha und die Tiergeister

Die Oberwelt ist das Reich, in dem man Inspiration empfangen und göttliche Hilfe von den *akua* bekommen kann, jenen personifizierten Kräften der Transformation, die vielerlei Gestalten annehmen und Rollen verkörpern können. Sie gelangen in die Oberwelt, indem Sie in Ihren Garten gehen und ein Loch im Himmel suchen. Dieses erreichen Sie, indem Sie einen Baum oder eine Leiter ersteigen oder ein Seil empor klettern; Sie können auch hinaufspringen oder fliegen. Dann fassen Sie die Ränder des Loches und ziehen sich hoch. Wenn Sie hindurchgestiegen sind und sich umblicken, finden Sie sich an einem schönen und wundersamen Ort wieder. Als ersten Grund, *Lanikeha* zu besuchen, nenne ich meinen Seminarteilnehmern die Absicht, ihren Tiergeistern zu begegnen.

Ein Tiergeist ist ein *akua* in Tiergestalt, ein Geistwesen, das Sie lehren und Ihnen helfen kann auf Ihren Reisen durch die verschiedenen Träume. Nach der Art, wie mein Onkel mich unterwies, empfing ich zwei Reihen von je sieben Tiergeistern, eine für die See und eine für das Land. Jedes hatte den Namen und die Eigenschaft eines der Prinzipien, wie im folgenden angegeben:

Name	Meer	Land
Ike	Delphin	Landvogel
Kala	Tintenfisch	Seevogel
Makia	Hai	Eidechse
Manawa	Schildkröte	Ratte
Aloha	Fisch	Schwein
Mana	Wal	Fledermaus
Pono	Aal	Hund

Es überrascht mich nicht, daß die meisten meiner fest- und westländischen Seminarteilnehmer auf Schwierigkeiten stoßen, mit manchen dieser Tiere eine starke Freundschaft aufzubauen, und so habe ich die Liste modifiziert, um sie der Kultur der modernen Stadt-Schamanen anzupassen:

Name	Kraft	Tier
Ike	Gewahrsein	Delphin
Kala	Freiheit	Vogel
Makia	Konzentration	Katze (jede Art)
Manawa	Ausdauer	Stier (oder Büffel)
Aloha	Liebe	Pferd
Mana	Vertrauen	Bär
Pono	Weisheit	Wolf
		oder Fuchs/Kojote/Hund)

Selbstverständlich dürfen Sie Tiere nach persönlichem Geschmack und Vorliebe hinzufügen oder auswechseln.

Wenn Sie in der Oberwelt angekommen sind, begegnen Sie den Tiergeistern am besten auf einer Wiese (mit einem Pool für den Delphin) oder auf einer Insel. Hier verwandeln Sie sich und nehmen die Gestalt Ihres Tiergeistes an, mit dem Sie sich vertraut machen und anfreunden. Am Ende kehren Sie jedesmal durch das Loch im Himmel in Ihren Garten zurück und nehmen dann bewußt die Verbindung zur physischen Welt wieder auf. Der einzige Grund dafür – und zwar ein sehr guter Grund – ist, ein Gewohnheitsmuster für Ihr *Ku* aufzubauen, damit künftige Reisen einfacher werden; außerdem festigt der Weg über Ihren Garten dessen Stabilität. Wenn Sie jedoch aus irgendeinem Grund zur Bewußtheit Ihrer physischen Umgebung zurückkommen, ohne diesen Weg gegangen zu sein, so seien Sie unbesorgt; das ist nicht schlimm. Achten Sie eben beim nächsten Mal darauf, die gewohnte Routine zu üben, wenn es Ihnen möglich ist.

Auf Visionssuche nach *Milu*

Es herrscht heutzutage einige Verwirrung darüber, was eine Visionssuche ist und wie man sie unternimmt. Diese Verwirrung rührt zum Teil daher, daß in der Tat zwei Arten von Visionssuche existieren. Zum einen gibt es die Suche nach einer Vision, die in Kulturen, in denen dieser Weg beschritten wurde, generell von allen jungen Männern eines bestimmten Alters in Angriff genommen wird, um göttlichen Lebenssinn zu entdecken. Zum anderen gibt es die Suche mit Hilfe der Vision (inneres Sehen), einen Weg, den gewöhnlich Schamanen oder ähnliche Personen gehen. Zu der genannten Verwirrung trägt noch bei, daß traditionelle Techniken zur Visionssuche durch die Technik unserer Zeit beschränkt wurden.

In vielen alten Kulturen waren es zumeist die jungen Männer, die auf die Suche nach einer Vision gingen – nicht weil Frauen das nicht könnten, sondern weil es nicht zu ihrer Rolle gehörte. Da Visionen selbst bei den Männern keinen normalen Teil des Lebens bildeten und kulturelle Regeln oft sehr starr und eng waren, wurden Ausnahme-Regelungen notwendig, die den Männern halfen, die Grenzen des gewöhnlichen Denkens hinter sich zu lassen, um eine spezielle Offenbarung von den Göttern oder vom großen Geist zu empfangen. Zu diesen Maßnahmen zählten extreme Entbehrung (man wurde mit wenig Nahrung für längere Zeit in die Wildnis geschickt, fort von der Gesellschaft), extreme Isolation (man wurde in eine Decke gebunden und drei Tage lang in ein tiefes Loch gesteckt) und Drogen (wie Peyote und andere). Wie Ihnen jeder Psychiater bestätigen wird, kann jede einzelne dieser Praktiken Halluzinationen hervorrufen – eben jene Visionen, nach denen die jungen Männer suchten. So außergewöhnlich die Visionen selbst waren, basierten sie doch immer noch auf den kulturellen Elementen, die in der Erinnerung der Männer verankert waren.

Die Visionssuche für den Schamanen wurde dagegen leichter und einfacher. Er sammelte Erfahrung in der geistigen Welt, die er schließlich nach Belieben und ohne extreme Entbehrung, Isolation und Drogen betreten konnte. Obwohl es in manchen Kulturen zur Tradition wurde, daß Schamanen zur Visionssuche fasteten, sich in eine Höhle setzten oder eine Droge nahmen, bedurfte es doch nicht mehr der extremen Maßnahmen, die für eine erste Vision gebraucht wurden. Außerdem ging der Schamane mit solchen Mitteln auch anders um. Statt eine Vision im Äußeren zu suchen, machte er von seiner innerer Vision Gebrauch, um Heilungskraft zu suchen. Dies konnte er für sich selbst tun – also die Macht gewinnen, eine bestimmte Krankheit oder Not zu heilen –, oder er tat es zum Wohle eines anderen und suchte eine Macht, die jene Person verloren hatte oder, metaphysisch ausgedrückt, die ihm von einem Geist gestohlen worden war. Sehr oft nahm die gesuchte Macht die Gestalt eines magischen Gegenstandes an, den der Schamane zurückbrachte, symbolisch auf einen entsprechenden materiellen Gegenstand übertrug, den er in der Hand behielt oder der Person übergab, die ihn brauchte.

Auch wenn viele Leute andere Vorstellungen haben, beschreitet der Schamane den Weg der Visionssuche nur selten. Zuerst probiert er die einfacheren Mittel zur Heilung aus: Intuition, praktische

Psychologie und Placebos. Dann geht er zum Handauflegen oder
Ritual über, und wenn nichts davon den erwünschten Erfolg bringt,
begibt er sich schließlich auf die schamanische Visionssuche.

Stadt-Schamanen auf Visionssuche brauchen heutzutage nicht
viel spezielle Vorbereitung oder Vorbedingungen, denn wir sind Teil
einer einzigartigen Gesellschaft, die uns – wenn auch ohne es zu wissen – bereits wohl vorbereitet hat. Die Wildnis ist kein unverzicht-
bares Element der Visionssuche, auch nicht die extreme Isolation.
Die Visionssuche hängt nicht von äußeren Umständen ab, denn sie
findet im Geiste statt – und unser menschlicher Geist hat bereits sehr
viel Übung. Bei einem Seminar in New York hatte ich zwanzig Menschen um mich, die in einem Gebäude auf Visionssuche gingen. Es
war Sommer, die Fenster waren geöffnet. Während der Visionssuche
fuhren Polizei- und Feuerwehr-Fahrzeuge mit ohrenbetäubendem
Sirengeheul auf der Straße gleich unter dem Fenster vorbei – *und
keiner hörte sie!*

Bereits als Sie anfingen, über verschiedene Comic-Figuren zu
lesen, begann Ihre Ausbildung zum Schamanen. Radio, Fernsehen
und Kino – sie alle haben dazu beigetragen, Ihre Fertigkeit zu vervollkommnen. Die Entfaltung bewußter innerer Vision brauchte in
traditionellen Kulturen sehr lange, weil sie nicht von der ganzen
Gesellschaft unterstützt wurde. Ausnahme-Menschen wie Dichter,
Geschichtenerzähler und Schamanen schienen einen Zauber zu gebrauchen, wenn sie Visionen im Geiste der hellwachen Zuhörer hervorriefen, die ihren Geschichten, Märchen, Legenden und inneren
Erlebnisse lauschten. Ohne diese geführte Imagination hielten die
meisten Menschen ihre Aufmerksamkeit auf die Außenwelt gerichtet,
gefangen in deren relativer Gleichheit tagein, tagaus, jahrein, jahraus.
Selbst Lehrlinge von Poeten, Geschichtenerzählern und Schamanen,
die viel Zeit damit verbrachten, ihren Meistern zu lauschen und sich
das Gehörte einzuprägen, waren doch auf die Erinnerungen ihrer
Lehrer beschränkt. Doch Sie haben heute die Fähigkeit zu lesen –
eine seltene Gabe in der Geschichte der Menschheit – die Sie übt, Ihre
Aufmerksamkeit zu konzentrieren und inneres Erleben bewußt hervorzurufen. Durch Bücher und Zeitschriften haben Sie Zugang zu
dem Erbe der meisten Geschichtenerzähler aller Zeiten. Darüber hinaus haben Sie in ihrem Gedächtnis einen unglaublich reichen Schatz
menschlicher Erfahrung und Vorstellung aus Radio, Fernsehen und
Kino gespeichert. Tun Sie das nicht als unwichtig ab. Aufgrund eben
dieses Wissens – und das sage ich auch meinen Schülern – können Sie

auf der Stelle anfangen, die schamanischen Fertigkeiten anzuwenden, die ich Sie lehre. Den größten Teil der Arbeit haben Sie also bereits hinter sich.

Milu, die Unterwelt, ist in der Tradition der hawaiianischen Schamanen ein Ort der Herausforderung, wo Hindernisse oder Schwierigkeiten in Gestalt von Ungeheuern, Zauberei und Naturelementen zwischen Ihnen und Ihrem Ziel stehen. Die Suche besteht darin, die Widrigkeiten zu überwinden, Ihr Ziel zu erreichen (in der Regel ein Kraft-Objekt irgendeiner Gestalt) und den Gegenstand zurückzubringen. Die Suche nach *Milu* gilt nicht der Vertiefung Ihres Verstehens. Das Verstehen können Sie im »Garten« erwerben. Sie wird vielmehr unternommen, um die grundlegenden Vorstellungsstrukturen zu verändern, die einer Heilung im Wege stehen und durch die Herausforderungen verkörpert werden. Indem Sie eine Herausforderung nach der anderen mit voll bewußter Beteiligung Ihrer Sinne bestehen, wird ihre Struktur als Hinderungsfaktor verwandelt. Ich betone »voll bewußte Beteiligung Ihrer Sinne«, denn nur wenn das innere Erleben so »real« wie möglich ist, wird es ganz zum Tragen kommen.

In manchen Traditionen der Krieger-Schamanen heißt es, man müsse, wenn einem in der Unterwelt ein Tier begegne, das die Zähne fletscht, umkehren und es zu einem anderen Zeitpunkt von neuem versuchen. In der Tradition der Abenteurer tun wir das jedoch nicht. Wenn Sie einem Tier begegnen, das die Zähne fletscht, so erwidern Sie mit einem Lächeln. Wenn das nicht und auch nichts anderes funktioniert, dann lassen Sie sich verschlingen und verwandeln, kommen auf der anderen Seite wieder hervor und gehen weiter. Selbst die Innenwelt ist Ihr Traum, und Sie sind es, der den Traum webt. Lassen Sie sich auf Ihrer Suche von nichts aufhalten.

Meine Tradition lehrt, daß es sieben Grund-Herausforderungen in *Milu* gibt, und jede von ihnen kann in der Suche eines einzelnen vertreten sein oder auch nicht. Jede Herausforderung ist das Gegenteil einer entsprechenden positiven Kraft eines Prinzips. Es sind dies *pouli* (Unwissenheit), *haiki* (Begrenzung), *hokai* (Verwirrung), *napa* (Verzögerung), *inaina* (Wut), *weli* (Angst) und *kanalua* (Zweifel). Man betritt *Milu* durch ein Loch in der Erde, und der Schamane wird gewöhnlich von einem Tiergeist begleitet. Der Weg ist der gleiche wie jener, der über den Garten nach *Bali Hai* führt. Wie beim Abschnitt über *Bali Hai* meine ich, diesen Vorgang am besten anhand des Erlebnisses eines Schülers zu illustrieren, der von seiner Suche berichtet.

»Ich schloß die Augen und atmete einige Male tief, um mich mit Energie für die Suche aufzuladen. Dann ging ich zu meinem Garten und hielt Ausschau nach dem Loch in der Erde, das der Eingang zu *Milu* sein würde. Ich wußte, daß es auch ein Strudel, ein Mauseloch, eine Höhle oder ein Loch am Fuße eines Baumes sein konnte, und danach suchte ich anfänglich. Schließlich fand ich jedoch ein Loch von etwa fünfzehn Zentimetern Durchmesser, der Rand war säuberlich mit Steinen eingefaßt, wie ein winziger Brunnen. Ich rief ein Tiergeist herbei, mich zu begleiten, und plötzlich erschien mein Falke zu meiner Rechten. Wir machten uns kleiner und sprangen in das Loch. Nachdem wir lange in die Tiefe gefallen waren, flogen wir plötzlich aus dem Loch hinaus und landeten auf einem Weg, der in einen eigentümlichen Wald führte; er erinnerte mich an den Zauberwald aus einem Disney-Film. Ich wußte, daß der Weg uns zu dem Kraft-Objekt bringen würde, das ich suchte, also folgte ich ihm; der Falke saß auf meinem rechten Arm. Der Wald wurde dunkler und dunkler, bis es bald pechschwarz um uns war; ich konnte nichts mehr sehen. Bevor mir einfiel, was ich tun könnte, krächzte mein Falke, und Licht kam aus seinem Schnabel hervor. Also kreischte auch ich, und so teilten wir uns die Aufgabe, den Weg zu erhellen.

Einige Zeit gingen wir so weiter, doch plötzlich stürzte eine gewaltige Masse von Bäumen und Ästen vor uns herab und versperrte den Weg vollständig. Das Hindernis war so dicht, daß wir es nicht umgehen oder überklettern konnten. Wir machten uns ganz, ganz klein und schlüpften durch die Ritzen und Zwischenräume; auf der anderen Seite angekommen, nahmen wir wieder unsere ursprüngliche Größe an. Als nächstes erreichten wir eine Stelle, wo der Weg sich in alle möglichen Richtungen gabelte, und ich wußte nicht, welche Abzweigung wir einzuschlagen hatten. Selbst der Falke wußte keinen Rat. Ich versuchte, ein Stöckchen zum Drehen zu bringen, daß es uns zeigte, welcher Weg der richtige war, aber es hörte nicht auf zu rotieren. Schließlich kam mir wie eine Stimme der Gedanke, daß jeder der Wege gut sei. Also wählte ich den, der der Mitte am nächsten war, und ging weiter.

Das nächste Hindernis, die nächste Herausforderung, war ein Steg, der eine tiefe Schlucht nur zur Hälfte überspannte; es sah aus, als seien die Brückenbauer zur Mittagspause gegangen und nicht mehr wiedergekehrt. Selbst das Werkzeug lag noch verstreut. Aus Rindenfasern machte ich mir ein Seil, das ich am einen Ende festhielt, während der Falke das andere über den Abgrund trug und an einem großen Baum befestigte. (Ich weiß nicht, wie er das vollbrachte.) Dann wand ich noch weitere Stricke, mit denen wir einige Äste als notdürftige Ergänzung der unvollendeten Brücke befestigten, und ich ging hinüber. Später dachte ich, daß der Falke mich ja ebenso hätte hinüber tragen können, aber das war mir nicht zeitig genug eingefallen.

Wir gingen weiter durch den Wald, bis wir zu einer Lichtung kamen, wo uns wütende Wilde mit Speeren angriffen. Der Falke flog außer Reichweite, und mein erster Gedanke war, mich in Kampfposition zu stellen, um mich mit Karate zur Wehr zu setzen. Doch dann fiel mit ein, daß ich nach Möglichkeit wie ein Abenteurer handeln sollte, und ich stellte mir einen Sack Lachpulver vor, den ich in die Höhe warf. Einen Augenblick später hatten alle Wilden ihre Speere fallen gelassen, lagen am Boden und lachten wie verrückt. Wir gingen weiter.

Als ich wieder eine Lichtung überquerte, kam ein gewaltiger Grizzlybär auf mich zugeprescht. Ich blieb wie angewurzelt stehen und erwartete, daß er entweder anhielt oder sich in etwas anderes verwandelte, aber statt dessen kam er geradewegs auf mich zu und schlug mit den Pranken nach mir. Ich war verblüfft, Wunden und Blut zu sehen und den Schmerz in meinem Arm zu spüren, als er mich traf. He, dachte ich, das sollte nicht passieren. Er schlug mich abermals vor die Brust, und ich fiel hintenüber auf die Erde. Der Bär stand nun über mir und brüllte; ich konnte seinen Atem riechen und spürte, wie sein Speichel auf mein Gesicht tropfte. Als ich es jetzt wirklich mit der Angst bekam – der Bär senkte den Kopf, um mich zu beißen –, flog mein Falke vorbei und warf etwas in den Rachen des Grizzly. Augenblicklich schloß der Bär sein Maul, lächelte und fiel um. Während ich meine Wunden verband, berichtete mir der Falke, daß er dem Tier eine Valium-Tablette in den Rachen geworfen habe. (Nach meiner Suche war mir klar, daß ich an meiner Angst noch etwas zu arbeiten hatte.)

Die letze Herausforderung war ein kleiner Tisch, fast wie ein Altar, der an einer Klippe stand; hier endete der Weg. Auf dem Tischchen lagen zwei wunderschön geschnitzte und bemalte Eier, die mich an die Kunstwerke der russischen Goldschmiede Fabergé erinnerten. Ein Schild forderte mich auf: ›Nimm nur eines davon, aber das rechte‹. Ich lächelte, denn es schien so einfach, und streckte die Hand nach dem rechten Ei aus. Doch dann zögerte ich: War es nicht ein Trick, wenn es so einfach anmutete? Das richtige Ei konnte auch das

linke sein. Ich fragte den Falken, aber der schwieg, wie auch die Eier
mir keine Antwort gaben. Ich wußte nicht weiter, bis ich mich an den
Altar wandte; der aber sagte nur: ›Wer ist der Träumer des Traums?‹
Endlich begriff ich, hob das Schild auf, zerriß es und nahm beide Eier.
In einem war ein Mond, das Symbol der Liebe, in dem anderen war
eine Sonne, Symbol der Macht. Ich nahm die Gegenstände in meinen
Garten mit, verwahrte sie dort, dankte meinem Falken und schickte
ihn nach *Lanikeha* zurück. Schließlich gelangte ich wieder zu meinem normalen Bewußtsein und legte symbolisch eine geistige Entsprechung der Eier in jede Hälfte meines Gehirns, um nie zu vergessen, Liebe und Macht zusammen zu gebrauchen.«

Formveränderung und Gemeinschaftsdienst

Kino lau

mit vielerlei Körpern
*(sagt man von einem,
der andere Formen annehmen kann)*

Die Formveränderung gehört zu den natürlichsten und zugleich seltsamsten Fähigkeiten des Menschen. Es handelt sich hierbei um eine Begabung, die allen Menschen gemein ist: *kulike*, das heißt »zu sein wie *Ku*«. Mit anderen Worten, man nimmt die Eigenschaften oder das Muster eines anderen *Ku* an, eines menschlichen oder nicht-menschlichen. Die Minimal-Voraussetzung für dieses Talent ist die Fähigkeit der mimischen Nachahmung.

Viele Tiere besitzen diese Fähigkeit ebenfalls und können die eigene Erscheinungsform oder Verhaltensmuster verwandeln, anstatt nur das zu zeigen, was sie besitzen. Ein Tiger verschmilzt aufgrund seiner Tarn-Färbung mit dem Hintergrund seiner natürlichen Umgebung, ein Chamäleon dagegen vermag seine Farbe zu wechseln und sich dem Hintergrund anzupassen. Es gibt Insekten, die sich wie kleine Ästchen geben, Fische, die wie Steine am Grunde liegen, gesunde Vögel, die sich bewegen, als wären ihre Flügel gebrochen, und Schimpansen, die sich aufführen, als wären sie Menschen. Es gibt

auch Menschen, die sich verhalten wie Tiere, Vögel, Fische und Insekten. Ich las einmal die Besprechung eines Schauspiels, in dem Zero
Mostel sich in ein Rhinozeros verwandeln und über die Bühne tram-
peln sollte, ohne ein Kostüm zu benutzen. Der Feuilletonist berichtete, daß nicht Zero Mostel die Rolle eines Nashorns gespielt habe
und über die Bühne preschte, sondern *es war ein Rhinozeros,* das da
über die Bühne lief. In einem Film übernahm ein Schauspieler die
Rolle eines Vogels, und Don Knotts spielte sogar einmal einen Fisch.
In einer Ballett-Version von Kafkas *Die Verwandlung* verkörperte
Michail Baryschnikow glänzend einen Käfer. Es gibt fast nichts im
bekannten Universum, das Menschen nicht schon nachzuahmen versuchten.

Mit mehr oder weniger Begabung können Menschen alles nachahmen. Dies ist vermutlich der Schlüssel zu unserer unglaublichen
Lernfähigkeit, und es ist so natürlich, daß viele Menschen gar nicht
merken, daß sie nachahmen. Ich habe einen Freund in New Jersey,
der etliche Jahre in New Mexico lebte. Dort erkennt man an seiner
Sprache, daß er aus New Jersey stammt, aber wenn er nach Hause
zurückkehrt, sagen seine Angehörigen, er spreche wie jemand aus
dem Südwesten. – Ich saß einmal auf einer Busfahrt längere Zeit
neben einer Frau aus Kanada. Nachdem wir uns etwa anderthalb
Stunden unterhalten hatten, bemerkte sie mit ihrem fast britischen
Kanadier-Akzent, daß ich deutlicher spreche als alle anderen Amerikaner, die sie bisher kennengelernt habe. Ich dankte ihr mit dem gleichen Akzent – und merkte erst jetzt, daß ich angefangen hatte, ihre
Redeweise zu kopieren. – Eine blonde, blauäugige, sehr hellhäutige
Bekannte traf sich eine Zeitlang mit einem Schwarzen und verbrachte
viel Zeit in seiner Nachbarschaft mit seinen Freunden. Eines Tages
saßen sie in einem Wohngebiet der Schwarzen im Restaurant, als
einige Weiße hereinkamen. Als einer ihrer schwarzen Freunde meine
Bekannten anstupste und darauf aufmerksam machte, wie komisch
die weißen Besucher in dieser Umgebung wirkten, erkannte sie, daß
sie unbewußt so viel von der Sprache und den Verhaltensmustern der
Schwarzen angenommen hatte, daß ihre schwarzen Freunde gar nicht
mehr daran dachten, daß sie eine Weiße war.

Eine Sache ist es, jemanden unbewußt nachzuahmen, entweder
um zu lernen, wie man etwas bewerkstelligt, das ein anderer kann,
oder um sich seiner gesellschaftlichen oder äußeren Umgebung anzupassen. Eine ganz andere Sache ist es aber, dies zu tun, um andere
zu beeinflussen und Fähigkeiten zu gewinnen. Das war die Innova-

tion der Schamanen, und die erste Stufe des Weges nennt man Schau-spielerei. Unsere ganze Schauspiel-Industrie geht auf eine schamani-sche Tradition zurück. Make-up, Kostümierung, Bühnenauftritt, spe-zielle Bühnenmusik und sogar Spezialeffekte wurden von Schamanen erfunden. Alle diese Mittel wurden und werden auch heute noch be-nutzt, um das Publikum zu beeinflussen. Aber der Gedanke der Schamanen ging noch weiter. In vielen traditionellen Gesellschaften spielten sie die Rollen von Göttern, Dämonen, Helden, Bösewichten und Tieren nicht nur zur Belehrung und Unterhaltung, sondern auch zur magischen Einflußnahme.

Bei den amerikanischen Indianervölkern könnte ein Schamane im Südwesten etwa das Gewand des Donnervogels übergezogen und einen speziellen Tanz aufgeführt haben, um seinem Volk Regen zu bringen. Ein Schamane in der Prärie setzte vielleicht Hörner auf, schlüpfte in das Fell eines Büffels und führte ein Ritual durch, um die Herden für sein Volk zu finden oder anzulocken. In Afrika habe ich Schamanen gesehen, die archetypische Götter- und Tier-Rollen ver-körperten, um böse Geister zu vertreiben und Heilungen herbei-zuführen.

Unsere moderne Prägung läßt uns spotten über die Vorstellung, das Verhalten einer Person – ob kostümiert oder nicht, ob von ihrer Sache überzeugt oder nicht – könne die Umgebung tatsächlich beein-flussen. Und dieser Spott ist berechtigt, wenn Sie sich mit den Ge-danken der ersten Ebene identifizieren: Realität ist außerhalb von uns, alles ist getrennt, und Energie handelt nach ihren eigenen Geset-zen. Wenn Sie aber die schamanistischen Gedanken der zweiten Ebene akzeptieren – die Welt ist, wofür wir sie halten; alles ist mit-einander verbunden; Energie folgt der Aufmerksamkeit –, dann kann das Verhalten einer Person selbstverständlich die Umgebung beein-flussen. Die einzige Einschränkung ist das Maß des Glaubens, der Verbundenheit, der Energie. Schamanen haben sich auf Methoden spezialisiert, das Maß jedes dieser Elemente zu steigern. In diesem Kapitel werden wir uns vor allem mit der Stärkung der Verbunden-heit befassen.

Doch zuerst wollen wir ein wenig über das Extrem des *kulike* sprechen, über die Kunst, sich von einer Gestalt in eine andere zu verwandeln. Das ist eine uralte Idee, deren Faszination auf die Men-schen nie nachgelassen hat. Von Göttern freilich erwartet man, daß sie diese Kunst beherrschen. Zeus wurde zum Stier, um Europa zu erobern; Odin wurde zu Schlange und Adler, um den Met der Inspiration zu gewinnen, und Pele verwandelte sich in eine schöne Frau, um den Häuptling Lohiau zu verführen. Selbst unsere moderne Literatur verleiht bestimmen Menschen diese Macht, sei es als Fluch oder zum Segen. Graf Dracula verwandelt sich in eine Vampir-Fledermaus, und Dr. Jekyll wird zu Mr. Hyde, um nur einige Beispiele zu nennen.

Auch Schamanen sollen dieser Macht teilhaftig sein. Geschichten über Schamanen, die sich zu unterschiedlichen Zwecken in verschiedene Tiere verwandeln, sind weit verbreitet, und auf Hawaii soll es sogar möglich sein, sich in Steine und Seile zu verwandeln. Vom Präsidenten eines afrikanischen Landes, in dem ich lebte, sagte man, er sei ein Schamane, der die nördlichen Gegenden in Gestalt einer Antilope besuchte.

Zweifellos sind viele solcher Geschichten wohl eher auf Erlebnisse in *po* (der Innenwelt) zurückzuführen als auf Geschehnisse in *ao* (der Außenwelt), aber nicht unbedingt alle. Denken Sie einmal darüber nach. Wenn alles sein eigenes Muster ausstrahlt *und* wenn Sie eben dieses Muster erfassen und zurückstrahlen können, dann nehmen Sie die äußere Erscheinung und die Eigenschaften dessen an, dem Sie sich angleichen. Das ist im Rahmen unseres Systems theoretisch möglich, und viele Schamanen halten es für durchführbar. Wenn es sich um eine Erweiterung des Talents handelt, das wir besprechen, und wenn es tatsächlich zu entfalten ist, hinge dies weitgehend von der Konzentrationsfähigkeit ab. Es ist im Grunde keineswegs anders als das Vorhaben mancher Mystiker, die über Gott meditieren, um mit Gott einswerden zu können.

Grocken

Von größerem Interesse ist für uns im Augenblick die Praxis des *kulike* zum Heilen. Wir können vier Stufen des *kulike* unterscheiden:

1. Kopieren – unbewußtes Annehmen von Mustern in unserer Umgebung
2. Imitieren – bewußtes Annehmen von Mustern in unserer Umgebung zur eigenen Sicherheit und Weiterentwicklung
3. Rollenspiel – bewußtes Annehmen von Mustern in unserer Umgebung oder aus unserem Geist zur Beeinflussen anderer Menschen
4. Werden – bewußtes Annehmen von Mustern in unserer Um-

gebung oder in unserem Geist, um zu verändern, was wir sind (wie
dies ein Mystiker übt)

Für unseren Zweck wollen wir eine Position irgendwo zwischen 3.
und 4. finden und einsetzen. Das heißt, wir wollen das Muster von etwas so gut annehmen, daß wir uns selbst für dieses Etwas halten und
so starke Resonanz mit ihm empfinden, daß eine Änderung unseres
Verhaltens auch sein Verhalten wandeln wird. Dabei wollen wir uns
aber auch an unser ursprüngliches Muster erinnern, um zu ihm
zurückzukehren, wenn wir es wünschen. Als Namen für diese
delikate Tätigkeit habe ich *Grocken* gewählt. Dieses Wort stammt aus
dem Buch *Ein Mann in einer fremden Welt* von Robert A. Heinlein,
dessen Held die Fähigkeit besitzt, mit dem Muster von etwas zu verschmelzen, es von innen heraus kennenzulernen und es dann gezielt
von innen heraus zu verwandeln.

Das Grocken setzt die Fähigkeit voraus, sich an das eigene, ursprüngliche Muster zu erinnern und den Zweck des Grockens im
Sinne zu behalten. Ich nenne dies, »ein Prozent des Schamanen erhalten«. Das heißt, Sie müssen mindestens ein Prozent (ein willkürlicher
Zahlenwert) Ihrer eigenen Selbstbewußtheit aufrechterhalten, ganz
gleich, wie tief Sie mit Ihrer Arbeit gehen. Unser Ziel beim Grocken
ist, Heilung und Harmonie herbeizuführen. Wenn Sie einen kranken
Baum hundertprozentig grocken, würden Sie sich einfach fühlen, als
wären Sie der Baum, und darüber vergessen, ihn zu heilen. Aber Sie
würden sich nicht in einen Baum verwandeln. Die meiste Zeit würden Sie immer wieder in Ihre ursprüngliche Selbstbewußtheit
zurückfallen, ohne etwas erreicht zu haben, oder Sie schlafen ein und
wachen später wieder auf. Eine vollkommene Veränderung des
Musters verlangt eine bewußt eingesetzte Fertigkeit auf einer Stufe,
die die meisten Menschen nie erreichen werden.
Der Vorgang des Grockens ist sehr einfach:

1. Schließen Sie die Augen.
2. Füllen Sie sich mit Energie.
3. Betreten Sie einen Geistleib.
4. Verschmelzen Sie mit dem zu Grockenden.
5. Prüfen Sie, ob Ihr Handeln angebracht ist.
6. Verändern Sie Ihr Verhalten.
7. Entgrocken Sie, indem Sie sich wieder mit Ihrem Geistleib verbinden und in Ihren stofflichen Körper zurückkehren.

1. Die Augen zu schließen, habe ich hier empfohlen, um die Ablenkung durch Ihre unmittelbare Umgebung zu reduzieren; Sie können das Grocken natürlich auch mit geöffneten Augen lernen. – **2.** Mit Energie können Sie sich aufladen, indem Sie die Liebeslicht-Übung aus dem fünften Abenteuer mit tiefem Atmen verbinden. – **3.** In einen Geistleib einzutreten ist, wie wenn man einen Traumkörper betritt. Der Geistleib ist jedoch eher etwas wie eine randlose Kugel aus reinem Licht oder Energie, die Sie mit Ihrer Vorstellungskraft erschaffen. Um in ihn einzutreten, stellen Sie sich einfach vor, statt eines materiellen Leibes einen formlosen Energiekörper zu besitzen. Der Gebrauch eines Geistleibes erleichtert das beliebige Betreten und Verlassen des zu Grockenden. – **4.** Die Verschmelzung erreichen Sie, indem Sie sich vorstellen, daß ihr Geistleib mit dem geistigen, mentalen, emotionellen und/oder physischen Muster des zu Grockenden verschmilzt. Hierbei ist Ihr Fühlen wieder die wichtigste Wahrnehmung, denn Sie wollen sich ja vorstellen, wie es sich anfühlt, zu sein, was Sie grocken. Dies ist der wichtigste Teil, da der Erfolg von einer bedingungslosen Liebe abhängt. In welchem Grade Sie verschmelzen, wird beschränkt durch jegliche negative Einstellung, die Sie vielleicht gegenüber dem haben, das Sie grocken. Je mehr Angst, Wut oder Kritik Sie ihm gegenüber hegen, desto mehr Trennendes steht dem Grocken im Wege. Dies bedeutet auch eine Verminderung Ihres Einflusses. – **5.** Wenn die Verschmelzung erreicht ist, prüfen Sie, ob Ihr Tun angebracht ist, indem Sie nachspüren, ob es recht ist, fortzufahren und eine Veränderung vorzunehmen. Das hat nichts mit einer Angst zu tun, es könnte verkehrt sein. Wenn der Zustand des Grockens gut ist, dann ist es ein einfaches *Wissen*, daß es recht oder nicht recht ist, etwas zu tun. – **6.** Wenn Sie so weit wie möglich verschmolzen sind, während Sie immer noch einen Rest Ihrer Selbstbewußtheit behalten, verändern Sie Ihr Verhalten als *Gegrocktes* dergestalt, daß es Ihrer Heilungs-Absicht entspricht. Dies findet wohl überwiegend in Ihrer Imagination statt, doch manche Menschen sind imstande, ihren physischen Körper in die Veränderung einzubeziehen und dabei sich nach wie vor als das Gegrockte zu empfinden. – **7.** Schließlich trennen Sie sich von dem Gegrockten, indem Sie sich vorstellen, in Ihren Geistleib zurückzukehren, und danach in Ihrem physischen Körper.

Die folgenden Abschnitte behandeln das Grocken zum Heilen und zur persönlichen Weiterentwicklung als Stadt-Schamane. Wir werden nacheinander mit sieben Elementen der Erde arbeiten: Wasser, Stein, Feuer, Wind, Pflanzen, Tiere und Menschen.

Wasser grocken

Schamanen grocken das Wasser meist, um Regen zu manifestieren, aber man kann Wasser auch für viele andere Zwecke grocken. Auf dem Festland erhielt ich einmal einen Anruf aus Kauai. Unsere Schamanen wurden um Hilfe gebeten wegen einer Flutwelle, die von Alaska her übers Meer auf die Hawaii-Inseln zurauschte. Man verfolgte die Welle über Satelliten und hatte genau vorausberechnet, wann sie auf die Inseln auflaufen würde. Auf Kauai traf man Maßnahmen zur Evakuierung, und alle Alarmsysteme waren bereit. Etliche unter uns grockten die Flutwelle, beschlossen abzuflachen und unsere Energie seitwärts auslaufen zu lassen. Vertreter jener neugierigen Sorte Mensch, die gerne dabei ist, wenn ein Unglück passiert, waren am Strand, als die angekündigte Flutwelle eintreffen sollte. Sie berichteten, daß die Brandung zurückwich, wie es vor einer größeren Welle normal ist, dann aber sei sie ganz sanft zurückgekehrt, als ob überhaupt nichts Ungewöhnliches wäre. Die Schlagzeile des nächsten Tages lautete: »Die Flutwelle, die keine war«.

Hier ist eine geeignete Stelle, um einige weitere Punkte im Zusammenhang mit Grocken und Schamanismus zu klären. Erstens: Wir, die wir mit der Welle arbeiteten, haben keine Macht über die Natur ausgeübt. Zweitens: Das Grocken war nicht das einzige Mittel, das zum Einsatz kam. Drittens: Wir haben die Welle nicht ganz allein neutralisiert.

Erste Überlegung: Die Natur kann nur beeinflußt werden, etwas zu tun, was sie ohnehin tun könnte; sie läßt sich nicht beherrschen. Dies stimmt mit dem sechsten Prinzip überein. In jeder Aktivität der Natur gibt es bereits ablaufende Ereignisse, mögliche Ereignisse und unwahrscheinliche Ereignisse. Schamanen arbeiten mit laufenden und möglichen Ereignissen und lassen unwahrscheinliche Ereignissen unbeachtet, weil sie mehr Energie verschlucken würden, als daß es sich lohnte. Im Beispiel der Flutwelle war die Zerstreuung der Wellenenergie nach den Seiten eine Möglichkeit, die das Wasser jener besonderen Welle von Natur aus in sich birgt, ebenso wie die Bildung einer zweiten Welle aus einer anderen Richtung, die einen Teil der Auswirkungen der ersten neutralisiert. Die Welle aber in vollem Lauf zum Stillstand zu bringen oder sie zur Umkehr zu bewegen, wäre im Rahmen ihres natürlichen Verhaltens so unwahrscheinlich und würde so viel Energie erfordern, daß diese Lösungen gar nicht erst in Betracht kamen.

Zur zweiten Überlegung: Das Grocken ist nur eine Technik im

Repertoire des Schamanen. Nicht alle Schamanen setzen es ein oder sind darin besonders geschickt. Im Falle der Flutwelle machten manche Schamanen von Ihrer Intuition Gebrauch und sprachen zu der Welle, andere arbeiteten mit dem Traum der Welle. Der Schamane wählt jeweils die Technik oder Methode, die er in der gegebenen Situation für wirkungsvoll hält – was uns an das siebte Prinzip erinnert.

Zur dritten Überlegung: Ein Schamane wäre sehr töricht, sich die Veränderung eines Geschehens oder Zustandes allein zuzuschreiben – nicht nur wegen der Macht, die allem innewohnt, sondern wegen des Einflusses, den auch die Gedanken andere Menschen ausüben, seien sie nun Schamanen oder nicht. Im Falle Kauai beispielsweise beteten, hofften und wünschten genügend Menschen, daß die Flutwelle keinen Schaden anrichten möge, so daß die Schamanen nichts weiter zu unternehmen brauchten, als all diese positive Energie gezielt auf die Welle zu richten. Wenn andererseits genügend Menschen jene Flutwelle aus irgendeinem Grunde wollten, brauchten, erwarteten oder fürchteten, hätten Schamanen, wie mächtig sie auch sein mögen, nur wenig ausrichten können.

In jüngeren Jahren litt der Bundesstaat Texas (und die umgebenden Gebiete) unter einer langen Dürrezeit. Wir erhielten eine Reihe von Hilfsgesuchen, doch nichts, was wir unternahmen, bewirkte längerfristig eine Veränderung, weil die Chancen für die Trockenheit weitaus größer waren als die Chancen, sie zu beenden. Schließlich hörte eine unserer Schamaninnen im Süden von Texas mit ihrem Versuch auf, sich um den ganzen Bundesstaat zu bemühen, und konzentrierte sich stattdessen auf ihr kleines Tal. Zusammen mit ihrem Mann (der tolerant genug war, sie zu begleiten) arbeitete sie eine Nacht lang intensiv, und am nächsten Morgen begann es mächtig zu regnen. Es regnete drei Tage lang in ihrem Tal, aber nicht im übrigen Texas.

So merkwürdig es auch anmuten mag, können Menschen tatsächlich den Regen beeinflussen. Man kann ihn nicht nur herbeiholen, sondern auch fernhalten. Es bedarf dazu nicht einmal eines Schamanen. In Pasadena, Texas, finden seit fast hundert Jahren am ersten Januar eine Parade und ein Fußballspiel statt. Obwohl dieser Termin dort mitten in die Regenzeit fällt, hat es meines Wissens in den vergangenen hundert Jahren erst zweimal am Neujahrstag geregnet. Ich habe selbst erlebt, wie es in Pasadena an Silvester wie aus Kübeln schüttete, am Neujahrstag war dann strahlender Sonnenschein, und am zweiten Januar goß es wieder. Ich denke, das bewirken die vereinten Energien der Menschen, die die Umzugswagen vorbereiten und ausschmücken, der Besucher, der Zuschauer und der Handelskammer. Wenn die potentiellen Energien stimmen, kann das Grocken des Schamanen Dinge vollbringen, die wie Wunder erscheinen, die aber nur ein kluger Umgang existierender Quellen und natürlicher Muster sind. Regen läßt sich in Dürregebiete bringen oder von überschwemmten Gegenden vertreiben, Flutwellen lassen sich verwandeln, Ölteppiche auflösen und Luftverschmutzung neutralisieren oder niederschlagen. Die Möglichkeiten sind weit offen, aber manche Veränderungen bedürfen sehr vieler Schamanen, die in konzertierter Aktion arbeiten.

Übung: Wasser grocken
Folgen Sie der obenstehenden Anweisung und grocken Sie Wasser, indem Sie zunächst zum Geist des Wassers werden und dann zu dem Wasser, das Sie beeinflussen wollen. Nach Dürrezeiten hat es sich bewährt, der Geist des Wassers in dem Trockengebiet zu werden, Wasser herbeizurufen und dann dieses Wasser zu werden, während es sich sammelt, bis Sie schwer und konzentriert genug sind, um abzuregnen.
Sie können auch Wasser grocken, um zu lernen, was das Wasser Ihnen über Fließen und Anpassen zu sagen hat.

Stein grocken
Viele meiner Schüler haben Schwierigkeiten mit dem Grocken von Stein, weil dieser so fest und starr erscheint. Ich habe herausgefunden, daß sie in ihrer Vorstellung oft versuchen, eher über ihren physischen Körper als über ihren Geistleib mit dem Stein zu verschmelzen; dieser Gedanke muß sich natürlich erstickend und starr, wenn nicht gar unmöglich anfühlen. Ich erinnere Sie daran, daß auch Stein lebendig ist, und daß seine äußere Gestalt nur ein Energiemuster ist. Es geht nicht darum, körperlich in den Stein zu schlüpfen, sondern den Energiekörper das Energiemuster des Steines annehmen zu lassen. Das scheint viel besser zu klappen.
Alles ist miteinander verknüpft. Die Naturereignisse der Erde geschehen nicht unabhängig von der Menschheit. Die Natur tut das Ihre, ob Menschen in der Nähe sind oder nicht; wenn aber Menschen dabei sind, werden sie immer in das Naturgeschehen einbezogen. Der

Austausch kommt von der Energie menschlicher Emotion. Menschliche Emotionen, ob positiv oder negativ, verursachen zwar keine Naturphänomene, aber sie können sie auslösen oder verzögern, verstärken oder abschwächen, anziehen oder abstoßen. Wenn es ein Menschenwesen angeht, wird dieses auch mit betroffen.

Wenn ein Schamane also ein Naturereignis verändert, wandelt er aufgrund dieses Zusammenhangs auch die an dem Ereignis beteiligten menschlichen Emotionen. Diese Art der indirekten Heilung ist oft leichter zu bewerkstelligen und wirksamer als der Versuch, mit den Menschen selbst zu arbeiten – besonders mit Menschen in größerer Zahl, wie in Dorf, Stadt oder Region.

Erdbeben sind in diesem Zusammenhang von Interesse. In von Menschen besiedelten Gebieten hängen Erdbeben unmittelbar mit gesellschaftlichem Druck zusammen. Wo in einem Erdbeben-Gebiet genügend sozialer Druck besteht, kann jede plötzliche Veränderung in der Gesellschaft oder Umwelt ein Erdbeben auslösen, selbst wenn es eine Veränderung zum Positiven ist. Im Sommer vor dem Tode Mao Tse Tungs – und in Übereinstimmung mit einer uralten Tradition, die den Tod eines Kaisers vorhersagte –, wurde China von verheerenden Erdbeben heimgesucht. Als der Schah von Persien entmachtet wurde und sein sehr tyrannisches Regime zu Ende ging, erlebte Iran verheerende Erdbeben. In der Nacht, in der Königin Liliuokalani von Hawaii gestürzt wurde, wurde Honolulu von einem ungewöhnlichen Erdbeben erschüttert. In Armenien ereignete sich ein schlimmes Erdbeben just zu der Zeit, als das sowjetische Staatsoberhaupt vor den Vereinten Nationen über gesellschaftliche Veränderungen sprach. Nach einem sehr trockenen Sommer, einem Herbst mit riesigen Waldbränden und einem früh einbrechenden Winter mit Schießereien auf der Schnellstraße erlitt Los Angeles 1987 ein schweres Erdbeben. In Zukunft werden Sozialwissenschaftler genauere Erdbeben-Voraussagen abgeben können als jede andere Expertengruppe.

Als Schamanen können wir daran arbeiten, den Druck in tektonisch unsicherern Gebieten vor einem Beben zu vermindern. Nach einem Erdbeben können wir den Druck reduzieren, um die Folgen von Nachbeben abzumildern. Beim Grocken begeben wir uns in den Geist des Gesteins, verschmelzen mit dem Fels unter dem betroffenen Ort und entspannen, strecken und beruhigen uns dann ganz sanft und behutsam.

Vulkanausbrüche lassen sich auf ähnliche Weise beeinflussen. Nach dem Verschmelzen mit der flüssigen Lava können Sie entweder die Flußrichtung ändern oder langsamer werden, abkühlen und verfestigen. Bei dem verhältnismäßig friedlichen Ausbruch des Kilauea auf Big Island (Hawaii) haben wir übrigens nicht eingegriffen. Seine einzige Auswirkung – abgesehen von der Zerstörung und Bedrohung einiger Straßen und Häuser (die ohnehin auf einem bekannten »Lava-Flußbett« gebaut waren) und der Freisetzung von etwas »Vog« (Vulkan-Smog) – war nämlich, daß die betroffene Insel an Fläche gewann.

Als Element umfaßt »Stein« jegliches Material, das wir für fest und unbelebt halten – also auch Metall, Plastik, Holz (ohne lebende Verbindung zum Baum) und Glas –, selbst wenn es zu einer Maschine zusammengesetzt wurde. Durch Grocken und Verändern des Musters in eine Form, die ich als harmonisch empfinde, habe ich schon viele gute Heil-Erfolge bei Motoren und Computern erzielt.

Übung: Stein grocken
Grocken Sie einige der physisch weniger stabilen Gebiete auf unserer Erde – zum Beispiel Peking, Tokyo, Los Angeles, San Francisco, Mexico, Kairo und Teheran –, und vermindern Sie den Druck unter ihnen.
Grocken Sie einen Gegenstand (vielleicht eine Skulptur), ein Werkzeug oder eine Maschine; heilen Sie es oder lernen Sie von ihm.
Das Grocken von Stein kann Ihr Ku etwas über das Wesen von Stärke und Stabilität lehren und Ihnen helfen, mehr über Geologie und Kristalle zu erfahren.

Feuer grocken
Die Natur hat ihre eigenen Gründe, weshalb sie Feuer braucht; sei es, um den Boden mit den Elementen der Asche zu düngen, sei es, um Samen zum Keimen zu bringen, die die Wärme des Feuers zum Sprossen benötigen, oder um alte Vegetation zu verzehren, auf daß neue Pflanzen leben können. Das Feuer kann aber auch tierisches Leben verzehren, und hungernde Tiere nähren. In Afrika habe ich Raubvögel und andere Tiere gesehen, die sich am Rande eines Buschfeuers einfanden, um Kleintiere zu fangen, die vor den Flammen flohen.

Feuer können zwar in der Nähe von menschlichen Ansiedlungen vorkommen, aber selbst Brände natürlichen Ursprungs sind ein Ausdruck menschlicher Emotion, unabhängig davon, welchem anderen Zweck sie sonst noch dienen mögen. Jene Emotion ist gewöhnlich Wut und Zorn, aber nicht in jedem Falle. Feuer, das in der Natur einen Zweck erfüllt, dient auch im Leben des Menschen einem Zweck. Ebenso wie wir sagen können, daß jede Krankheit ein Versuch des *Ku* ist, ein Problem zu lösen, das *Lono* nicht bewältigt hat, können wir auch annehmen, daß jedes Unglück ein Versuch zur Lösung eines Problems ist, das *Lono* nicht bewältigt hat.

An der Küste von Malibu wurde eine Pflanzschule, die bereits seit dreißig Jahren bestand, von einem Unterholzbrand völlig vernichtet; die Nachbarn auf beiden Seiten der Anlage blieben unberührt. Alle bedauerten den geschädigten Besitzer, bis dieser der örtlichen Zeitung ein Interview gab. Schon seit langer Zeit habe er vorgehabt, den Grund zu verkaufen und auszuwandern, aber er habe sich nicht zu einer Entscheidung durchringen können. Nun war ihm die Entscheidung abgenommen worden, und mit dem Geld von der Versicherung konnte er sich seinem Traum zuwenden.

Ich erwähnte, daß bei diesem Brand die Nachbarn vom Feuer unberührt blieben. Es ist ein eigenartiges Phänomen bei Bränden in von Menschen besiedelten Gebieten, daß sie oft Häuser überspringen oder verschonen, dann aber Gebäude und Plätze erfassen, die man für sicher gehalten hatte. Aus schamanischer Sicht könnte man dies dadurch erklären, daß die Emotionen der jeweiligen Bewohner das Feuer entweder anzogen oder abstießen.

Es war ebenfalls in Malibu. Mein ältester Sohn wohnte in einem Wohnwagen auf einem Hügel mitten in den Bergen im Bereich des Decker Canyons. Als ein Feuer über dieses Gebiet zog, erhielt ich Beileids-Anrufe, weil ich meinen Sohn verloren hätte, der den schlimmen Waldbrand unmöglich überlebt haben könne. Ich stellte mich auf ihn ein und wußte, daß mein Sohn in Ordnung war. Sobald die Straßen wieder frei waren, fuhr ich hin und stellte fest, daß das Feuer den Hügel hinauf gekrochen war bis fünf Meter vor dem Wohnwagen, diesen übersprungen hatte und auf der anderen Seite des Hügels weitergezogen war; mein Sohn und sein Caravan blieben gesund und unversehrt.

Feuer sprechen sehr empfindlich auf Denken und Fühlen des Menschen an. Das heißt, das Beruhigen eines Feuers wird auch auf jene Gedanken und Emotionen eine beruhigende Auswirkung haben, die es nähren. Das Grocken ist eine sehr wirkungsvolle Methode. Unter den Fakiren Indiens – das sind Menschen, die ihren Lebensunterhalt damit verdienen, sich auf bestimmte Yoga-Praktiken zu spezialisieren – war es nicht ungewöhnlich, einen siebenjährigen

Knaben vor ein Feuer zu setzen mit der Aufgabe, sich mit dessen Geist anzufreunden. Tag für Tag wurde das Kind vor das Feuer gesetzt, bis es eines Tages – vielleicht war es mittlerweile ein junger Mann – einen solchen Zustand der Furchtlosigkeit und des Einsseins mit dem Feuer erreicht hatte, daß er es berühren, durchschreiten und sich sogar darin wälzen konnte, ohne Schaden zu nehmen. Glücklicherweise sind die meisten von uns nicht darauf aus, Ihren Unterhalt mit solchen Dingen zu verdienen, deshalb müssen wir nicht lernen, Feuer so vollkommen zu grocken – aber vielleicht sollten wir es üben, bis wir die Angst vor dem Feuer überwunden haben.

Manche Menschen haben schon bei ihrem ersten Versuch, es zu grocken, eine gute Verbindung mit dem Feuer. Sie empfinden Erregung, ein Kribbeln und starke Energie. Wenn eine Gruppe solcher Menschen gemeinsam arbeitet, steigt tatsächlich die Temperatur im Raum. Die Herausforderung für diese geborenen »Feuer-Schamanen« besteht darin, genügend Distanz zu wahren, um ihre Aufgabe als Heiler noch erfüllen zu können. Häufig genießen sie das Erlebnis, Feuer zu sein, so sehr, daß sie sich gar nicht beruhigen wollen. Wenn ich Schüler durch ihr erstes Feuer-Grocken führe und begleite, empfehle ich im allgemeinen, daß sie als Feuer ganz still stehen, ruhig werden, kleiner und kleiner werden, zu glühenden Kohlen werden und schließlich nur noch strahlende Wärme sind. Das funktioniert in der Regel ganz gut, doch gelegentlich kommt es vor, daß jemand das Feuer zu sehr vermenschlicht und meint, es mit diesem Prozeß zu töten oder gegen seinen Willen zu verstoßen. Ich muß dann daran erinnern, daß das Feuer nicht menschlich ist, sondern Feuer bleibt, gleichgültig, welche Gestalt oder Größe es annimmt. Feuer ist zufrieden, zu sein; es fühlt sich durch die Veränderung nicht beschnitten. Wenn Sie sich nun fragen, woher ich das weiß – nun, ich habe schon sehr viel Feuer gegrockt.

Die größten Schwierigkeiten haben jene Personen, die in der Vergangenheit unangenehme Erfahrungen mit dem Feuer gemacht haben. Sowie Sie beginnen, ein Feuer zu grocken, regt dies die Erinnerungen an jene Erlebnisse an, die genügend Angst und Wut mit sich bringen können, um das Grocken im Keime zu ersticken. Eine Lösung dieses Problems ist, die Reaktion auf jene Erlebnisse zu verändern; eine andere, bewußt und klar zu unterscheiden zwischen dem derzeitigen und jedem anderen Feuer – oder man übt, bis Angst und Wut nicht mehr aufkommen.

Übung: Feuer grocken
Grocken Sie ein Feuer, von dem Sie in den Nachrichten gesehen oder
gehört haben. Spüren Sie, daß es in Ordnung ist, es zu verändern. Als
Feuer beschließen Sie dann, nicht weiter vorzudringen, beschließen
Sie, sich zu beruhigen, kleiner und kleiner zu werden, glühende Kohle
zu werden, Wärme zu werden, und fühlen Sie sich wohl als Wärme.
Segnen Sie den Geist des Feuers und kommen Sie aus dem zu
Grockenden hervor.
Grocken Sie irgendein Feuer und spüren Sie seine Energie, Bewe-
gung, Licht und Wärme. Mit Ihrem einen Prozent Rest-Selbst-
bewußtheit fordern Sie Ihr Ku *auf, sich dieses Muster zu merken,*
dann entgrocken Sie wieder. Üben Sie bei anderen Gelegenheiten,
diese im Ku *gespeicherten Eigenschaften hervorzurufen, wenn Sie es*
wünschen.

Wind grocken

Der Wind wird zuweilen als die Mutter des Wetters bezeichnet, weil
er bei der Bildung und dem Erleben des Wetters eine entscheidende
Rolle spielt. Er ist auf so vielerlei Weise mit unserem Leben verbunden (nicht zuletzt durch die Tatsache, daß wir ihn atmen), daß das
Grocken des Windes eine äußerst nützliche Fertigkeit ist.

Eine der machtvollsten Erscheinungsformen des Windes ist der
Hurrikan, ein kreisförmiges Windmuster, das an der Außenseite Ge-
schwindigkeiten von über 120 Kilometern pro Stunde erreicht. Solche Wirbelstürme können über Satelliten beobachtet und ihre Bahn
verfolgt werden; welche Richtung sie nehmen, ist jedoch nur sehr
schwer vorauszusagen. Dies liegt auch daran, daß sie auf menschliche
Emotion ansprechen.

Vor einer Reihe von Jahren wurde meine Schamanen-Gruppe
gebeten, bei einem Hurrikan im Golf von Mexiko zu helfen, der Kurs
auf die texanische Küste genommen hatte. Wir stellten uns auf ihn
ein, spürten nach, ob es angebracht war, und führten den Sturm
zurück in den Golf hinaus. In den Abendnachrichten wurde gezeigt,
wie der Hurrikan seine Richtung änderte und aufs Meer hinauszog.
Wir waren mit unserer Leistung sehr zufrieden, bis wir am nächsten
Tag erfuhren, daß der gleiche Sturm über Louisiana hereingebrochen
war! Wie konnte dies geschehen? Wir waren überhaupt nicht auf den
Gedanken gekommen, eine solche Möglichkeit in Betracht zu ziehen.
Also tauchten wir ein und bemühten uns, den Sturm wieder abzuzie-
hen. Es war auch noch in den folgenden Tagen interessant, die Nach-

richten im Fernsehen zu verfolgen, denn das Tauziehen ging weiter. Der Hurrikan wollte landeinwärts wüten, dann zog er wieder zum Meer hin ab, dann von neuem aufs Land zu, und abermals zurück über die See. Schließlich erkannten wir, daß wir nicht genau darauf geachtet hatten, ob unser Einwirken tatsächlich angebracht war. Als wir uns darauf einstellten, spürten wir, daß der Sturm eine wichtige Aufgabe in Louisiana hatte, also ließen wir ihn ziehen. Die nächste Nachrichtensendung zeigte, daß der Wirbelsturm weit nach Louisiana hineingedrungen war und großen Sachschaden angerichtet hatte; Menschen waren jedoch nicht zu Schaden gekommen. Am nördlichen Ende des Bundesstaates löste der Hurrikan sich schließlich auf. Der Landstrich, über den er gezogen war, wurde zum Katastrophengebiet erklärt. Die Aufmerksamkeit der Vereinigten Staaten richtete sich nun auf eine Ecke, die darunter gelitten hatte, ignoriert zu werden. Geld und Menschen strömten herbei, viele veränderten ihr Leben, und neue Verbindungen wurden geknüpft. So zerstörerisch er auch war, hatte der Hurrikan für jenen Ort und zu jener Zeit doch einen sehr positiven Zweck. Für Louisiana war es eine heilsame Erfahrung, die angezogen wurde von einem tiefen Wunsch nach Veränderung. In Texas hätte es anders ausgesehen, denn dorthin wurde der Sturm von Angst und Wut angezogen.

Wenn ich sage, der Sturm sei angezogen worden, so meine ich dies buchstäblich. Wenn Sie einen Hurrikan grocken, können Sie eine magnetische Anziehungskraft spüren, die Sie zum Zentrum einer menschlichen Ansiedlung zieht, und in manchen Fällen bedarf es einer starken und bewußten Willensanstrengung, um sich von dieser Richtung zu entfernen. Sie brauchen sich dabei jedoch nicht zu sorgen, daß Sie hier Schicksal spielen. Wenn es eine positive Bestimmung für den Hurrikan gibt – oder überhaupt –, dann wird er kommen, ganz gleich, was Sie unternehmen. Sie können ihn vielleicht verzögern, aber Sie werden ihn nicht verhindern können – es sei denn, Ihre schamanische Arbeit bietet eine noch bessere Lösung zur Erfüllung der vorgesehenen Aufgabe. In den meisten Fällen werden Sie erst nach dem Ereignis wahrnehmen, daß da etwas zu bearbeiten war. Wenn jemand Ihre Hilfe nicht will, dann werden Sie gar nicht auf den Gedanken kommen, ihm zu helfen.

Tornados sind Hurrikanen sehr ähnlich. Sie sind voller Zerstörungskraft und kommen von Natur aus in bestimmten Gebieten und zu bestimmten Zeiten im Jahre vor; aber auch sie sprechen sehr empfindlich auf Gedanken und Emotionen der Menschen an. Wie

schon das Feuer zeigen auch Tornados die Eigenheit, manche Orte zu
überspringen und sich dafür auf andere zu stürzen, die man sicher
glaubte. Einen Tornado zu grocken, kann höchst spannend sein, aber
die Erregung bei seinem Vernichtungswerk kann so viel Spaß
machen, daß es einem schwerfällt, daran zu denken, daß man ja die
Absicht hat, den Tornado von einem Ort fortzulenken.

Durch Grocken kann man Wind aufkommen lassen, abschwächen oder seine Richtung verändern. Es ist auch möglich,
durch den Wind ein anderes Element zu beeinflussen. Im guten alten
Malibu hatten wir einmal einen schlimmen Brand, der vierzig Häuser
in unserer Umgebung zerstörte. Die ganze Nachbarschaft war in
Gefahr, und es gelang mir nur mit knapper Not, rechtzeitig nach
Hause zu kommen, um meiner Familie und anderen zu helfen, die
Dächer mit Wasser zu besprengen und einige durch Funkenflug ent-
standene kleinere Feuer zu löschen; sie bedrohten Häuser, deren Besitzer nicht im Ort waren. Ein großes Problem war, daß wir in einem
Tal wohnten, in dem das Feuer einen Wind erzeugte, der wiederum
die Flammen verbreitete, und der Rauch war so dicht, daß die Brand-
bekämpfer kaum ans Feuer herankamen. Sobald die Lage in unserer
unmittelbaren Umgebung unter Kontrolle war, stieg ich zusammen
mit meinem ältesten Sohn, der bei mir schon einige Zeit gelernt hatte,
aufs Dach unseres Hauses. Gemeinsam grockten wir den Wind, um
ihn zu bremsen. Die Kraft seines Musters erschwerte unsere
Bemühungen, aber nach zwanzig Minuten anhaltender Konzentration legte sich der Wind, der Rauch verzog sich, und der Feuerring
kam zum Stillstand. Nun konnten die Feuerwehrleute eingreifen und
den Rest löschen. Ich möchte noch hinzufügen, daß es auf der ersten
Ebene des Denkens keinen Grund für den Wind gab, in dieser Situation zu verebben.

Übung: Wind grocken
Beginnen Sie zunächst in der Gegend, in der Sie leben, und grocken
Sie den Wind, um zu spüren, wie er sich bewegt, um dann seine Bewe-
gung und Richtung zu beeinflussen. Achten Sie auf die Nachrichten-
sendungen und grocken Sie den Wind, um Heilung und Harmonie in
Situationen zu bringen, die ihrer bedürfen. Denken Sie daran, zu
prüfen, ob Ihr Einwirken angebracht ist.

Grocken Sie den Wind, um Leichtigkeit, Freiheit und spieleri-
schen Mut kennenzulernen, aber auch das Gefühl, die Bewegung
anderer Wesen zu beeinflussen.

Pflanzen grocken

Ich habe eine Bekannte, die Pflanzen grockt. Sie hat sich das Ziel gesetzt, Pflanzen dazu zu bringen, innerhalb von einem Tag zu blühen und Frucht zu tragen; einige Meister in Indien können dies vollbringen. Ich weiß nicht, ob sie ihr Ziel erreichen wird, aber eine glückliche Hand im Umgang mit Pflanzen hat sie bereits. Ich habe gesehen, wie sie Kürbissamen in die Erde legte, und schon zwei Tage später waren daraus zehn Zentimeter hohe Pflänzchen mit großen Blättern gewachsen.

Eine Möglichkeit der Zusammenarbeit mit Pflanzen ist das Grocken, das heißt zu erfahren, welcher Art ihr Zustand, ihre Verfassung oder Bedürfnisse sind, dann wieder zu entgrocken und sie entsprechend zu versorgen. Wenn Sie eine Pflanze grocken und merken, daß sie Durst hat, dann entgrocken Sie und geben Sie ihr Wasser. Oder Sie strecken als Pflanze selbst Ihre Wurzeln aus, um Wasser zu finden, oder Sie rufen den Regengeist an, daß er Ihnen helfe. Zur Erfüllung anderer pflanzlicher Bedürfnisse können Sie Ihre Blätter ausbreiten, um mehr Sonnenstrahlen einzufangen, Ihren Lebenssaft beschleunigen, um den verschiedenen Aspekten Ihres Pflanzenkörpers mehr Leben einzuflößen, oder neue Zweige wachsen lassen, um sich zu vergrößern.

Gärtner wissen, daß Pflanzen sowohl unter zuviel als auch unter zu wenig Veränderung in ihrer Umgebung leiden können – aber auch unter Giften und Toxinen –, und daß solche Belastungen zu Krankheiten führen, die wiederum Schädlinge und Pilze anziehen. Wenn Sie also eine Pflanze grocken, ist es manchmal das beste, ihr zu helfen, ein wenig zu entspannen. Wenn Sie aber wünschen, daß sie mehr wächst – sofern sie relativ entspannt ist –, dann sorgen Sie für Erregung. Mit zunehmender Erregung wird Energie freigesetzt, Energie wiederum zieht Aktivität nach sich, und diese setzt natürliche oder erlernte Muster in Bewegung – und daran sollten Sie sich im grockenden Umgang mit allen sieben Elementen erinnern.

Umfangreiche Forschungen haben die Tatsache belegt, daß Pflanzen von den Gedanken und Gefühlen der Menschen beeinflußt werden. Ganz einfach ausgedrückt, werden Pflanzen besser wachsen, wenn Sie sie und ihr Wachstum loben, bei Kritik verzögert sich ihr Wachstum. Komplexer dargestellt, kann man feststellen: Mit der richtigen Art von Einstellung werden die Pflanzen für Sie Wunder vollbringen und Ihnen unglaubliche Geheimnisse enthüllen. Zwei Menschen, die diese richtige Art der Einstellung zu ihren Pflanzen praktizierten, waren Luther Burbank und George Washington Carver.

Burbank arbeitete mit der Natur zusammen, um über tausend Pflanzen zu erschaffen, die zuvor noch nicht existierten, darunter Riesen-Gänseblümchen, bessere Kartoffeln, Nektarinen, dornenlose Kakteen und schnellwachsende Laubbäume. Das verheerende Erdbeben, das im Jahre 1906 San Francisco vernichtete und seine Heimatstadt Santa Rosa dem Erdboden gleichmachte, ließ Burbanks riesiges Gewächshaus unberührt, und Burbank selbst führte dies auf seine harmonische Verbindung mit der Natur zurück. Obwohl er zugab, mit seinen Pflanzen liebevoll zu sprechen und sie zu überreden, das zu tun, was er wollte, ging sein Kontakt zu ihnen doch viel tiefer als nur eine intuitive Verbindung. Ohne Zweifel praktizierte er seine eigene Methode des Grockens, wenn er an langen Reihen mit Tausenden von Pflanzen – ob Sämlinge oder reife Exemplare – entlang ging und, ohne seinen Schritt zu verlangsamen, jene herausfand, die Erfolg versprachen. Ein Landwirtschafts-Vertreter, der ihm folgte, sagte aus, er könne nicht einmal aus der Nähe einen Unterschied erkennen, doch Burbank scheine einen so fein ausgeprägten Instinkt zu besitzen, daß er nur einen Blick auf die Pflanzen zu werfen brauche. Die treffendste Erklärung dessen, was er vollbrachte, gab Burbank in einem Vortrag mit dem Titel »Wie man neue Früchte und Blumen herstellt«:

»Lauschen Sie geduldig, ruhig und ehrfürchtig auf die Lektionen, eine nach der anderen, die Mutter Natur für uns hat. Sie beleuchtet, was uns vormals ein Geheimnis schien, auf daß alle, die es wollen, sehen und wissen dürfen. Sie enthüllt ihre Wahrheiten nur jenen, die passiv und empfänglich sind.«

George Washington Carver war ebenfalls ein Mann, der unglaubliche Dinge mit Pflanzen vollbrachte; er beschäftigte sich vor allem mit der Erdnuß und der Süßkartoffel. Aus den Pflanzen, mit denen er arbeitete, gewann er Hunderte unterschiedlicher, wirtschaftlich wichtiger Produkte, nicht durch wissenschaftliches Studieren, Analysieren oder Experimentieren, sondern durch intensive Kommunikation. Auf die Frage, wie er seine Wunder vollbringe, antwortete er, daß alle Pflanzen und Lebewesen mit ihm sprächen, und daß »Ich lerne, was ich weiß, indem ich alles beobachte und liebe.« Einen großen Teil seiner Arbeit leistete er in seiner kleinen, privaten Werkstatt, in der es keine Bücher gab. Statt dessen verbrachte er Stunden in der Kommunikation mit Pflanzen, um zu lernen, was sie ihm zu sagen hatten.

Kurz vor seinem Tode sagte er, daß er beim Berühren einer Blume »die Unendlichkeit berühre. Durch die Blume spreche ich zum Unendlichen. Es ist jene kleine, sanfte Stimme, die die Feen herbeiruft.«

Übung: Pflanzen grocken
Grocken Sie die Pflanzen um Ihr Haus, um zu erfahren, wie sie denken, sich fühlen und das Leben erleben. Wenn Sie weiter gehen wollen, so legen Sie einige Samen oder pflanzen Sie Sämlinge in die Erde, und grocken Sie diese, während sie heranwachsen, wobei Sie Ihren eigenen Wunsch mit ins Spiel bringen, daß sie rascher und größer wachsen mögen. Grocken Sie Pflanzen, von denen Sie wissen, daß Sie Hilfe brauchen, zum Beispiel solche, die vom Mehltau befallen sind, oder die Vegetation des brasilianischen Regenwaldes.
Grocken Sie Pflanzen auch, um etwas über die Zyklen des Lebens und des Todes zu lernen, über Licht und Dunkel, Wachstum und Vermehrung, Mond- und Sonnen-Zyklen, den Umgang mit Energie und die Transformation. Machen Sie den Versuch, Heilpflanzen und pflanzliche Arzneien zu grocken, um ihre heilenden Eigenschaften aufzunehmen, anstatt sie Ihrem Körper einzuverleiben.

Tiere grocken

In jeder mir bekannten Schamanen-Kultur werden Tiere als Lehrer und Vorbilder geachtet, die dem Menschen zeigen, wie man harmonisch mit dem Geist und der Natur zusammenlebt. Die übliche Reaktion eines Vertreters der westlichen Welt auf diesen Satz ist, daß wir freilich viel über die Natur lernen können, indem wir das Verhalten der Tiere beobachten. Doch das ist nicht das, was ich meine – wie Sie vermutlich ahnen. Um möglichst viel zu lernen, müssen wir zunächst üben, mit Tieren zu kommunizieren, und dann noch weiter gehen und sie grocken. Dann erst sind wir auf dem Wege, mehr zu erfahren, als uns je über die Natur bekannt wurde.

Alle alten Schamanen-Kulturen sprechen von einer Zeit, in der Menschen und Tiere frei miteinander reden konnten, und manche überliefern Geschichten, wie jene Zeit zu Ende ging. Unsere eigene Tradition kennt viele Berichte über intuitive Verständigung zwischen Mensch und Tier, vor allem mit Hunden und Pferden; das Talent scheint also nicht ausgestorben zu sein. Aber der größte Teil dieses Austausches steht in Verbindung mit Liebe, Freundschaft und gegenseitiger Hilfe, vielleicht auch mit einem Lernprozeß des Tieres. Der meines Erachtens beste Bericht darüber, wie ein Mensch von einem

Tier lernte, stammt von J. Allen Boone, der von seiner Beziehung zu
Strongheart erzählt, einem Schäferhund, der auch schon in Filmen
mitwirkte. Boone, der die Teilzeitarbeit erhielt, sich um den Hund zu
kümmern, hatte zunächst die gewöhnliche »Menschen sind Tieren
überlegen«-Einstellung, was sich aber dramatisch änderte, als er
lernte, daß eine stille Kommunikation möglich war.

»Als ich willens und bereit war, von einem Hund zu lernen, teilte
Strongheart kostbare Weisheit mit mir, herrliche Geheimnisse über
die große Kunst des Hundes, erfüllt und glücklich in der Gegenwart
zu leben ohne Rücksicht auf die äußeren Umstände.«

Auch wenn er das Wort nicht verwendet, hatte Boone das
Grocken gelernt, denn Strongheart unterwies ihn, einen Zustand zu
erreichen, in dem jeder »ohne die Einzigartigkeit seiner eigenen Indi-
vidualität zu opfern, mit dem anderen harmonisiert, so daß sie als
eine Einheit zu wirken scheinen«.

Tiere zu grocken und von ihnen zu lernen, setzt voraus, daß wir
ihr Verhalten mit offener, gleichberechtigter, empfänglicher Einstellung wahrnehmen und nachahmen. Wahrnehmen bedeutet hier mehr
als beobachten; es umfaßt alle inneren und alle äußeren Sinne. Ihr
Verhalten nachzuahmen bedeutet mehr, als einfach ihre Bewegungen
zu kopieren. Es bedeutet auch, ihre Lautäußerungen zu üben, ihre
Stimmungen, Haltungen und Eigenschaften. Fasziniert trug Boone
ein Wörterbuch und ein Synonymen-Lexikon bei sich und notierte
alle Eigenheiten, die Strongheart zeigte, als handelte es sich um ein
universelles Wesen, das zufällig in Gestalt eines Hundes daherkam.
Außer Schnauben, Laufen und Bellen fanden sich auch Mut, Vertrauen, Mitgefühl und eine Fülle andere Charakteristika.

Alles, was ein Tier tut, hat einen Sinn, und aller Sinn hat mit dem
derzeitigen Augenblick zu tun. Tiere halten sich nicht in der Vergangenheit oder der Zukunft auf. Wenn ein Hund eine Aufgabe vollführt,
die er in der Vergangenheit gelernt hat, so geschieht es immer in Beantwortung eines Reizes in der Gegenwart. Wenn ein Eichhörnchen
Nüsse für den Winter versteckt, so plant es nicht für die Zukunft, sondern es spricht in geeigneter Weise auf Signale aus der gegenwärtigen
Umgebung an, die ihm anzeigen, daß es an der Zeit ist, Nüsse zu sammeln. Solange Sie nicht selbst genügend Tiere gegrockt haben, um ihr
Leben und Erleben zu teilen, wissen Sie nicht, was der derzeitige
Augenblick tatsächlich ist. Ich sage nicht, daß das Nachdenken über
die Vergangenheit oder das Planen für die Zukunft schlecht seien. Ich
sage nur, daß das Erleben der Gegenwart gut ist. Sehr gut.

Übung: Tiere grocken
Grocken Sie ein Tier einfach, um diese Erfahrung zu machen; wählen
Sie sich dazu ein Haustier, ein Tier im Zoo oder in Ihrer Umgebung –
oder die Tiergeister als Muster. Grocken Sie ein krankes oder gestreß-
tes Tier und gebrauchen Sie Ihnen bekannte schamanische Methoden,
um Ihren Schmerz zu lindern und sich als das Tier zu heilen.

Grocken Sie ein Tier, um mehr über das Leben und das Erleben
zu erfahren, oder um seine besonderen Eigenschaften und Charakter-
züge kennenzulernen.

Menschen grocken
Einen Menschen zu grocken, ist wohl am schwierigsten, denn Menschen sind uns so ähnlich. Sie meinen vielleicht, es sei einfacher, aber
der schwierige Teil ist, nicht unsere eigenen Muster mit einzubringen.
Wie bei Tieren und allen anderen müssen Sie offen, empfänglich und
frei von Einschränkungen und Bedingungen sein. Je verschlossener,
ablehnender und fordernder wir uns selbst gegenüber sind, desto
schwerer fällt es uns, andere Menschen zu grocken.

Beim Grocken von Menschen können wir auch unerwartete Erkenntnisse gewinnen. Ich zeigte einmal einer Frau, wie sie ihren
Mann grocken könnte, um ihre Beziehung zu verbessern. Sie fing an,
wie er zu sprechen, wie er zu gehen und wie er zu denken, und dabei
öffnete er sich und entwickelte eine immer freundlichere Haltung gegenüber seiner Frau. Dieser jedoch wurde nun klar, daß sie ihn
tatsächlich gar nicht leiden konnte.

Das Grocken von Menschen zum Zwecke der Heilung ist sowohl
einfacher als auch schwieriger als bei anderen Elementen. Es ist einfacher, weil wir mit dem menschlichen Körper besser vertraut sind,
aber schwieriger zugleich, weil wir Angst vor Krankheit haben.
Wenn Sie einen Kranken grocken, müssen Sie fühlen können, was
dieser Mensch fühlt, ohne sich (das heißt jenes eine Prozent) damit zu
identifizieren. Wenn Sie sich jedoch damit identifizieren, ahmen Sie
vielleicht einen Teil seines Musters nach, wenn Sie entgrocken, und
spüren es in Ihrem eigenen Körper. Das können Sie ändern, indem
Sie Ihrem *Ku* mit Bestimmtheit sagen: »Höre sofort damit auf! Das
ist nicht meines! Kehre auf der Stelle zum Normalzustand zurück!«
Und dann entspannen Sie sich gründlich. Falls dies aus irgendeinem
Grunde nicht funktioniert, so wenden Sie eine Ihrer Heilmethoden an.

Doch nun zurück zum Grocken. Hierbei wenden Sie auch Hei-
lungsfähigkeiten bei sich selbst an, denn *Sie handeln als die Person,*

die Sie grocken. Sie könnten also zu Ihrem *Ku* sprechen, sich selbst *kahi* geben, träumen und den Traum Ihres Körpers verändern oder eine andere Ihrer Fertigkeiten in die Tat umsetzen. Ich kenne jemanden, der, wenn er eine Bitte um Heilbehandlung erhält, den Kranken gründlich grockt und dann als dieser ausgeht und den Besuch einer Party genießt. Aufgrund der Kommunikation und Resonanz, die während des Grockens aufgebaut wurde, empfängt der Gegrockte die Vorteile auf einer *Ku*-Ebene.

Es ist einer der großartigsten Aspekte beim Grocken von Menschen, daß der andere gar nicht am Leben zu sein braucht. Er braucht nicht einmal ein Mensch zu sein. Wenn Sie grocken, verschmelzen Sie mit einem Energiemuster, nicht mit dem physischen Wesen oder Körper. Nun, die Energiemuster von Menschen, die nicht mehr leben, jene von hoch entwickelten Männern, Frauen und geistigen Meistern der Vergangenheit – sie existieren noch immer; Sie können sie grocken und von ihnen lernen. Sie brauchen nichts weiter zu tun, als Ihre bewußte Aufmerksamkeit auf sie zu richten und Ihrem *Ku* das Grocken zu überlassen. Mit »nicht einmal ein Mensch« meinte ich, daß Ihnen die Energiemuster von erfundenen Personen ebenfalls zum Grocken zur Verfügung stehen. Superman und Wonder Woman warten schon auf Sie.

Übung: Menschen grocken
Grocken Sie einen kranken Freund und entwickeln Sie ein Gespür für die beteiligten Faktoren; dann setzen Sie ein, was Sie gelernt haben, um »sich selbst« zu heilen.

Grocken Sie jemanden, der gesund ist und eine Eigenschaft oder einen Charakterzug zeigt, den Sie auch gerne besäßen; im tiefen Grock-Zustand fordern Sie Ihr Ku auf, sich das Muster zu merken.

Erschaffen Sie mit Ihrer Vorstellungskraft die geistige Gestalt eines idealen Schamanen-Meisters, der reichlich Liebe, Kraft und Fertigkeit besitzt, und dann grocken Sie dieses Wesen, um das Muster kennenzulernen.

Noch ein letztes Wort: Je mehr Sie grocken, desto mehr Übung und Geschicklichkeit erwerben Sie dabei, und je öfter Sie ein Muster grocken, das Sie erlernen möchten, desto besser werden Sie es lernen.

Steigern Sie Ihre schöpferische Energie

'Ike no i ka la o ka 'ike;
mana no i ka la o ka mana
Es gibt eine Zeit für Wissen,
und eine Zeit für Macht

A lles ist Energie. Und Energie ist, wie wir festgestellt haben, Einfluß ausübende Bewegung oder Aktivität – Aktivität also, die
Veränderung schafft. Um Veränderung zu bewirken, muß es etwas
geben, das verändert werden kann. Das heißt, es muß etwas geben,
auf das die Energie einwirken kann, und das irgendwie anders ist als
die einwirkende Energie.

Wenn Wärme-Energie mit Eis in Berührung gebracht wird, verändert das Eis seine Form oder sein Muster und wird zu Wasser.
Kommt nicht noch weitere Wärme hinzu, so wird die ursprüngliche
Wärme in das Wasser aufgenommen und zu Wasser-Energie. Das
klingt vielleicht ein wenig seltsam, weil wir Wasser gewöhnlich nur
dann für Energie halten, wenn es sich bewegt und Druck erzeugt.
Wasser, das so still steht oder liegt, wie es nur kann, ist jedoch auf
molekularer und atomarer Ebene immer noch in rascher Bewegung,
und diese energetische Bewegung in einem bestimmten Muster ist
erforderlich, um das Wasser daran zu hindern, etwas anderes als Wasser zu werden. Wenn dem Wasser mehr Wärme-Energie zugeführt
wird – mehr als seinem eigenen Wärmepotential entspricht (das heißt
Wärme einer höheren Temperatur als der des Wassers) –, dann
schwingt das Wasser rascher und verändert sein Muster, seine Form.

Bei einer geringen Menge zusätzlicher Wärme-Energie nennt man dies Verdunstung. Wenn viel mehr Wärme-Energie eingesetzt wird, verwandelt das Wasser sich in Dampf, der sich im Vergleich zum Wasser sehr rasch bewegt, im Vergleich zu Eis sogar extrem schnell. Wir haben hier die Energie des Wassers auf eine bestimmte Weise erhöht, indem wir das Wasser dazu brachten, immer mehr von den Eigenschaften eines anderen Energiemusters anzunehmen. Beachten Sie, daß wir dem Wasser in Wirklichkeit nichts hinzugefügt haben. Wir brachten es in Berührung mit einer Wärmequelle, und das Wasser begann in Resonanz mit der Wärme zu schwingen; dabei wurde es in seinem Schwingungsverhalten der Wärme so ähnlich wie möglich. Es veränderte Form oder Muster in dem Versuch, mehr und mehr dem Muster der Wärme zu entsprechen. Metall spricht auf Wärme ebenfalls mit Resonanz an, aber es kann, während die Wärme zunimmt, sein eigenes, ursprüngliches Muster wesentlich länger beibehalten als das Wasser. Auch Metall verändert sich, was aber erst bei einer viel höheren Energie-Intensität wahrzunehmen ist. Propangas dagegen schwingt von sich aus bereits auf einer sehr hohen Frequenz und braucht nicht viel zusätzliche Wärme, um mit ihr in Resonanz zu treten, bevor es mit einer sehr dramatischen Formveränderung explodiert.

Ich möchte Sie als Stadt-Schamanen dazu bewegen, anders über Energie zu denken, als Sie es gewöhnlich tun. Da alles Energie ist, gibt es offensichtlich sehr viele verschiedene Energiemuster in und um uns, die alle einander mehr oder weniger beeinflussen. Nach unserer Anschauung besitzt alles ein *Ku*, und das *Ku* wird am meisten beeinflußt vom stärksten, nächsten und resonantesten Feld – von dem Feld oder Energiemuster also, das ihm (oder einem Teil von ihm) am ähnlichsten ist. Wasser beispielsweise birgt bereits etwas Wärme, selbst als Eis; andernfalls könnte es keine Resonanz mit der Wärme erreichen. Alle Energie kann potentiell einen Einfluß ausüben, nicht nur die Wärme. Wasser – und alles andere – kann also verändert (das heißt sein Muster verändert) werden von einem breiten Spektrum unterschiedlicher Arten von Energie, auch von Gedankenenergien.

Energie folgt der Aufmerksamkeit, deshalb bewirkt das Denken immer dann Veränderung, wenn die Resonanz des Gedankens mit dem Ziel der Aufmerksamkeit groß genug ist. Wie wir jedoch bei der Wärme festgestellt haben, wird der Einfluß größer, wenn das Maß der Energie gesteigert werden kann. Wärme-Energie, die größer ist als das in einer bestimmten Menge Eis bereits vorhandene Wärme-Energiemuster, kann bewirken, daß das Eis sich in Wasser verwandelt. Eine noch größere Menge oder Amplitude der Wärme-Energie kann bewirken, daß das Wasser sich in Dampf verwandelt. Ähnlich werden auch unsere Gedanken eine Veränderung erfolgreicher herbeiführen, wenn wir die Amplitude der Gedankenenergie irgendwie vergrößern können.

Jede Veränderung wird ausgelöst, das heißt ein in dem zu Verändernden bereits vorhandenes Muster wird beeinflußt durch etwas anderes, das ein ähnliches Muster besitzt. Dabei sprechen wir nicht unbedingt von dem vollständigen Muster eines Gegenstandes, weil jedes Hauptmuster in sich viele untergeordnete Muster umfaßt. Als Individuum sind Sie etwas Einzigartiges. Ihr Muster, das Sie »ich« nennen, ist nicht wie das irgendeiner anderen Person, nicht einmal, wenn Sie ein eineiiger Zwilling sind. Doch in Ihrem einzigartigen Körper, Gemüt und Geist gibt es Myriaden verschiedener Muster, die ständig aktiv sind. Da sind die verschiedenen Muster der chemischen Bestandteile und physischen Strukturen Ihres Körpers, die Muster Ihrer Organe, die Muster Ihrer Erinnerungen und die Muster Ihrer Möglichkeiten, um nur eine kleine Auswahl zu nennen. Energien verschiedener Arten können bestimmte Muster innerhalb des Ganzen beeinflussen und dieses verändern, indem sie einen Teil verändern. Schon die Änderung des Musters von Kopfschmerzen kann dazu führen, daß Sie sich insgesamt besser fühlen.

Die Macht des *Kimana*

Viele Jahre lang habe ich ausgiebige Untersuchungen angestellt und etliche Bücher und Artikel über ungewöhnliche Energien und ihre Anwendung geschrieben. Wie eine Reihe weiterer Forscher habe ich eine Fülle von Beweisen für eine Art von alles durchdringender Energie gefunden, die erlebt, verstärkt, gelenkt, erzeugt und umgewandelt werden kann, um menschlichen Geist und physische Materie zu beeinflussen – die sich jedoch bisher allen Versuchen instrumenteller Messung widersetzte. Es besteht kein Zweifel daran, daß sie existiert, aber bislang läßt sich ihre Existenz nur durch das Erleben ihrer verschiedenen Auswirkungen erweisen. Möglicherweise rühren diese Auswirkungen von einer Vielzahl verschiedener Energien her. Aber da sie – unabhängig davon, wie man die Energien wahrnimmt – immer die gleichen sind, vereinfachen wir die Angelegenheit und gehen davon aus, daß die Energie sowohl real als auch eine einzige ist. Wir wollen einer uralten Tradition folgen, nach der jedermann der gleichen Sache einen anderen Namen gibt, und so nenne ich die Energie *kimana*, das heißt, grob übersetzt, »intensive Kraft«.

Wir haben einige sehr praktische Gründe für die Arbeit mit dieser Energie. Wie Sie selbst herausfinden werden, wenn Sie die folgenden Informationen in die Praxis umsetzen, verstärkt *kimana* die geistige Energie und Inspiration, die Sie von *Kane* erhalten, intensiviert die Konzentration und Imagination von *Lono*, und steigert Lernvermögen, Erinnerung und die physische Energie von *Ku*. Der Schamane verfolgt das Ziel, die unten dargestellten Mittel, aber auch andere zu gebrauchen, um seine normale Energie-Kapazität zu steigern. Anders ausgedrückt: Er will die Gewohnheit entwickeln, jederzeit auf einem höheren Energie-Niveau wirken zu können.

Kimana kann Ihnen helfen, die Welt zu verändern, und es kann Ihnen auch helfen, sich selbst zu verändern. Energie von außen auf diese Weise einzusetzen, ist, als übte man sich in einer Fertigkeit mit Hilfe eines Buches, bis man sie sich so gut eingeprägt hat, daß man die Anleitung nicht mehr benötigt; doch man kann hin und wieder darauf zurückkommen und seine Erinnerung auffrischen. Während Ihr *Ku* sich daran gewöhnt hat, auf einem höheren Energie-Niveau zu operieren, wird es dabei bleiben wollen, weil sowohl Sie als auch Ihre Hilfsmittel Energie aus der gleichen Quelle schöpfen. Denken Sie daran, daß die verschiedenen Methoden Ihnen keine Energie schenken; sie regen vielmehr Ihre eigene Energie an.

In den folgenden Abschnitten werde ich Ihnen einige einfache und nützliche Möglichkeiten zeigen, wie Sie *kimana* erschließen können, um Ihr Leben zu bereichern, Ihrem Denken Macht zu verleihen und Ihre Energie-Kapazität zu steigern.

Lineares *Kimana*

Alle Frequenzen sind Energiemuster, und (wie wir bereits gelernt haben) neigen sie dazu, eine Resonanz bei ähnlichen Frequenzen auszulösen, das heißt sie üben einen energetischen Einfluß aus. Eine Möglichkeit, diese Wirkung zu erreichen, ist, die Wellenlänge linear zu messen. Ein Bekannter, der sich mit Radios auskennt, erklärte mir, daß man, um eine Rundfunk-Frequenz mit der Wellenlänge von, sagen wir, acht Metern zu empfangen, eine Antenne von acht Metern Länge braucht. Die Antenne darf aufgewickelt sein, aber sie muß die richtige Länge haben.

Kimana kann man offensichtlich ebenfalls empfangen, wenn man Antennen verwendet, die die richtige Länge aufweisen. Vor einer Reihe von Jahren wurde mir etwas vorgeführt, das man als »Ellen-Rute« bezeichnete. Es war ein hölzerner Stock von gut sechzig Zentimeter Länge. Warum man genau diese Länge gewählt hatte, spielt in unserem Zusammenhang keine Rolle. Wichtig ist jedoch, daß diese bestimmte Länge (25 Zoll = 63,5 cm) Energiewirkungen hervorbrachte, die ich mit ganz anderen Mitteln ebenfalls erzielt hatte; einige davon werde ich im folgenden besprechen.

Um es kurz zu fassen: Wenn Sie einen solchen Stock halten, werden Sie – je nach Ihrer Sensitivität – sich leichter entspannen, wenn Sie verspannt waren, und Sie werden energievoller, wenn Sie entspannt sind. Halten Sie den Stock länger, spüren Sie vielleicht ein Kribbeln in Händen oder Körper, und Ihr Denken wird klarer, Ihre Vorstellungskraft geschärft. Sie könnten auch feststellen, daß Ihre Körperkraft und Ausdauer zunehmen. Die Verwendung einer Ellen-Rute bei einer Wanderung oder einem langen Seminar hilft mir, entspannt und voller Energie zu bleiben. Auf einer anderen Ebene intensiviert sich unter dem Einfluß der Ellen-Rute Ihre Aura, und damit nehmen auch die Kraft Ihrer Gedanken und Ihr Charisma zu. Vielleicht sind diese Phänomene ein Schlüssel zu dem Einfluß von Zauberstäben und Kommandostäben.

Die Länge von fünfundzwanzig Zoll bewährt sich gut, aber weder vierundzwanzig noch sechsundzwanzig Zoll ergeben den gleichen Effekt. Ich habe auch Ruten aus Holz, Plastik, Kupfer, Schnur und Seil ausprobiert. Das Material scheint keine Rolle zu spielen, aber ich muß sagen, daß ich mit Schnur und Seil bessere Wirkungen erhielt, wenn sie stramm gespannt waren, als wenn sie lose hingen.

Neugierig, wie ich bin, experimentierte ich weiter, um herauszufinden, wie entscheidend die Länge von fünfundzwanzig Zoll war. Zuerst verdoppelte ich sie und fertigte einen Stab von fünfzig Zoll (1,27 m) an. Als ich ihn zum ersten Mal ausprobierte – es war auf dem Kalalau-Weg im Norden der Insel Kauai – ließ mich die Beobachtung eines anderen Menschen erkennen, wie wirkungsvoll der Stab war. Ich wanderte mit meiner Frau und einer Freundin, und bevor ich es merkte, war ich den beiden schon weit voraus; dabei meinte ich, ein normales Tempo zu gehen. Einige Wanderer, die mir entgegenkamen, musterten mich und sagten: »Ja, so muß man wandern!« Zuerst dachte ich, sie meinten den Wanderstab, aber dann merkte ich plötzlich, daß ich bergauf schritt, als befände ich mich auf einer ebenen

Strecke. Ich überredete auch meine Frau und die Freundin, die beide
nicht gerne mit einem Wanderstab gingen, diesen zu benutzen, und
beide hatten das gleiche Erlebnis; schon bald waren sie ohne zusätzliche Mühe den anderen voraus. Fünfzig-Zoll-Stäbe sind inzwischen
ein fester Bestandteil unserer Wanderausrüstung.

Immer noch neugierig, experimentierte ich weiter und entdeckte,
daß fünfundzwanzig nicht die entscheidende Zahl war. Die Verdop-
pelung auf fünfzig hatte funktioniert, die Halbierung auf zwölfein-
halb Zoll bewährte sich jedoch nicht. Es stellte sich heraus, daß es um
die Fünf ging. Den Grund kenne ich nicht, weil ich noch nicht weiß,
was mit der Länge von fünf Zoll (12,7 cm) eine Resonanz bildet, aber
eine Rute von fünf, zehn, fünfzehn oder zwanzig Zoll wirkte etwa
ebenso gut wie jene von fünfundzwanzig Zoll Länge. Ich sagte »etwa
ebenso gut«, weil die beste Wirkung immer noch mit fünf, fünfundzwanzig und fünfzig Zoll zu erzielen war, soweit ich dies beurteilen
kann. Mit größeren Längen habe ich noch nicht experimentiert. Mit
metrischen Längen (in Meter und Zentimeter) habe ich noch nicht
genügend Versuche gemacht, um hier über Ergebnisse sprechen zu
können.

Einen Fünf-Zoll-Stab aus Holz, Plastik oder Metall kann man
leicht mit sich tragen oder in eine Tasche oder gar Brieftasche
stecken; er läßt sich auch gut halten und stärkt Ihre Gedanken und
Ihre Präsenz beim Denken und Sprechen. Aufgrund des dritten Prinzips wird die Wirkung der Rute verstärkt, wenn Sie einen Teil Ihrer
Aufmerksamkeit auf sie richten. Halten Sie bei der Meditation oder
während eines langen *haipule* mit beiden Händen eine 25-Zoll-Rute,
und das ganze Erlebnis wird durch zusätzliche Energie intensiviert;
Sie selbst werden sich danach noch eine Zeitlang wie aufgeladen
fühlen. Sie können sich gut mit *kimana* aufladen lassen, indem Sie
sich zwischen zwei 25-Zoll-Stäbe auf den Boden legen. Es ist, als
hätten die Stäbe strahlende, einander überlagernder Felder, die einander verstärken. Zwischen zwei Stäben zu liegen, zeitigt eine größere
Wirkung, als neben einem einzelnen Stab zu liegen.

Rotations-*Kimana*

Anfang der siebziger Jahre führte ein Mann namens Charles Sherburne an verschiedenen Plätzen in Los Angeles etwas wirklich Auf-
sehenerregendes vor. Es handelte sich um einen Gegenstand aus Holz
oder Plastik, dessen Form an einen Kajak erinnerte. Aufgrund der
Form und seiner Oberflächenbeschaffenheit war er sehr schön an-

zusehen und angenehm in der Hand zu halten. Aufsehenerregend jedoch war sein Verhalten. Legte man den Gegenstand auf eine flache, glatte Oberfläche und drehte ihn im Uhrzeigersinn, so rotierte er weiter, und zwar viel länger, als man erwartet hätte. Drehte man ihn im Gegenuhrzeigersinn, rotierte er eine Zeitlang weiter, schaukelte dann auf und ab, blieb schließlich stehen und begann tatsächlich, sich noch eine Weile rückwärts – also im Uhrzeigersinn – zu drehen. Es hatte den Anschein, als ob er sich der Bewegung im Gegenuhrzeigersinn regelrecht widersetzte. Viel Aufmerksamkeit erregte die offensichtliche Tatsache, daß dieses unschuldige Ding zumindest eines von Newtons Bewegungs-Gesetzen massiv verletzte. (Ein Gegenstand in Bewegung neigt dazu, in Bewegung zu bleiben, solange keine äußere Kraft auf ihn einwirkt.) Reibung und Schwerkraft als äußere Kräfte konnten eine Drehbewegung bremsen und zum Stillstand bringen – aber was um Himmels willen verursachte das Schaukeln und das Stehenbleiben, noch bevor Reibung und Schwerkraft zum Tragen kamen, und dann die entgegengesetzte Bewegung? Diese drei Phänomene schienen durch nichts erklärbar zu sein. Viele Menschen wurden durch Sherburnes Demonstration fasziniert, viele andere unglücklich – teils durch das Verhalten des Gegenstandes, und teils weil Sherburne behauptete, die Proportionen des Objekts entsprächen den Angaben über die Dimensionen der Arche Noahs aus dem Buche Genesis (300 Ellen lang, 50 Ellen breit und 30 Ellen hoch). Ja, er nannte seinen Gegenstand tatsächlich »Arche«.

Ich verwendete das Modell, das ich von ihm kaufte, eine lange Zeit, um damit zu demonstrieren, daß das Universum mehr Aspekte besitzt, als wir bisher ergründet haben, und auch um Physiker und andere Naturwissenschaftler zu verblüffen. Ich hatte sogar eine hübsche Theorie über spiralige Energien parat, die zu erklären vorgab, warum das Phänomen bei der Bewegung im Gegenuhrzeigersinn auftrat. Um zu zeigen, daß es nichts mit der Coriolis-Kraft zu tun hat (Wirkung der Erdumdrehung, die dazu führt, daß Wirbelstürme in der nördlichen Hemisphäre sich im Gegenuhrzeigersinn drehen und Zyklone auf der Südhalbkugel im Uhrzeigersinn), nahm ich meine Arche mit nach Tahiti und zeigte, daß sie südlich wie nördlich des Äquators auf die gleiche Weise funktioniert.

Doch meine hübsche Theorie wurde von einem meiner Schüler ruiniert, der mir zwei Arche-Modelle schickte, die er aus dem gleichen Ast eines Pecan-Baumes geschnitzt hatte. Das eine funktionierte genau so wie meine Arche, das andere tat das Gegenteil. Wenn man es im Gegenuhrzeigersinn drehte, rotierte es leicht und ausdauernd, stieß man es im Uhrzeigersinn an, so fing es bald an zu schaukeln, blieb stehen und drehte sich in der anderen Richtung weiter. Nachdem ich mit Vergnügen andere verblüffte hatte, stand ich nun selbst vor einem Rätsel.

Ende der siebziger Jahre erschien dann im *Scientific American* ein Artikel, der sich mit Gegenständen befaßte, die die gleichen Phänomene zeigten wie Sherburnes Arche. Objekte aus Stein mit den gleichen Dreheigenschaften hatte man in alten irischen Gräbern gefunden; die Archäologen nannten sie »Kelten«, die Physiker bezeichnen sie als »Rückdreher«. Keiner hat eine Ahnung, zu welchem Zweck sie gedient haben mochten. Manche Archäologen meinten, sie seien von Häuptlingen oder Schamanen gebraucht worden, um das Volk zu beeindrucken, aber ich denke, solange man damit keine Blitze aus den Wolken locken oder das Wetter verändern konnte, waren Menschen ohne emotionelle Bande an Newtons Gesetze kaum durch solche Steine zu beeindrucken. Einige wissenschaftliche Untersuchungen zeigten, daß der Effekt hauptsächlich mit der Form und der Beziehung zwischen oberer und unterer Achse zusammenhängt, und es entstanden viele funktionsfähige Modelle – aber dies erklärte doch immer noch nicht das Phänomen an sich oder seine Beziehung zu Newtons Gesetzen. Inzwischen kann man in San Francisco preiswerte Modelle kaufen, die je nach Konstruktion in beide Richtungen rotieren. Aber bringt uns dies weiter?

Wie ich bereits sagte, behandelte ich die »Arche« wie viele andere nur als eine Kuriosität, um meine Schüler zu amüsieren und ihnen etwas zum Denken zu geben. Doch dann entdeckte ich in der Pause eines Seminars, das ich in Texas gab, etwas Neues über die »Rückdreher«. Während ich zu einem Schüler sprach, fühlte ich plötzlich eine Woge von Energie von hinten durch meinen Körper fließen. Ich drehte mich um und sah nichts außer einem anderen Schüler, der mit dem Rückdreher spielte, also wandte ich mich wieder meinem Gegenüber zu. Abermals spürte ich die Energie und drehte mich rechtzeitig um, um den Rückdreher noch rotieren zu sehen. Dies löste eine Kette von Ideen und eine Reihe von Experimenten aus, die schließlich erwiesen, daß der rotierende Rückdreher eine starke Welle von *kimana* erzeugte, die während des Drehens und noch ein klein wenig länger anhielt. In einem Experiment nahmen wir eine Flasche billigen Chablis-Weines und ließen einen Rückdreher fünf Sekunden lang unmittelbar daneben rotieren. Binnen dieser kurzen Zeit veränderte sich der Inhalt der ganzen Flasche dergestalt, daß der Wein älter und feiner schmeckte. Noch praktischer (wenn auch das Wein-Experiment nicht schlecht war) war die Entdeckung, daß unsere Aura, wenn wir unsere Aufmerksamkeit auf einen rotierenden Rückdreher richteten, neben den anderen, oben erwähnten Energie-Wirkungen eine gesunde Aufladung erhielt. Inzwischen haben wir die gleichen Effekte auch mit einem Gyroskop erreicht.

Ich sehe es schon vor mir: Wenn dieses Buch auf dem Markt ist, wird es im ganzen Land Kurse geben, die Ihnen beibringen wollen, »Wie Sie sich Ihren Weg zum Erfolg drehen.«

Geometrisches *Kimana*

Alles ist Energie, die nach einem Muster schwingt. Das Muster oder die Kombination von Mustern bestimmt, wie die Energie sich manifestiert, ob als Wind, als Vogel oder als Mensch. So scheint es also logisch, daß die meisten Grundmuster mit den meisten Grundenergien in Resonanz schwingen.

Man kann unser physisches Universum als eine Kombination von gekrümmten und geraden Linien beschreiben. Nicht die Linien selbst erzeugen die Muster, sondern ihre Verbindungen. Das elementarste Muster, das wir aus einer gekrümmten Linie bilden können, ist der Kreis, und das elementarste Muster, das wir aus einer geraden Linie bilden können, ist das Dreieck. Wie schön, sagen Sie jetzt. Ja, und es ist mehr als nur schön, es ist sogar überaus nützlich. Es bedeutet nämlich, daß wir einfache Kreise und Dreiecke verwenden können, um unsere Muskeln zu entspannen, unsere Sinne anzuregen, unseren Körper und Geist zu stärken und unsere Energiekapazität zu steigern. Wie das möglich ist? Indem wir sie betrachten, in dem wir in ihnen sitzen und sie in unserer Umgebung aufhängen. Viele alte Völker haben solche Muster als Mandalas benutzt, die sie betrachteten, oder als Gebetsteppiche, auf denen sie saßen oder knieten, oder als Wandgemälde und -behänge, die die Umgebung mit Energie luden. Oft wurde das Grundmuster zu komplexeren Formen modifiziert, aber Kreise und Dreiecke waren immer noch die Grundlage.

Kreise erzeugen eine Energie, die dazu neigt, das Denken zu entspannen und das Meditieren zu fördern. Sie können dazu Kreise aus jedem beliebigen Material verwenden, auch wenn sie auf eine Oberfläche gedruckt oder gemalt sind. Ob Sie es glauben oder nicht: Selbst ein Hula-Hoop-Reifen ist ein großartiges Meditations-Gerät. In seiner Mitte zu sitzen, ist sehr entspannend und wohltuend, besonders als Unterbrechung geschäftiger Aktivität. Sie können auch ein Stück Schnur oder Faden verwenden, aber es ist nicht einfach, einen Kreis daraus zu legen. Wenn Sie einen Kreis in der Nähe haben, den Sie betrachten können, ist das ebenfalls sehr hilfreich als Gegengewicht zu starker Aktivität und Konzentration. Ich lege dazu ein rundes Tablett auf meinen Computertisch, aber ein Hula-Hoop-Reifen, wie Sie ihn in jedem Sportgeschäft bekommen, ist ebenfalls zu gebrauchen; legen Sie ihn auf den Fußboden oder hängen Sie ihn auf. Vielleicht versuchen Sie einmal, einen größeren Kreis ins Fenster zu hängen, und durch diesen Kreis hinauszuschauen. Der Ausblick wird dadurch in seiner Qualität völlig verändert. Oder Sie gönnen sich den Hochgenuß, einen schwarzen Kreis von mindestens fünfzehn Zentimeter Durchmesser auf weißes Papier zu zeichnen oder malen, und ihn eine Weile zu betrachten. Wenn Sie erst genügend entspannt sind, beginnen Sie ein höheres Energie-Niveau zu spüren, und Sie können viele ungewöhnliche visuelle Effekte wahrnehmen.

Das Dreieck führt eine eher anregende Energie herbei; sie ist gut für aktive Meditationen und nach außen gerichtete mentale und körperliche Aktivität. Ein gutes, transportables Energetisierungszentrum können Sie aus drei 50-Zoll-Stäben anfertigen, die einfach auf dem Fußboden oder auf der Erde zu einem Dreieck zusammengelegt werden. Stellen oder setzen Sie sich in das Dreieck, wie es Ihnen gefällt. Wenn Sie beim Erwachen ein Dreieck erblicken oder sich in ein Dreieck stellen können, wird Ihnen dies helfen, rascher wach zu werden; einige Dreiecke um Ihren Arbeitsplatz schärfen Ihr Denken und steigern Ihre Ausdauer. Aber denken Sie daran, auch einige Kreise um sich zu haben, die Sie betrachten können, bevor der Streß zu groß wird. Noch etwas gibt es zu beachten: Es genügt nicht, kreisförmige oder dreieckige Gegenstände oder Zeichnungen nur um sich zu haben. Um den ganzen Vorteil zu erhalten, müssen Sie Ihre Aufmerksamkeit auf sie richten.

Trigonometrisches *Kimana*

Anfang der siebziger Jahre kam eine Marotte auf, die wie ein Steppenbrand einige Jahre lang über die Vereinigten Staaten hinwegfegte. Ich kann mir vorstellen, daß es heute überall im Lande unbenutzte Pyramiden gibt, die in Kammern, Dachstuben und Kellerräume Platz wegnehmen. Nachdem ich den Höhepunkt der Welle miterlebt und ein Buch darüber geschrieben habe, überrascht es mich, daß nur so wenige meiner heutigen Schüler mit der Pyramidenenergie vertraut sind.

Doch ich will es kurz und einfach halten: Eine Pyramiden-Form – besonders wenn sich die Proportionen nach der großen Cheops-Pyramide richten, oder wenn die Seiten gleichseitige Dreiecke bilden – hat spezielle, ungewöhnliche Energie-Eigenschaften, die jedoch auch bei vielen anderen Dingen zu finden sind. Was ist eine Pyramide schließlich anderes als vier miteinander verbundene Dreiecke? Doch zu den dokumentierten ungewöhnlichen Eigenschaften der Pyramide gehören die merkliche Schärfung von Rasierklingen, die Konservierung von Lebensmitteln und die Stimulation von psychischer und physischer Energie. Meiner Meinung nach wirkt die Pyramide wie ein Kondensator, der die Energie am Ort intensiviert. Doch auch ohne diese Erklärung zeigt sie energetische Wirkungen. Die zwei besten Methoden, eine Pyramide für unsere Zwecke, das heißt zur Steigerung unserer Fähigkeiten und unserer eigenen Kapazität zu gebrauchen, sind, eine Pyramide über Arbeits-, Spiel-, Ruhe- oder Schlafplatz zu hängen und/oder regelmäßig in einer Pyramide zu sitzen.

Wenn Sie keinen der wenigen verbliebenen Lieferanten von Pyramiden zum persönlichen Gebrauch wissen, können Sie ganz leicht selbst eine herstellen. Für eine hängende Pyramide schneiden Sie vier gleichseitige Dreiecke aus Karton oder einem anderen festen Material aus. Die Seitenlänge sollte etwa fünfundzwanzig bis dreißig Zentimeter betragen. Dann legen Sie die Dreiecke Seite an Seite mit der Außenseite aus und verbinden Sie sie an den Kanten mit Klebeband. Um die beiden letzten Kanten miteinander zu verkleben, müssen Sie das Gebilde aufstellen. Binden Sie nun an das eine Ende eines Fadens einen Knopf und fädeln Sie den Faden von unten durch die Spitze der Pyramide, und schon ist sie fertig zum Aufhängen. Da die Pyramide am besten funktioniert – ihre Energie-Intensität am größten ist –, wenn eine Seite nach dem magnetischen Nordpol ausgerichtet ist, können Sie einen weiteren Faden in einer Kante oder Ecke befestigen, um die Ausrichtung der Pyramide zu fixieren. Wenn es im Raum nicht zieht, richtet sich eine Pyramide oft von selbst nach Norden aus.

Für eine Pyramide, unter der Sie sitzen können, brauchen Sie acht gleich lange Stücke Rohr oder Holzleisten von etwa anderthalb Zentimeter Durchmesser. Legen Sie sie zum Quadrat aus, so erhalten sie die Basis für Ihre Pyramide. Die Enden können Sie verbinden, wie Sie wollen. Dann nehmen Sie die verbleibenden vier Stücke und befestigen Sie sie an den Ecken des Quadrats und in der Mitte aneinander. Für eine Pyramide, die etwa 1,20 Meter hoch ist, werden 1,80 m lange Rohre oder Leisten benötigt. Auch hier ist es besser, wenn eine Seite nach Norden weist. Wie Sie mittlerweile wohl erraten haben, ist ein Rahmen in Pyramidenform ebenso gut für die Energie wie eine Pyramide mit geschlossenen Seiten. Meine Lieblings-Variation zum Thema Pyramide ist ein Tetraeder. Man nennt ihn auch dreiseitige Pyramide, aber in Wirklichkeit besteht er natürlich – die Grundfläche mitgerechnet – aus vier Dreiecken. Ein Tetraeder ist billiger und rascher herzustellen, weil Sie für einen kleinen, aufzuhängenden Körper nur drei gleichseitige Dreiecke brauchen, für ein größeres Modell, in das Sie sich setzen können, brauchen Sie sechs Stück Rohr oder Holz. Weil ein Tetraeder weniger Seiten hat, kann die Basis bei gleichbleibender Höhe kleiner sein. Mit 1,20 m langen Holzleisten von 8-10 mm Durchmesser (die Sie in fast allen Baumärkten erhalten) können Sie nach der gleichen Aufbaumethode eine hübsche, etwa 1,20 m hohe Meditationshütte bauen. Ein weiterer Vorteil ist, daß ein Tetraeder nicht nach Norden ausgerichtet zu sein braucht. Er bietet in jeder Richtung optimale Vorteile. Manche Menschen, so auch ich, halten seine energetisierende Wirkung sogar für stärker als die einer Pyramide.

Pyramiden und Tetraeder sind dreidimensionale Ausdrucksformen des Dreiecks. Die Äquivalente des Kreises hingegen sind Zylinder, Kuppel und Kegel. Kegel lassen sich basteln, indem man aus biegsamem Material einen Kreis schneidet, einen geraden Schnitt von außen bis zur Mitte vornimmt und dann die beiden Enden übereinander schiebt, bis man die gewünschte Figur erhält. Experimente ergaben, daß die größten Energie-Wirkungen von einem Kegel erreicht werden, dessen Spitze einen rechten Winkel bildet. Anstatt den Kegel aufzuhängen, kann man ihn auch als Hut tragen. Sie können auch die Pyramide auf dem Kopf tragen, aber der Kegel ist bequemer und muß nicht nach Norden ausgerichtet sein. Probieren Sie es aus, und Sie werden einige interessante Energie-Wahrnehmungen machen. – Kuppeln sind aufwendiger, aber gut geeignet, um darunter zu leben und zu spielen. (Ich finde es faszinierend, daß man Kuppeln auch aus vielen kleinen Dreiecken konstruieren kann, wie die Kuppeln für die Erdvermessung. Das ist ein großes, interessantes Feld für die Energie-Forschung.) – Zylinder kanalisieren viel Energie. Ich habe festgestellt, daß eine Gruppierung von Zylindern mit vier Zoll Durchmesser (etwa 10 cm) beim Aufladen eine gute Leistung bringt, solange man sich nicht daran stört, »Kanonenrohre« auf sich gerichtet zu sehen. Es wäre wohl interessant, mit fünfundzwanzig Zoll langen Zylindern zu experimentieren.

Kristall-*Kimana*

Kristalle waren schon immer Gegenstand der Faszination für den Menschen. Dies dürfte vor allem auf ihre Dauerhaftigkeit und Farbe zurückzuführen sein. Viele Tiere, auch manche Vögel, scheinen ein instinktives Verlangen zu haben, harte und glänzende Objekte zu sammeln, selbst wenn sie keinem nützlichen Zweck zu dienen scheinen. Zum Teil liegt ihre Anziehungskraft auch in ihrer Schönheit und im Geheimnis ihrer Struktur, die unsere menschliche Phantasie und Neugier anregen. Auf subtilerer Ebene kann man häufig spüren und erkennen, daß Kristalle irgendwie eine geheimnisvolle Kraft oder Energie verbreiten.

Nach Aussagen aus berufener Quelle ist die Definition von Kristall »ein Festkörper, dessen Atomen in einem festen, sich wiederholenden Muster angeordnet sind«. Kristallographen unterscheiden sieben solcher geometrischer Ordnungsmuster oder Arrangements: triklin, monoklin, orthorhombisch, tetragonal, trigonal, hexagonal und kubisch. Die Anordnung der Atome bestimmt letztlich die Form des voll ausgebildeten Kristalles. Die Moleküle von Natriumchlorid sind kubisch angeordnet; mit Hilfe eines Vergrößerungsglases können Sie erkennen, daß Kochsalzkristalle wie kleine Würfel aussehen.

Eine weitere Eigenschaft der Kristalle ist, daß der Winkel zwischen den Flächen von Kristallen der gleichen Art immer gleich ist. So beträgt beispielsweise der Neigungswinkel der oberen Flächen eines Bergkristalls immer etwa zweiundfünfzig Grad – genau den gleichen Winkel finden wir übrigens zwischen Basis und Seiten der Cheops-Pyramide.

Nicht alle Kristalle entstehen auf die gleiche Weise. Manche, wie zum Beispiel Diamanten, bilden sich infolge großer Hitze und gewaltigen Druckes. Andere, etwa der Bergkristall, sind das Ergebnis einer langsamen Verhärtung gelösten Materials. Je nach Menge des angesammelten Materials kann der Bergkristall bis zu gewaltiger Größe wachsen, und doch weiß bisher niemand, welche Kräfte ihn zum Wachstum in unterschiedliche Richtungen veranlassen. Ein Aggregat von Bergkristallen, die aus einer Matrix (dem Untergrundgestein) hervorwachsen, gleicht dem Bild einer gefrorenen Explosion.

Der für die meisten attraktivste Aspekt der Kristalle ist ihre Farbe, und die Möglichkeiten und Variationen in dieser Hinsicht scheinen endlos. Die Färbung eines Kristalls beruht auf winzigen Mengen von »Verunreinigungen«, das heißt anderen Substanzen als der, aus der der Kristall hauptsächlich besteht. Chrom, Titanoxid, Nickeloxid, Eisen und Mangan sind eine Auswahl möglicher Einsprengsel, die einem Kristall seine Farbe geben. Es ist überdies wichtig zu wissen, daß die Farbe, die wir einem Kristall zuschreiben, jene ist, die von ihm reflektiert wird. Alle Farben, die wir nicht sehen, wurden vom Kristall absorbiert, ebenfalls infolge bestehender Verunreinigungen. Behalten Sie dies im Sinne. Weil die Verunreinigungen Farben hervorbringen, geben wir oft solchen Kristallen unterschiedliche Namen, die von der Substanz her zur gleichen Art gehören. Rubin, Saphir und Topas beispielsweise bestehen alle aus Aluminiumoxid, und Opal, Achat, Amethyst, Zitrin und klarer Bergkristall bestehen aus Siliziumoxid.

Eine interessante und wichtige Eigenschaft mancher Kristalle ist ihre Fähigkeit, unter bestimmten Umständen tatsächlich auch eigenes Licht hervorzubringen. Manche tun dies unter der Einwirkung ultravioletten Lichts, dann nennt man diese Eigenschaft Fluoreszenz. Sie fluoreszieren zwar auch in gewöhnlichem Tageslicht, aber das dabei abgegebene Licht ist so schwach im Vergleich zum reflektierten Schein, daß man es unter normalen Umständen nicht wahrnehmen kann. Wenn man sie im Dunkeln jedoch künstlich erzeugter ultravioletter Strahlung aussetzt, können sich Kristalle, die bei Tageslicht grau und trübe aussehen, in brillante Rot-, Grün-, Blau- und andere Töne kleiden. Andere Kristalle, die bei Tageslicht eine bestimmte leuchtende Farbe zeigen, wechseln diese unter ultraviolettem Licht drastisch. Diese Farben beruhen ebenfalls auf winzigen Verunreinigungen, die man Aktivatoren nennt. Zu den häufigsten Aktivatoren gehören Chrom, Kupfer, Gold, Blei, Mangan, Silber, Strontium und Zink. Die hellen Farben, die sich zeigen, entstehen nicht durch Reflexion des ultravioletten Lichtes, das für unsere Augen unsichtbar ist. Vielmehr stimuliert das ultraviolette Licht die Aktivatoren dergestalt, daß sie ihr eigenes Licht abgeben. Bei den meisten fluoreszierenden Kristallen hält diese stimulierte Lichtstrahlung nur so lange an, wie die Aktivatoren ultraviolettem Licht ausgesetzt sind. Sobald kein ultraviolettes Licht mehr auf sie einwirkt, hört auch die Fluoreszenz auf. Manche Kristalle besitzen jedoch eine Eigenschaft namens Phosphoreszenz, das heißt sie geben ihr eigenes Licht auch noch kurze Zeit nach dem Ende der UV-Einwirkung ab. Zu diesen Kristallen gehören Diamanten, Rubine und Gips. Ein mit ultraviolettem

Licht angeregter Diamant hinterläßt, wenn man ihn auf ein Stück Film oder Fotopapier legt, ein Bild seines ausstrahlenden Energiefeldes, das ihn infolge der Anregung durch UV-Strahlen umgibt. Als sehr dichte und stark strukturierte Festkörper lassen Kristalle sich sehr stark mit Wärmeenergie aufladen, die sie dann über einen längeren Zeitraum hinweg abstrahlen können. Aus diesem Grunde wurden seit uralter Zeit erhitzte Steine zur Wärmung, zum Heilen und zum Kochen gebraucht. Ein traditionelles hawaiianisches Mahl aus Fleisch und Gemüsen wird auch heute noch über heißen Steinen zubereitet. Dunkle Kristalle und Steine, die Licht absorbieren und es als Wärme abstrahlen, können damit Lichtenergie in Wärmeenergie umwandeln.

Manche Kristalle besitzen elektrische Eigenschaften. Bergkristall und Turmalin beispielsweise zeigen den piezoelektrischen Effekt. Wenn sie auf bestimmte Weise gedrückt und gedreht werden, geben sie einen elektrischen Strom ab. Die Druckenergie wird also in elektrische Energie umgewandelt. Der Bergkristall vermag Druckenergie auch in Licht und Feuer zu verwandeln. Wenn Sie einige klare Bergkristalle im Dunkeln schnell aneinander reiben, beginnen sie von einem inneren Licht zu glühen. Vermutlich geben sie auch Funken ab – was nicht überrascht, da Feuersteine ebenfalls eine Art von Bergkristall enthalten. Darüber hinaus wird Bergkristall – Siliziumdioxid – in sehr dünnen Scheiben viel für Solarzellen verwendet, in denen Licht direkt in Elektrizität umgewandelt wird. Manche metallischen Kristalle – zum Beispiel Kupfer, Silber und Gold – sind besonders gut zur Übertragung oder »Reflexion« elektrischer Energie geeignet, von der ein Teil in Wärme und Magnetismus verwandelt wird.

Magneteisenstein oder Magnetit ist von oktaedrischer (Doppelpyramiden-) Form und besteht aus einem Eisenmaterial, das auf geheimnisvolle Weise unaufhörlich magnetische Energie ausstrahlt. Andere Formen von Eisen, zum Beispiel Hämatit, zeigen diese Eigenschaft nicht, aber sie lassen sich magnetisieren, das heißt für unterschiedlich lange Zeiten mit magnetischer Energie aufladen. Kupfer strahlt Magnetismus nur so lange aus, wie es von elektrischer Energie durchflossen wird; in dieser Hinsicht ähnelt es den fluoreszierenden Stoffen, die von ultraviolettem Licht angeregt werden.

Lassen Sie sich also nicht weismachen, Kristalle besäßen keine Energie. Sie können Energie absorbieren, reflektieren, erzeugen, ausstrahlen und in andere Energieformen umwandeln. *Kimana, das* überall dort zu sein scheint, wo irgendeine andere Energie vorhanden ist, bildet ebenfalls einen Teil des Kristallenergie-Komplexes. Doch nun einige praktische Informationen über den Gebrauch von Kristallen bei der schamanischen Arbeit (Welche Art von Kristallen Sie hierzu verwenden, ist Ihnen freigestellt):

1. Kristalle besitzen eigene Energie und lassen sich auch mit Ihrer Energie laden. Eine gute Methode, Kristalle aufzuladen, ist das *kahi*. Legen Sie dabei eine Hand (möglichst, aber nicht notwendigerweise, die linke) auf Ihren Scheitel oder Nabel, und umfassen Sie mit der anderen Hand den Kristall; konzentrieren Sie sich dann eine Zeitlang auf beide Hände. Sie können dabei an eine bestimmte Qualität oder Eigenschaft denken, um den Kristall zu »programmieren«. Wie lange eine Aufladung halten wird, hängt von zu vielen Faktoren ab, um es eindeutig zu bestimmen (Grad Ihrer Konzentration, Art und Ursprung des Kristalls, Umgebung usw.). Sie können auch zwei Kristalle gleichzeitig aufladen, wenn Sie in jeder Hand einen halten. Das Schöne am Aufladen von Kristallen ist, daß man sich dabei auch selbst mit Energie auflädt.

2. Einige weitere gute Möglichkeiten, sich selbst mit einem Kristall aufzuladen, sind folgende: Blicken Sie auf einen Kristall, wie Sie in eine Flamme blicken würden; befestigen Sie einen Kristall mit Klebeband an Ihrer Stirn, bevor Sie schlafen, meditieren oder arbeiten (wenn es Ihnen nichts ausmacht, die Blicke anderer auf sich zu ziehen – oder wenn Sie allein arbeiten); ruhen oder meditieren Sie in einem Dreieck oder Kreis aus Kristallen (aus acht Kristallen kann man gut einen »Kreis« bilden); halten Sie einen Kristall und nehmen Sie bewußt wahr, wie er sich anfühlt. Ein Kristall, den Sie bei oder an sich tragen, wird Sie kaum mit Energie laden, solange Sie nicht Ihre Aufmerksamkeit auf ihn richten.

3. Bedenken Sie, daß Sie sich mit Kristall-Energie auch überladen können. Die Symptome sind die gleichen wie jede starke Belastung oder Anspannung durch Streß. Bei einer Tagung kam einmal eine Bekannte zu mir und bat um eine Behandlung. Sie hatte einen Verkaufsstand mit Kristallen und war völlig gestreßt. Ich gab ihr eine *kahi*-Behandlung und entspannte sie, aber nach kurzer Zeit kam sie mit den gleichen Symptomen wieder her. Nun ging ich mit ihr zu ihrem Stand und stellte fest, daß sie alle ihre Kristalle hübsch arrangiert hatte – und alle zeigten auf sie! Zusammen mit allen sonstigen Energien der Tagung war dies zuviel für sie. Ich verteilte die Kristalle so,

daß sie in alle Richtungen zeigten, und die Streß-Symptomatik verschwand. Wenn Sie unter »Kristall-Streß« leiden, so versuchen Sie sich mit Massage, Bad, Dusche oder einem Negativ-Ionen-Generator zu helfen. Wenn Sie als Schamane schon einige Fertigkeiten besitzen, können Sie auch einfach das Muster ändern.

4. Ihr *kahi* oder andere Heilmethoden lassen sich intensivieren, indem Sie bei der Konzentration Kristalle in Ihren Händen halten, oder wenn Sie während der Behandlung Kristalle in Ihrem Blickfeld haben.

5. Kristalle nach einer Behandlung oder der Berührung durch andere »reinigen« oder »spülen« zu müssen – von dieser Vorstellung dürfen Sie sich getrost verabschieden, sofern es Ihnen nicht einfach Freude bereitet, Kristalle zu »säubern«. Jedes Reinigungsritual dient Ihrem eigenen Wohl, nicht weil jemandes »unreine« Aura in Berührung mit dem Stein gekommen ist. Aufgrund des zweiten Prinzips berührt alles im Universum Ihren Kristall bereits in diesem Augenblick – sogar einige unheimliche Wesenheiten auf dem Stern Arktur –, ob es Ihnen gefällt oder nicht. Wenn Sie ein kleines Ritual brauchen, damit Ihr *Ku* sich wohler fühlt, segnen Sie ein wenig Wasser, tauchen Sie Ihren Kristall hinein und trocken Sie ihn ab.

Orgon-*Kimana*

»Orgon«, so nannte Wilhelm Reich die fundamentale Energie, über die wir sprechen. Reich war, bis sie sich entzweiten, ein Kollege Freuds; sein Leben widmete er – besonders in den vierziger und fünfziger Jahren – vor allem seinen Energie-Forschungen.

Als ich 1971 nach meinem langen Aufenthalt in Westafrika in die Vereinigten Staaten zurückkehrte, stieß ich auf die jüngste Information über Pyramidenenergie und begann ein ausgedehntes Forschungsprojekt. 1972 und im Rahmen einer ganz anderen Studie befaßte ich mich mit den Werken Wilhelm Reichs. Bald erkannte ich, daß Reichs Orgon-Energie sehr viele Gemeinsamkeiten mit der Pyramidenenergie aufwies, und beide wiederum mit dem *kimana*. Schon bald fiel meine Aufmerksamkeit auf Reichs Bericht über die austrocknende Wirkung des Orgons, denn die gleiche Wirkung hatte ich unter Pyramiden beobachtet. Aber das erste praktische Experiment galt Rasierklingen.

Die Tatsache, daß Rasierklingen unter Pyramiden ihre Schärfe wiedererlangten, war weithin bekannt und leicht zu demonstrieren. Falls – so folgerte ich – Orgonenergie das gleiche wie Pyramiden-

energie war, sollte auch ein Orgon-Apparat Rasierklingen schärfen
können. Und genau dies geschah, als ich meinen ersten Orgon-Apparat herstellte, eine mit Aluminiumfolie überzogene Seifenschale aus
Plastik, in die ich eine Rasierklinge legte. Später zeigte ich mit zahlreichen Geräten, daß Pyramidenenergie und Orgonenergie identisch
sind, da Versuchsanordnungen und Apparate für beide Energien die
gleichen Effekte bewirken. Nun war es nur noch eine Frage der Ver-
feinerung, und es galt herauszufinden, wie die Wirkungen zu steigern
waren.

Reichs erstes Orgon-Gerät, auch Orgon-Akkumulator oder
»Orakku« genannt, war ein einfacher Metallkasten. Später fand Reich
heraus, daß die Intensität der Energie gesteigert werden konnte, indem man die Außenseite des Kastens mit organischem Material (zum
Beispiel Klebefilm) überzog. Daraus leitete er die Theorie ab, daß
Orgon von dem organischen Material langsam absorbiert werde, um
dann von dem Metall rasch absorbiert und wieder abgestoßen zu
werden. Später fand er heraus, daß sich die Energie weiter verstärken
ließ, indem man zusätzliche Schichten von organischem und anorga-
nischem Material hinzufügte. Sein stärkstes Gerät war ein Kasten mit
zwanzig Schichten auf allen sechs Seiten, aber in den meisten Fällen
verwendete er nur drei Schichten. Sein bevorzugtes Metall war Stahl
in Form von Platten oder Stahlwolle, aber Reich experimentierte
auch mit Kupfer und Aluminium. Als organisches Material verwendete er Klebefilm oder Wolle, aber – so verblüffend es auch erscheint
– auch Glas erfüllte den Zweck. In einem seiner Bücher erwähnte er
die Möglichkeit, daß auch Plastik funktionieren würde.

Ich beschloß, Plastik als organisches Material zu verwenden, weil
es billig und in großer Vielfalt erhältlich ist. Nach Reichs Theorie begann ich mit Plastik-Gefäßen, die ich mit Aluminium oder Kupfer
überzog, und sie waren recht erfolgreich. Durch Experimentieren
fand ich heraus, daß die Energie eine Plastikhülle gut durchdrang,
und so entstand mein erstes Gerät, das in den Verkauf ging: »The
Amazing Manabox«, ein kleines Acrylkästchen, das an fünf Seiten
mit Kupfer überzogen war. Es war leicht zu tragen und hatte den
Vorteil, daß man Behälter mit dem aufzuladenden Material darauf
stellen konnte. Damals dachte ich noch, die Energie müsse von dem
Plastik absorbiert und von dem Metall nach außen befördert werden.
Doch eines Tages wies mein jüngster Sohn mich darauf hin, daß er
mehr Energie von der Grundfläche des Kästchens austreten spürte,
und dort war der Kunststoff mit Kupfer bedeckt. Als sich dies be-

stätigte, empfand ich es als eine Offenbarung. Mit einigen Kenntnissen in Elektronik erkannte ich nun, daß wir hier eine Art Kondensator gebaut hatten und mit elektrischen und dielektrischen Effekten konfrontiert waren, nicht mit den Wirkungen organischen und anorganischen Materials. Das wichtigste Kriterium für die Wahl des Materials war seine Leit- bzw. Isolier-Fähigkeit, nicht sein Ursprung. Deshalb hatte Glas ebenso gut funktioniert wie die organischen Stoffe, die Reich verwendete. Mit diesem Gedanken führten wir eine neue Serie von Experimenten durch, die zur »Manaplate« führten, einer Form, die noch handlicher war als die »Manabox«.

Die Original-Manaplate bestand aus einer Schicht Kupfer zwischen zwei Acryl- oder Styrol-Platten. Manche Modelle bestanden aus bis zu vier Doppelschichten. Diese Anordnung strahlte Energie nach beiden Seiten ab und hatte die Größe einer gewöhnlichen Karteikarte. Die Energiewirkung trat immer dann auf, wenn eine leitende und eine isolierenden Schicht zusammenkamen, und je besser sie leiteten oder isolierten, desto stärker war der Effekt. Im Unterschied zu Kondensatoren in Radios und ähnlichen Geräten kam es nicht darauf an, ob das Metall außen oder innen zwischen den Isolatoren lag.

Schließlich fanden wir heraus, daß eine extrem dünne Metallschicht in Verbindung mit einem guten Isolator eine hervorragende Energiewirkung erzielte. Das nächste Manaplate-Modell bestand aus einer Styrolschicht mit einem hauchdünnen Aluminiumfilm, der maschinell aufgedampft wurde. Das so hergestellte Gerät war leichtgewichtig, dünn und zeigte ein sehr starkes Energiefeld – und man konnte es in einer Vielzahl von Größen herstellen. Leider war der Herstellungsprozeß zu kostspielig, also sahen wir uns nach einem besseren Isolator um.

Er begegnete uns in Form von Kunstharz, und so entstand der erste »Manabloc«. Es handelte sich um eine kleine Kunststoff-Pillendose von etwa fünf Zentimetern im Quadrat, gefüllt mit Kunstharz, in das ein kleines Kupfer- oder Aluminium-Blatt eingebettet war. Die Energiewirkung war sehr gut, und es war eine handliche Größe, obwohl natürlich schwerer als die vorausgegangene Manaplate.

Zwei weitere wichtige Entdeckungen führten zu neuen Verbesserungen. Zur Dekoration der Oberseite des Manabloc verwendeten wir ein Stückchen sogenannter Laserfolie. Dies ist eine sehr dünne Aluminium-Folie, die Tausende feiner Linien pro Quadratzentimeter trug und von einer sehr dünnen, farbigen oder klaren Plastikfolie überzogen war. Alles andere als dekorativ, entdeckten wir, daß diese Folien ihren eigenen Energie-Effekt zeigten, wenn man sie über Styrol legte. Um diese Zeit experimentierten wir auch mit dem Energie-Effekt von zweidimensionalen Mustern wie Kreis- und Dreieck-Variationen. Zuerst verwendeten wir ein konzentrisches Symbol auf der Basis des Kunstharz-Manabloc, und es steigerte die Energie-Ausstrahlung beträchtlich. Als nächstes fanden wir, daß das Symbol sogar noch wirkte, wenn es bedeckt war.

Seit damals haben wir viele Varianten des Kondensator-Modells produziert, die wir nun ohne Unterscheidung nach Größe oder Form »Amazing Managizers« nennen. Sie zeigen zwar starke Energie-Ausstrahlungen und sind so klein wie eine Kreditkarte oder eine Scheibe von fünf Zentimetern Durchmesser – doch Sie brauchen nicht zu glauben, daß Sie etwas kaufen müssen, um Ihre eigene Kraftquelle für Orgon-*kimana* zu haben. Hier folgen einige billige und einfache Möglichkeiten, selbst Mittel zum Heilen und Steigern Ihrer Energie-Kapazität herzustellen.

1. Als Notfall-Mittel zur Verwendung bei Schnittverletzungen, Quetschungen und Schmerzen legen Sie ein Stück (ca. 30 × 30 cm) Plastikfolie auf ein ebenso großes Stück Aluminiumfolie und knüllen Sie sie rasch zu einer Kugel oder Scheibe zusammen. Dabei spüren Sie möglicherweise schon einen Wärme-Effekt. Das so entstehende vielschichtige Gerät bietet eine bessere Energie-Leistung als die meisten Kristalle, und es läßt sich leicht an jede Körperstelle legen oder mit Klebeband befestigen.
2. Nehmen Sie einen beliebigen Plastik-Behälter und füllen Sie ihn mit Aluminiumfolie oder Stahlwolle. Die eiförmigen Dosen, in die manche Strumpfhosen verpackt sind, eignen sich gut, aber auch die Plastikeier, in denen zur Osterzeit Süßigkeiten angeboten werden. Doch Sie können auch jeden anderen Plastikbehälter – etwa eine Seifendose – mit Laserfolie bekleben.
3. Füllen Sie ein Kupfer- oder Aluminium-Rohr mit Styrofill-Teilchen, wie sie zum Auspolstern beim Verpacken verwendet werden. Styropor-Material isoliert so gut, daß Sie auf diese Weise ein sehr gutes Gerät erhalten. Jedes eloxierte Material, zum Beispiel eloxiertes Aluminium, erzeugt ebenfalls Energie, weil das Metall beim Eloxieren mit einer dünnen Oxidschicht überzogen wird, und Oxide isolieren von Natur aus. Viele handelsübliche Energie-Geräte nutzen diese Eigenschaft.

4. Da Glas ein Isolator ist und Wasser ein Leiter, sollte theoretisch auch ein Glas Wasser ein gutes Energiegerät sein. Das ist es in der Tat, besonders wenn ein solcher Kondensator mit Energie aus einer anderen Quelle – etwa der Sonne, Ihren Händen oder von einem anderen Energiegerät – geladen wird. Pflanzen sprechen sehr gut darauf an.

Jetzt haben Sie das Wissen und die Mittel, um Ihre Kraft zu steigern und die Information im nächsten Kapitel sogar noch wertvoller für Ihr Handwerk als Stadt-Schamane zu machen.

Vom Frieden im Inneren zum Frieden im Äußeren

E waikahi ka pono i manalo
Es ist gut, vereint zu sein in dem Gedanken,
daß alle Frieden haben mögen

Schamanen wie Mystiker gebrauchen eine ähnliche Technik, um ihr Denken zu üben und zu konzentrieren, doch ihre Zielsetzungen unterscheiden sich. Die Methode heißt Meditation, das ist eine anhaltende, konzentrierte Aufmerksamkeit auf etwas. Die Grundtechnik besteht darin – unabhängig von Kultur, Philosophie, Absicht oder Stil –, das bewußte Denken einzusetzen, um die Aufmerksamkeit auf einen begrenzten Erlebnisbereich zu richten, bis eine Veränderung geschieht im Inneren, im Äußeren oder in beiden Bereichen. Menschen überall auf der Erde haben zahlreiche unterschiedliche Wege oder Arten der Meditation erfunden, die auf den mentalen oder körperlichen Sinnen beruhen, darunter Visualisieren, Atmen, Singen, Sprechen, Summen, Bewegung, Lauschen, Berühren, Betrachten und so weiter. Sie alle verfolgen das Ziel, die Aufmerksamkeit auszurichten, bis etwas geschieht.

Natürlich gibt es keine starren und festen Grenzen, aber allgemein gesagt heißt das Ziel des Mystikers Erleuchtung – eine Erweiterung des Denkens und Geistes, die ein Gefühl des Einsseins mit dem Universum hervorbringt, und die den Wahrnehmungsbereich und das Verständnis vergrößert und vertieft. Für den Mystiker sind Intuitions- oder psychische Phänomene und Kräfte, aber auch die körperliche Entspannung und Heilung von Geist und Leib, nur Nebenwirkungen, die zuweilen vorteilhaft sind, zum Teil aber auch eine Ablenkung bedeuten. Andere Vorteile wie verbesserte zwischenmenschliche Beziehungen, finanzielle Erfolge und ein heilsamer Einfluß auf die Umgebung gelten ebenfalls als Nebenwirkungen. Wenn sie sich einstellen, ist es gut, wenn nicht, ist es auch gut. Die Meditation oder Kontemplation des Schamanen hingegen ist auf praktische Vorteile für diese Welt ausgerichtet, und wenn es dabei zur Erleuchtung kommt, ist dies eine angenehme Nebenwirkung. Das Einssein mit dem Universum ist ebenfalls sehr erfreulich, aber kann es einem zu einem gesünderen Körper verhelfen, zu einem besseren Freund machen, die fälligen Rechnungen bezahlen oder den Weltfrieden stärken? Wenn es dies leistet, dann streben Sie es an. Wenn nicht, dann freuen Sie sich, wenn es trotzdem geschieht, aber machen Sie sich nicht die Mühe, danach zu suchen.

Schamanen und Mystiker dürften darin übereinstimmen, daß manche Phänomene, die aus der Praxis der Meditation erwachsen, bloße Ablenkungen sind. Von dem Zen-Meister Dogen geht eine recht bekannte Geschichte: Als einer einer Schüler berichtete, daß er während der Meditation eine Vision Buddhas in strahlend weißem Licht geschaut habe, erwiderte Dogen: »Das ist schön; konzentriere dich auf deine Atmung, dann verschwindet sie wieder.« Ein Schamane hätte vielleicht geantwortet: »Nun, was hast du damit angefangen?« Visionen zu schauen, hat an sich keinen besonderen Wert, solange man keinen Gebrauch davon macht.

In den folgenden Abschnitten möchte ich Ihnen eine spezielle Form der schamanischen Meditation vorstellen, die ich als *nalu* kennengelernt habe. Dieses Wort bedeutet »Wellen bilden« – eine Metapher für das Aussenden von Gedankenmustern –, aber auch »meditieren«. Betrachtet man die Wortwurzeln im einzelnen, bedeutet *nalu* »friedliche Vereinigung« oder »ein Zustand der Einheit«. Darunter ist eine kooperative Beziehung zu verstehen, nicht so sehr das Einssein von *kulike*. Das Wort *Huna* – der Name der Philosophie, die dieses Buch vermittelt – wird auf seine Wurzeln bezogen gleich übersetzt wie *nalu*, und dies ist kein Zufall. Ich ziehe die Übersetzung »Kontemplation« für *nalu* dem Begriff »Meditation« vor, weil der Kern der Methode ein sanftes, müheloses Ruhen von Wahrnehmung und Aufmerksamkeit ist. Beim *nalu* strengen Sie sich nicht an. Sie betrachten, lauschen und/oder empfinden. Die wohltuenden Wirkungen stellen sich ganz von selbst ein, weil die anhaltende Aufmerksamkeit Ihr Muster mit dem des Gegenstandes Ihrer Betrachtung verbindet. Das Faszinierende an *nalu* ist die Vielfalt möglicher Wirkungen, die je nach dem Bereich Ihrer Konzentration eintreten können.

Energie fließt mit der Aufmerksamkeit, besagte das dritte Prinzip, und wenn Energie in ein bestimmtes Muster fließt, auf das man sich konzentriert, wird das Muster selbst mit Energie geladen. Ein energetisiertes Muster muß sich verändern, wie Eis, dem Energie zugeführt wird, sich in Wasser verwandelt, und energetisiertes Wasser wiederum in Dunst oder Dampf. Entweder dehnt es sich aus, oder es verwandelt sich in etwas ganz Anderes. Wenn die Aufmerksamkeit neutral oder positiv ist, wird die Veränderung zum Positiven erfolgen. Ein positives, wohltuendes und wachstumsförderndes Muster wird noch positiver; ein negatives, schädliches und wachstumshemmendes Muster verwandelt sich in ein positives. Eine negative Konzentration jedoch, etwa eine angsterfüllte Aufmerksamkeit, hat genau die gegenteilige Wirkung.

Die meisten mystischen Meditationspraktiken fordern uns auf, eine neutrale Ausrichtung anzustreben (einige beachtenswerte Ausnahmen finden sich im Christentum und im Sufismus), um die persönlichen Wünsche auszuschalten. Wir würden sagen, daß eine neutrale Aufmerksamkeit eine positive Wirkung haben kann, weil das Universum grundsätzlich positiv ist. Wenn Sie neutral irgendeinen Teil des Universums energetisieren, steigern Sie automatisch das Positive. Es muß jedoch gesagt werden, daß es im Grunde keine wirklich neutrale mystische Meditation gibt, weil die positive Absicht der Meditation selbst die Aufmerksamkeit bereits beeinflußt.

Bei der schamanistischen Technik *nalu* versuchen Sie jedoch gar nicht, neutral zu sein. Sie versuchen auch nicht, emotional zu sein. Ihre Haltung ist vielmehr die einer ruhigen, positiven Erwartung – wie etwa kurz bevor Sie sich Ihre Lieblingsmusik anhören, die von einem neuen Künstler dargeboten werden soll, dessen Talent Sie respektieren. Sie erwarten, daß es etwas Neues, anderes sein wird, und Sie erwarten, daß es gut wird. Diese Haltung fördert die Vorzüge aus der Praxis des *nalu* sehr.

Diese Vorzüge erwachsen Ihnen auf mehrere Arten. Im allgemeinen stellt sich Entspannung ein, weil die Aufmerksamkeit von Erinnerungen und Sorgen abgezogen wird, die Streß und Spannung verstärkten, und mit der Entspannung gehen oft Heilung, Stärkung der Energie und größere gedankliche Klarheit einher. Es spielt kaum eine Rolle, worauf Sie sich konzentrieren, um solche Wirkungen zu erzielen. Inspiration und Lösungen bestehender Probleme, die vielleicht in keinerlei Zusammenhang mit dem Gegenstand Ihrer Aufmerksamkeit stehen, fallen Ihnen oft ganz unerwartet zu. Auch dies ist grundsätzlich eine Auswirkung von Entspannung plus vorausgegangener Ausrichtung oder Wunschvorstellung. Inspiration und Wissen über den Gegenstand der Betrachtung werden Ihnen bewußt, weil Ihre Muster sich miteinander verbinden. Wenn Sie Ihre Konzentration aufrechterhalten und sich von Ihrer Haltung ruhiger Erwartung leiten lassen, wird Ihr *Ku* mühelos Qualitäten und Eigenschaften des Gegenstandes Ihrer Aufmerksamkeit erfahren, weil das *Ku* von Natur aus die Fähigkeit der Nachahmung besitzt. Darüber hinaus können Sie durch einfache Konzentration alles ermächtigen oder »entmächtigen«, was Sie wollen. Schließlich wird die friedliche Vereinigung, die *nalu* herbeiführt, auch unabhängig von Ihrer bewußten Absicht ausstrahlen und alle Ihre Beziehungen auf gleiche Weise beeinflussen. Im Sinne zu behalten ist jedoch die Zielsetzung: Sie führen diese Übung durch, um sich selbst oder eine Situation zum Besseren zu wandeln. Mit einer gewissen Übung und Erfahrung kann *nalu* – wie jede andere Art von Kontemplation oder Meditation – zu einem sehr angenehmen Erlebnis für Sie werden, und das ist großartig. Aber wenn Sie nun anfangen, *nalu* nur wegen des erhofften Vergnügens zu üben, und dann feststellen, daß Sie verärgert oder enttäuscht sind, wenn es Ihnen nicht gelingt, dann sind Sie zum Süchtigen geworden – im Grunde nichts anderes als ein Alkoholiker, ein Drogensüchtiger oder ein Jogging-Fanatiker. Mystiker und Schamanen stimmen darin überein, daß das bewußte Denken der Führer und Leiter dieses Vorgangs bleiben muß, damit Sie den Zweck Ihrer Übung nicht aus den Augen verlieren. Wenn der Prozeß Sie beherrscht, dann haben Sie sich zum Sklaven Ihrer Übung gemacht. Doch wenn Sie sowieso auf dem Wege zum Suchtkranken sind, dann ist die Meditation wenigstens billiger als Alkohol oder Drogen, sie tut nicht so weh wie extensives Joggen, und sie fügt auch anderen keinen Schaden zu.

Manche Menschen setzen Meditation immer noch mit dem Leeren ihres Denkens gleich, und es gibt tatsächlich Lehrer, die solchen Unsinn sogar unterstützen und verbreiten. Ja, es ist möglich, sich zu üben, ein leeres Denken zu bekommen, und es ist auch mögich, sich zu üben, auf einem Nagelbrett zu schlafen. Aber was soll's? Die einzige Möglichkeit, Ihren Bewußtseinsspiegel wirklich zu leeren, ist, alle Wahrnehmung, alles Bewußt-Sein auszuschließen – und das steht im Widerspruch zum Zweck der Meditation. Ich denke, hier liegt ein Mißverständnis über die Absicht jener vor, die die Leere als erste zum angemessenen Bewußtseinszustand bestimmten. Vermutlich war eine Haltung stiller Empfänglichkeit gemeint, ohne daß das Denken einen beschäftigt, seine Kommentare beisteuert und aktiv ist. Einer Sache bewußt zu sein, ohne über sie zu denken, wäre für viele Menschen gleichbedeutend mit Gedankenleere. Manche Formen der Meditation unterstützen oder verzeihen vorübergehende Phasen der Gedankenleere und deuten an, daß man in solchen Augenblicken höhere Bewußtseinszustände erreiche. Meine Erfahrung mit mir selbst und anderen läßt darauf schließen, daß diese leeren Momente Phasen der Bewußtlosigkeit sind, die man auf Streß oder mangelhafte Konzentration zurückführen kann. Ich habe noch keinen kennengelernt, der irgendeinen praktischen Nutzen aus ihnen erlangt. Beim *nalu* ist es besonders wichtig, die Bewußtheit aufrechtzuerhalten – und wenn es einem nicht gelingt, vergibt man sich und übt weiter.

Meditation wird im allgemeinen als eine Disziplin betrachtet, als eine Praxis, der man sich widmen muß, wenn man einen Nutzen daraus empfangen will. In gewissem Sinne stimmt das auch, aber in mancher Hinsicht ist es irreführend.

Es gibt zwei Aspekte bei der Meditation: das Ziel und den Weg. Wenn Sie sich einem Weg – dem Vorgang Meditation – widmen (wie dem Singen eines Mantras oder dem Betrachten einer Blüte), ist es möglich, die vorteilhaften Nebenwirkungen der Meditation zu erlangen (Entspannung etc.), ohne unbedingt weitere Veränderungen im Leben durchzuführen. Oder solche Veränderungen treten erst nach einer sehr langen Strecke Ihres Weges ein, wobei der Weg dann entscheidend dazu beigetragen haben mag, oder auch nicht. Letzten Endes ist Meditation nur eine Konzentration der Aufmerksamkeit, und ein Prozeß ist nur ein Muster, das zur Gewohnheit werden kann. Wenn Sie eine Gewohnheit lange genug praktizieren, wird sie angenehm, selbst wenn sie anfänglich schwer zu erlernen war. Sie üben sich, über irgend etwas zu meditieren, und genießen das Vergnügen und die Vorteile, nachdem Sie es sich zum Gewohnheitsmuster gemacht haben. Aber da die Energie der Aufmerksamkeit folgt, die Aufmerksamkeit jedoch dem Interesse, wird Ihnen das Meditieren über solche Dinge viel leichter fallen, die Sie interessieren, und die

Vorteile der Meditation stellen sich rascher ein. An diesem Punkt kommt das Ziel ins Spiel. Die Disziplin der Meditation, die Hingabe an die Meditation, ist viel einfacher und natürlicher, wenn Sie sich einem Ziel widmen und den Weg, den Prozeß, als Mittel betrachten, Ihr Ziel zu erreichen. So gesehen, erscheint es nur vernünftig, einen Weg/Prozeß zu wählen, der mit ihrem Ziel als Stadt-Schamane am meisten übereinstimmt.

Noch etwas: Während Meditation im allgemeinen als etwas betrachtet wird, das Sie ein- oder zweimal am Tag für eine bestimmte Zeitdauer durchführen, versteht sich *nalu* nicht so eng. Sie können auch *nalu* auf diese Weise üben, wenn es Ihnen gefällt, aber Sie können es auch den ganzen Tag lang üben oder mit häufigen Unterbrechungen. Während ich dieses Kapitel schreibe, erhielt ich einen Anruf von einem meiner Schamanen-Freunde, der seit zwei Monaten ein *nalu* der Ideen (siehe weiter unten) praktiziert. Durch tägliches Üben hat er einen Punkt erreicht, an dem er es nun dreihundert Mal am Tag je zehn Sekunden lang tun kann, und er berichtet, daß er jetzt viel leichter und bewußter im gegenwärtigen Augenblick lebt, mehr Energie zur Verfügung hat, mehr mit sich und der Welt verbunden ist und seine Fähigkeit zur Problemlösung beträchtlich gesteigert sieht.

Die folgenden Beispiele für *nalu* sind Empfehlungen, die Sie abwandeln dürfen, anpassen, auch kombinieren, ergänzen oder ignorieren – wie es Ihnen gefällt.

Das *Nalu* des Sehens

Im zweiten Abenteuer dieses Buches gab ich Ihnen eine Übung, mit deren Hilfe Sie in direkten Kontakt mit Ihrem *Kane* gelangen können. Vielleicht erinnern Sie sich noch; es galt, an etwas Schönes zu denken. Dabei handelte es sich in Wirklichkeit um eine *nalu*-Übung mit dem innerem Sehen. Wenn Sie sich vor Ihrem inneren Auge etwas Schönes vorstellen, ist damit bereits eine positive Erwartung verknüpft. Wenn Sie Ihre Aufmerksamkeit weiter dem Schönen widmen, entspannt sich Ihr Körper, Ihre Energie fließt, und Ihr *Ku* wird schöner.

Bei der Übung des *nalu* mit dem Sehen – dem inneren oder äußeren – errichten Sie zunächst einen »Absichts-Rahmen«, und dann beobachten Sie den Gegenstand innerhalb dieses Rahmens. Ihre Wahrnehmung bleibt urteilslos offen für alles, was geschehen mag, während Sie Ihre Aufmerksamkeit für den beabsichtigten Zeitraum aufrechterhalten. Wenn Sie beispielsweise die Schönheit eines Objektes betrachten, ist »Schönheit« Ihr Absichtsrahmen. Er wirkt wie ein Filter und hilft Ihnen, Ihre Aufmerksamkeit zu schärfen und die Wirkungen zu bestimmen, die Sie erleben werden. Beim Betrachten achten Sie auf Gestalt, Größe, Farbe, Gestaltung und Ambiente (Beziehung des Objektes zu seiner Umgebung). Ihre Wahrnehmung offen zu halten bedeutet, sich Gedanken, Ideen und Empfindungen im Zusammenhang mit dem betrachteten Gegenstand zu erlauben, bewußt zu machen und dann weiterfließen zu lassen.

Da Sie auf dem Übungsweg des Stadt-Schamanen und nicht des Mystikers sind, dürfen Sie sich die Freiheit gestatten, Notizen zu machen, wenn Sie dabei auf eine wirklich gute Idee stoßen. Urteilslos zu sein, ist nicht unbedingt einfach; es verlangt, auch negative Ideen hervortreten und weiterfließen zu lassen – und auch zu erlauben, daß überhaupt nichts geschieht, ohne daß man dabei enttäuscht oder verärgert wird. An dieser Stelle ist es hilfreich, sich auf sein Ziel zu besinnen; wenn Sie sich darüber nicht im klaren sind, so beginnen Sie von vorn.

Zur Aufrechterhaltung Ihrer Konzentration gebrauchen Sie Ihr *Lono*. Wenn Sie beim *nalu* anfangen, sich zu konzentrieren, stellen Sie vielleicht fest, daß Sie davon kaum etwas verstehen. Die Aufmerksamkeit bewußt und absichtlich für längere Zeit auf einen Gegenstand gerichtet zu halten (und für manche Menschen sind zehn Sekunden unter diesen Umständen bereits eine lange Zeit), ist eine seltene Fertigkeit, in der die Praxis des *nalu* Sie jedoch üben soll. Es fällt nicht schwer, seine Aufmerksamkeit auf etwas Aufregendes, Interessantes, Gewohntes oder Wichtiges zu heften. Doch für die meisten Menschen ist das Ausrichten ihrer Aufmerksamkeit weder aufregend oder interessant noch gewohnt oder wichtig. Nun, das *nalu* wird nicht aufregend, wenn Sie es nicht gebrauchen, um sich auf etwas zu konzentrieren, das Sie für aufregend halten; es wird interessant, wenn Sie Ihre Erwartung positiv und Ihre Wahrnehmung offen halten; es wird nicht zur Gewohnheit, solange Sie es nicht zu Ihrer Gewohnheit machen, und es ist nur so lange wichtig, wie das Ziel für Sie wichtig ist, für das Sie es einsetzen.

Beim *nalu* des Sehens halten Sie Ihre Konzentration aufrecht, indem Sie Ihre Aufmerksamkeit auf den Gegenstand richten und behutsam immer wieder zurückführen, wenn sie abgleitet. Wenn Ihr Denken zu plappern beginnt, während Sie etwas betrachten, dann ist das in Ordnung. Greifen Sie selbst zu Worten, um sich die Erscheinung oder die Eigenschaften des Gegenstandes zu schildern. Dadurch wird der verbale Teil Ihres Geistes beschäftigt und hilft Ihnen noch dazu beim *nalu*. Schließlich werden die Worte verschwinden, je mehr Sie sich entspannen, und Sie sind einfach beim Gegenstand Ihrer Betrachtung; dabei erfahren und lernen Sie mehr, als Sie auf der *Ku*-Ebene erkennen können.

Nun folgen einige Empfehlungen. Um die beste Wirkung zu erzielen, üben Sie jede Variante mindestens eine Woche lang mit dem gleichen Gegenstand.

• Üben Sie das *nalu* des Sehens mit etwas recht Kleinem, das Sie für schön halten, etwa mit einem kleinen Kunstgegenstand, einem Schmuckstück, einer Blüte oder einem Kristall. Mustern Sie das Objekt und betrachten Sie alle Einzelheiten. Behalten Sie im Bewußtsein, was schön an diesem Gegenstand ist, und seien Sie offen für neue Entdeckungen. Bewegen Sie das Objekt, wenn Sie mögen, um es aus verschiedenen Richtungen zu betrachten, aber halten Sie es nicht in der Hand. Schließen Sie hin und wieder die Augen und sehen Sie den Gegenstand dann vor Ihrem inneren Auge, so detailliert wie möglich. Dies tun Sie, um Ihren Geist in seiner Konzentrationsfähigkeit zu üben, um Ihren Sinn für Schönheit zu steigern und um die Schönheit und Harmonie in sich selbst zu vermehren.
• Üben Sie das *nalu* des Sehens mit einem Gegenstand, den Sie nicht für schön halten, und sehen Sie das Schöne in ihm. Vielleicht betrachten Sie etwas ganz Alltägliches, etwa ein Küchenutensil, einen Teller, ein Werkzeug – oder gehen Sie tatsächlich so weit, eine Zigarettenkippe oder ein Stück Abfall zu betrachten. Eines meiner herrlichsten Erlebnisse spiritueller Harmonie hatte ich bei einem *nalu* des Sehens mit zwei Pappbechern auf einer Einkaufsstraße in Santa Monica, Kalifornien.
• Üben Sie das *nalu* des Sehens in einer sehr vertrauten Umgebung mit einem Teil dieser Umgebung, etwa einer Ecke, einer Wand, einem Möbelstück. Öffnen Sie Ihre Wahrnehmung für etwas, das Sie noch nie zuvor wahrgenommen haben, gleichgültig, wie unbedeutend es Ihnen erscheint. Wenn Sie meinen, es gebe da nichts Neues mehr für Sie, so ist dies erst die richtige Herausforderung für Ihr *nalu*. Vorauszusetzen, daß etwas unverändert und gleich bleibe, ist auf vielerlei Weise eine starke Beschränkung Ihres Wachsens. Der Traum dieser Welt wird von Tag zu Tag neu erschaffen, und er ist nie der gleiche.

Diese Übung ist ein gutes *nalu*, um zu lernen, wie man eine tiefe Verbindung mit etwas Bekanntem herstellt, um zur intuitiven Kommunikation zu gelangen. Ich habe diese Methode eingesetzt, um Gegenstände in einem unordentlichen Büro zu finden, um zu »wissen«, was zu tun ist, wenn mein Computer Jonathan sich aufspielt, um mit Haustieren zu sprechen und um einen besseren Austausch mit Freunden und Klienten herzustellen.

• Üben Sie das *nalu* des Sehens im Freien mit der Absicht, etwas Neues in der Natur zu entdecken, das Sie bisher noch nicht kannten. Achten Sie auf sichtbare Einzelheiten von Pflanzen, Bäumen, Boden, Wasser, Wolken, Vögeln, Tieren usw., aber wählen Sie sich bewußt einen begrenzten Bereich aus, auf den Sie Ihre Aufmerksamkeit richten, zum Beispiel eine einzelne Pflanze oder Pflanzengruppe, oder die Wolken in einem bestimmten Abschnitt des Himmels, oder ein einzelnes Tier. Das Neue, was Sie kennenlernen, braucht nicht großartig oder dramatisch zu sein, nur eben neu. Diese Übung vertieft nicht nur Ihren Respekt vor der Natur, sondern ermöglicht Ihnen auch eine Fülle von Verbindungen zwischen der Natur und Ihrem eigenen Leben; sie steigert Ihre Wahrnehmung von natürlichen und unnatürlichen Mustern in Ihrer Umgebung. Ich gebrauchte diese Methode einmal, um eine randlose Brille wiederzufinden, die ich in einem Dschungel auf Tahiti verloren hatte.

• Üben Sie das *nalu* des Sehens mit der Welt, die Sie umgibt, und wählen Sie als Filter oder Rahmen »die Welt als Traum«. Das heißt, Sie betrachten die Welt, als wäre sie wirklich ein Traum, eine Projektion Ihres eigenen Bewußtseins und nicht als etwas von Ihnen Getrenntes mit greifbaren Objekten. Diese *nalu*-Übung ist für die meisten Menschen sehr beunruhigend, denn wenn sich die Muster ihrer gewohnten Beziehung zur Welt zu wandeln beginnen, können recht merkwürdige Dinge geschehen. Erinnern Sie sich daran: Wenn es Ihnen nicht gefällt, können Sie einfach damit aufhören. Doch manche finden hier den Zugang zu einem geradezu einzigartigen Abenteuer. Ich gebrauche diese Methode, um andere Dimensionen oder Träume inmitten dieses Traumes zu entdecken, und habe auf diesem Wege einen größeren Handlungsspielraum in meinen Unternehmungen gefunden.

• Üben Sie das *nalu* des Sehens mit einem schwarzen Kreis von etwa fünfzehn bis zwanzig Zentimetern Durchmesser, der auf einen weißen Hintergrund gezeichnet ist. Stellen Sie sich einen Weg oder eine Straße in diesem Kreis vor, die über einen Berg oder um eine Biegung führt und damit Ihrem Blick entschwindet. Betreten Sie den Kreis mit Ihrer Wahrnehmung und folgen Sie dem Weg oder der Straße, um etwas zu finden (ohne sich festzulegen, was Sie finden werden). Möglicherweise fühlen Sie sich in einem Körper, und vielleicht spüren Sie den Wunsch, die Übung mit geschlossenen Augen fortzusetzen. Meist finden Sie innerhalb der bestimmten Zeit etwas, manchmal aber auch nichts. Gehen Sie einfach mit dem, was geschieht. Dieses *nalu* hilft Ihnen, Ihre schöpferische Vorstellungskraft zu öffnen und zu stärken, und ermöglicht Ihnen eine Fülle guter Einsichten.

• Üben Sie das *nalu* des Sehens mit einem Symbol, Bild oder Gegenstand, der mit einem Ziel oder Projekt zusammenhängt. Während Sie sich auf den Gegenstand konzentrieren, verbinden und verwandeln sich Ihre Muster. In der Regel werden Sie eine Flut von alten und neuen Ideen zu dem Gegenstand empfangen. Wenn zwischen Ihnen und dem Objekt Ihrer Betrachtung – oder dem, was es für Sie verkörpert – bereits eine Spannung besteht, bringt Ihr Körper diese Spannung vielleicht eine Zeitlang zum Ausdruck, aber wenn Sie Ihre Konzentration aufrechterhalten, wird die Spannung sich lösen und ein neues Beziehungsmuster entstehen. Diese *nalu*-Übung ist gut zur Klärung und Aufhellung von Beziehungen mit Menschen, Orten, Geld, Erfolg oder jeglicher zielgerichteten Bemühung, aber auch zur Anregung eines Stromes von schöpferischen Ideen, die mit ihnen zusammenhängen. Viele Menschen tun dies, ohne es zu wissen, wenn sie sich mit etwas beschäftigen, etwas planen oder arbeiten. Die dritte Wirkung dieses *nalu* besteht in einer Resonanz, die das zu Ihnen anzuziehen beginnt, was dem Gegenstand Ihrer Aufmerksamkeit am meisten entspricht. Aus diesem Grunde rief mein Schamanen-Freund mich an, um mir über seine Meditation zu berichten, während ich gerade an diesem Kapitel arbeitete. Hier kam wieder das dritte Prinzip zum Tragen.

• Eine nützliche Variante des vorausgegangenen *nalu* besteht darin, sich auf ein Symbol, Bild oder Objekt zu konzentrieren, das mit einem Problem in Ihrem Leben zusammenhängt. Diese Vorstellung mag nun viele Menschen aufbringen, die sagen, daß sie keine Energie auf ihre Probleme richten wollen, indem sie sich auf sie konzentrieren, aber eine *nalu*-Konzentration wirkt anders. Wenn Sie sich auf etwas konzentrieren und dabei eine ruhige Haltung positiver, urteilsloser Erwartung hegen, wandeln sich die Probleme, weil Sie selbst sich verändern. Vielleicht erhalten Sie einen anderen Einblick oder

eine Erkenntnis über Ihr Problem, oder die das Problem umgebenden Bedingungen verändern sich ohne Ihre bewußte Kenntnis oder
Anstrengung; auf jeden Fall aber wird sich etwas verändern. Wir
sagen oft, daß es einfacher ist, ein Problem zu lösen, wenn man erst
Frieden mit ihm schließt – und genau hierbei hilft Ihnen dieses *nalu*.

• Üben Sie das *nalu* des Sehens in der Peripherie Ihres Blickfeldes.
Hierzu wählen Sie sich etwas in Ihrer unmittelbaren Umgebung, auf
das Sie Ihre Aufmerksamkeit richten, und dann verlagern Sie die Aufmerksamkeit auf Ihr peripheres Blickfeld, also auf den Rand Ihres
Gesichtsfeldes, ohne daß Sie dabei die Augen bewegen. Lassen Sie
Ihre Aufmerksamkeit um den ganzen Rand Ihres Blickfeldes wandern, aber bewegen Sie dabei nach Möglichkeit nicht die Augen.
Diese Übung sollte anfangs nicht länger als fünf Minuten dauern –
und vergessen Sie nicht zu zwinkern. Über die Vorzüge der Meditation hinaus hilft Ihnen dieses *nalu*, Ihre Augen und Augenmuskeln
zu entspannen, einige Denkgewohnheiten zu verändern und Ihr Gesichtsfeld zu erweitern.

In der westlichen Kultur lernen viele Menschen, sich zu sehr an-
zustrengen, um Dinge klar zu sehen. Sie strengen sich zu sehr an, um
etwas zu sehen, von dem andere ihnen gesagt haben, daß es dort sei.
Sie geben sich große Mühe, sich mit ihren Augen zu konzentrieren
statt mit ihrer Aufmerksamkeit – oder sie strengen sich an, nicht zu
sehen, was sie sehen sollten und fürchten. Das Ergebnis ist häufig ein
starres Seh-Muster, das bereits an einen Tunnel-Blick grenzt und die
Augenmuskeln sehr belastet. Da Erinnerungen in Muskelbewegungs-
und Muskelhaltungs-Mustern gespeichert werden, kann auch ein ein-
geschränktes Sehmuster mit Erinnerungs-Verdrängung oder Erinne-
rungs-Besessenheit (wenn man eine bestimmte Erinnerung nicht
loswird) zusammenhängen. Weil die meisten Menschen nicht geübt
sind, ihren Geist effektiv einzusetzen, neigen sie dazu, ihrem Körper
Aufgaben zuzuteilen, die ihr Geist erledigen sollte. Das ist, als schö-
ben sie einen Ball ins Tor oder Netz, nachdem er schon auf dem Weg
dorthin ist. So oft gebrauchen sie unbewußt ihre Augen, um zu drän-
gen oder festzuhalten.

Dieses *nalu* trägt nicht nur dazu bei, Spannungen zu lindern, die
durch solche Faktoren entstehen, sondern darüber hinaus öffnet es
Ihr Sehen noch auf zwei eigentümliche Weisen. Erstens beginnen Sie
möglicherweise, mehr um sich herum sehen zu können, als es körperlich möglich scheint. Es ist nicht ungewöhnlich, daß Menschen, die
dieses *nalu* üben, Dinge sehen, die sich hinter ihnen befinden. Zwei-

tens beginnen Sie möglicherweise, Dinge zu sehen, von denen Menschen mit gewöhnlichem Sehvermögen behaupten, sie seien nicht da oder könnten nicht sein – zum Beispiel Bewegung, Energiewellen, Gegenstände oder Gestalten. Doch wenn Sie sie erleben, sind sie real. Sie brauchen sich nicht auszudenken, was es bedeutet oder warum es da ist, oder ob etwas mit Ihnen nicht stimme, weil andere das Geschaute nicht sehen können. Sie brauchen sich darüber nicht mehr Gedanken zu machen, als wenn Sie im Wald einen Blick auf ein wildes Tier erhaschen, das außer Ihnen niemand sah. Freuen Sie sich einfach darüber, daß Sie es wahrgenommen haben.

• Üben Sie das *nalu* des Sehens mit einer Gedankenform. Hier geraten wir in einen anderen Bereich der Wahrnehmung. In alltäglichen Begriffen ausgedrückt, fordere ich Sie hier auf, gezielt eine Halluzination zu erschaffen – aus esoterischer Sicht jedoch geben Sie einem Gedanken äußere Gestalt. Der Schamane wiederum würde sagen: Stellen Sie sich einfach etwas in Ihrer unmittelbaren Umgebung so lebhaft und realistisch vor, wie Sie können, und beobachten Sie es, als wäre es ebenso real wie alles andere, das Sie umgibt. Der Gegenstand ihrer Vorstellung kann etwas Schönes sein oder etwas, das ein Problem für Sie darstellt. Sie werden die gleichen Wirkungen wie bei den vorausgegangenen *nalu*-Übungen erhalten, und darüber hinaus erweist sich dieses als ein gutes Training für Ihre Vorstellungskraft. Ein weiterer Vorteil ist der Aspekt der Bequemlichkeit. Eine Gedankenform können Sie überallhin mitnehmen.

Das *Nalu* des Hörens

Überall und zu jeder Zeit sind wir von Geräuschen und Klängen umgeben, denn überall ist Luft oder Wasser um uns. Den größten Teile dieser Klangkulisse nehmen wir nicht wahr, sei es weil er zu tief oder zu hoch ist, als daß ihn unsere Ohren empfangen können, oder weil wir uns nicht darauf besinnen. Auch Klang ist natürlich Energie, und Energie beeinflußt uns, je nach ihrer Art und unserer Verfassung. Klang jedoch, dessen wir bewußt sind, beeinflußt uns mehr als solcher, der außerhalb unserer Wahrnehmung oder Aufmerksamkeit ist. Die Ausnahme wäre natürlich Klang, der mit einer so hohen Energie-Amplitude verbunden ist, daß er unsere Körperfunktionen stört, auch wenn wir ihn akustisch nicht wahrnehmen können. Doch hier geht es uns vor allem um Klänge wie Worte und Musik, die sich mehr

oder weniger innerhalb des normalen Spektrums unserer Wahrnehmung bewegen, auch wenn wir ebenso inneren oder imaginierten
Klang als Teil unserer Hör-Wahrnehmung anerkennen wollen. Bevor
ich Ihnen Vorschläge für *nalus* des Hörens mache, möchte ich noch
ein paar Anmerkungen zu sogenannten subliminalen Tonbändern,
Gesängen und Musik machen.

Ich bewundere ehrlich den Geschäftssinn der Menschen, die
»Subliminal«-Tonbänder produzieren und vermarkten. Die Gewinn-
spanne ist so unglaublich hoch – besonders bei den teureren Kassetten –, daß ich vielleicht eines schönen Tages selbst noch in diese Bran-
che einsteige. Doch ich bin es meinem Gewissen schuldig, Ihnen
zuvor noch etwas mehr darüber mitzuteilen. »Subliminal« bedeutet
»unterschwellig«, das heißt »unterhalb der bewußten Wahrnehmung« oder »zu leise, um hörbar zu sein«. Die meisten Menschen
assoziieren mit diesem Begriff Symbole und Botschaften, die in Filme
und Fotos montiert wurden, um das Unterbewußtsein anzuregen,
auf eine bestimmte, gewünschte Weise zu reagieren – insbesondere
durch Kauf eines bestimmten Produktes. Solche subliminalen Werbe-
methoden werden im kommerziellen Fernsehen und in manchen
Filmen immer noch eingesetzt, um Ihre Sinne zu erregen. Erst kürzlich hatte ein Spielfilm im Fernsehen einen Defekt, und man konnte
die unterschwelligen Werbe-Botschaften sehen, als die Geschwindigkeit nachließ. Am bekanntesten ist heutzutage jedoch der Einsatz von
subliminalen Botschaften in Tonbändern, die der Selbstentfaltung
dienen sollen. Viele Firmen werben mit dem Einsatz von Tausenden
oder gar Millionen von Affirmationen pro Minute und vermitteln
den Eindruck, als würde das Unterbewußtsein des Hörers mit positiven, seine Persönlichkeit mühelos verwandelnden Botschaften bom-
bardiert, während er entspannt dem Klang von Wellen, Vogelstim-
men oder etwas anderem lauscht. Und es ist wahr: Vielen Menschen
hat es sehr genützt, solche Tonbänder anzuhören. Sie sollten jedoch
wissen, daß der Nutzen aus Ihrer Erwartung erwächst, nicht von
einem speziellen Vorteil der auf Band gespeicherten Affirmationen.
Ihr *Ku* ist sich in diesem Augenblick aller positiven und negativen
Aussagen gewahr, die Menschen, Radio- und Fernsehstationen in
diesem Moment von sich geben – ganz zu schweigen von jenen, die
Sie selbst im Denken und Reden hervorbringen.

Was macht nun die Affirmationen auf Ihrer Subliminal-Kassette
(die wohl mit Ultrafrequenz abgespult werden – wie sonst könnte
man Millionen guter Worte in einer Minute unterbringen?) so spe-

ziell? Nur Ihre Aufmerksamkeit und Erwartung. Und letztere ist sogar noch wichtiger als der Inhalt der Kassette. Eine meiner Schülerinnen berichtete, daß sie ein Subliminal-Tonband abgespielt habe, um ihr Vertrauen zu stärken. Es habe eine herrliche Wirkung gehabt, bis sie eines Tages die Kassette umdrehte und entdeckte, daß sie aus Versehen dem Band gelauscht hatte, das ihr helfen sollte, ihr Körpergewicht zu reduzieren. Ein Wissenschaftler namens Lozanov, der sich auf Methoden zum schnellen Lernen spezialisiert hat, sagte, daß er bessere Ergebnisse von Studenten erhielt, die nur dachten, einem »Lerne-im-Schlaf«-Tonband zu lauschen, als von jenen, die die Kassette tatsächlich anhörten. All dies soll Sie nicht entmutigen oder davon abhalten, Subliminal-Bänder zu verwenden, doch es möge Ihnen helfen, vernünftig damit umzugehen. Sie wirken am besten, wenn sie zur Unterstützung von etwas gedacht sind, das Sie sich ohnehin sehr intensiv wünschen. Und ungeachtet des Umstandes, daß der Verkaufspreis der Kassetten auch einen Einfluß darauf hat, wie sehr sie Ihnen helfen, hat jedes beliebige positive Band die gleiche Wirkung, wenn Sie es sehr leise abspielen. Eine mit tiefer Empfindung gesprochene Aussage kann Ihr *Ku* mehr beeinflussen als eine Million Affirmationen, die mit Hochgeschwindigkeit in eine Bandminute übereinanderkopiert werden.

Das Chanten (Singen) eines Wortes oder Satzes ist eine sehr alte Methode zur Konzentration, und wenn Sie nichts weiter erreichen wollen als die allgemeinen Vorteile der meditativen Aufmerksamkeit – verminderte Spannung, größere Gesundheit, mehr Energie, klares Denken –, dann ist dafür jedes Wort und jeder Satz recht. Der indische Philosoph Krishnamurti empfahl »Coca-Cola«, der Dichter Tennyson gebrauchte seinen eigenen Namen, und Dr. Herbert Benson hatte gute Erfolge mit »eins«. Es gibt keine Worte oder Sätze, die noch einen eigenen Zauber bergen außer dem Sinn und der Erwartung, die Menschen ihnen zuschreiben. Doch wenn Sie ein Wort oder einen Satz mit Zauber erfüllen, wenn Sie ihm Macht verleihen durch Ihren Glauben und Ihr Erwarten, dann wird es den Zauber für Sie bewirken.

Musik hingegen hat einen eigenen Zauber. Sie besitzt subliminale Macht, weil sie Gedanken, Empfindungen, Erinnerungen und Verhalten anregen kann, ohne daß wir uns dessen bewußt sind. (Denken Sie nur an Zirkus- und Marschmusik oder an Stücke in Molltonarten.) Sie vermag auch unser Verständnis und unsere Empfänglichkeit für Worte und Bilder enorm zu steigern. (Wie öde wäre so mancher

berühmte Film ohne die Musik!) Als Gegenstand meditativer Aufmerksamkeit ist Musik mit das Machtvollste, was ich Ihnen empfehlen kann – wenn Sie richtig damit umgehen. Es dürfte Sie kaum überraschen, daß schnellere Musik besser geeignet ist, wenn Sie Körper,
Geist oder Aktivität anregen möchten, und langsamere Musik am besten, wenn Sie Körper, Geist oder Aktivität beruhigen wollen. Solche
Musik wird Sie auch beeinflussen, ohne daß Sie Ihre Aufmerksamkeit
darauf konzentrieren; doch die bewußte Konzentration verstärkt die
Wirkung beträchtlich. Weniger bekannt ist die Tatsache, daß stark
strukturierte Musik – Stücke mit einem konstanten Rhythmus und
einer sich wiederholenden Tonfolge, zum Beispiel Ravels »Bolero«
oder »Greensleeves« – eine gute, heilsame Wirkung bei Menschen
haben, deren Denken und Leben zu wenig strukturiert sind, und daß
strukturarme Musik mit wenig oder ohne Rhythmus oder Melodie
(zum Beispiel einige Arten des Jazz und New Age-Musik) eine gute
Heilwirkung bei solchen Personen zeigt, deren Denken und Leben
zu streng strukturiert sind. Musik, die einen Zustand verstärkt oder
ausgleicht, in dem Sie sich befinden, oder in den Sie gelangen möchten, können Sie bewußt auswählen. Noch etwas: Als eine Hilfe beim
Erlernen eines neuen Wissens- oder Verhaltensmusters spricht das
Ku am stärksten auf etwas an, das in einem Vierer-Takt dargeboten
wird. Diesen Takt finden wir in den meisten traditionellen Kulturen,
und er ist es, der uns Kinderreime und kommerzielle Werbesprüche
einprägt.

• Üben Sie das *nalu* des Hörens mit einem Wort oder Satz, der eine
Eigenschaft, ein Charakteristikum, ein Talent oder eine Fertigkeit
darstellt, die Sie in sich selbst stärken oder entfalten möchten. Eine
Melodie im Vierertakt wird es Ihrem *Ku* am besten einprägen. Sie
können es wie eine Affirmation formulieren, ein einzelnes Wort verwenden oder eine Kombination aus beiden Elementen. Ein Wort
oder Satz, der ihrem *Ku* ein klares Verhaltensmuster oder eine Richtschnur bietet, der es folgen kann, ist besser geeignet als eine Formulierung, die abstrakt und vage ist oder einen fixierten Zustand beschreibt. »Ich fühle mich wohl« ist besser als »Ich bin gesund«, und
»Ich erreiche meine Ziele« ist besser als »Ich bin erfolgreich.« Dieses
nalu gibt Ihnen alle Vorzüge der konzentrierten Aufmerksamkeit
und trainiert darüber hinaus Ihr *Ku*.
• Üben Sie das *nalu* des Hörens mit gedanklich oder hörbar for-
mulierten Ideen. Wählen Sie einen Satz oder ein Zitat, und während

Sie ihn wiederholen, halten Sie Ihr Denken offen für alle Möglichkeiten, wie es sich in Ihrem Leben auswirken könnte. Die Bibel ist immer eine reiche Quelle für inspirierende Gedanken, aber auch andere Bücher mit berühmten Zitaten. Sie können diese Übung konzentriert in fünf bis zwanzig Minuten durchführen, aber auch über den ganzen Tag hinweg praktizieren.

Der oben erwähnte Schamanen-Freund, der seine *nalu*-Übung dreihundert Mal am Tag je zehn Sekunden lang durchführte, arbeitete mit den sieben Prinzipien des *Huna*. Er begann mit einer Betrachtung ihrer englischen Formulierung und gelangte allmählich so weit, daß er sich ihren Sinn auf hawaiianisch vergegenwärtigen konnte, und so war es ihm möglich, sie in einer so kurzen Zeit von wenigen Sekunden zu überschauen. Ich verwende eine Variante dieser Technik, und ordne jedem Tag der Woche eines der Prinzipien zu; am Sonntag beginne ich mit dem ersten Prinzip. Morgens fange ich mit meinem *Nalu* zu allen sieben Prinzipien an und konzentriere mich dann den Rest des Tages auf das »Prinzip des Tages«, das ich als Hintergrund oder Rahmen für alles betrachte, was ich an diesem Tag tue. Damit erhalte ich nicht nur die Vorteile der konzentrierten Aufmerksamkeit, sondern kann auch leichter eine bestimmte Vorstellung tief in meinem Lebensmuster verankern, während ich zugleich neue Erkenntnisse dazu gewinne.

• Üben Sie das *nalu* des Hörens mit Musik einmal anders. Stellen Sie die Musik Ihrer Wahl an und beginnen Sie, sich allein auf den Klang zu konzentrieren. Dann richten Sie Ihre Aufmerksamkeit in die Mitte Ihres Kopfes und hören Sie die Musik dort (Energie fließt mit der Aufmerksamkeit). Wandern Sie nun mit Ihrer Aufmerksamkeit in die Brust und hören Sie die Musik dort. Dann geht es weiter zum Nabel, danach ins Becken. Wenn Sie mögen, können Sie auch in Ihre Hände und Füße gehen, und am Ende in den ganzen Körper. Verweilen Sie mit Ihrer Aufmerksamkeit an jeder Station so lange, wie es Ihnen gefällt, und achten Sie auf die Wahrnehmungen in Ihrem Körper. Wenn Sie sich auf einen Bereich nach dem anderen konzentrieren, scheint die Musik sich an diesem Punkt zu intensivieren. Dieses *nalu* ist gut geeignet, Stellen verborgener Spannung zu finden und diese zu lösen, sowie jeden Teil Ihres Wesens nach Belieben zu energetisieren.

• Üben Sie das *nalu* des Hörens mit den Klängen, die Sie umgeben. Der Wind ist ein guter Gegenstand für ein *nalu*, aber auch der Klang des Wassers (Regen, Gischt, Wasserfall, Bach, Brandung usw.). Doch dies gilt für alle gewöhnlichen und außergewöhnlichen Klänge und Geräusche auf dem Lande und in der Stadt. Lassen Sie beim *nalu* jeden Klang als reinen Klang existieren, ohne sein Wesen oder seinen Ursprung zu beurteilen. Dieses einfache *nalu* kann Sie zu einer sehr tief wirkenden Erfrischung führen.

• Üben Sie das *nalu* des Hörens mit Klängen, die Sie sich selbst vorstellen, sei es ein Gesang, sei es Musik oder Naturgeräusche. Abgesehen von allen anderen vorteilhaften Wirkungen schenkt Ihnen diese *nalu*-Übung etwas, das Sie mit vielen großen Komponisten teilen.

• Üben Sie das *nalu* des Hörens mit Ihrem eigenen Summen. Sie stellen dabei nicht nur den Gegenstand Ihrer Aufmerksamkeit selbst zur Verfügung, sondern werden auch merken, daß das Summen Ihr eigenes Energiefeld wirklich verstärkt und intensiviert. Dies läßt sich leicht demonstrieren, indem Sie summen, während Sie langsam Ihre Handflächen zusammenführen. Wenn Sie während des *kahi* (siehe viertes Abenteuer) summen, steigert es dessen Wirkung. Experimentieren Sie mit unterschiedlichen Tönen, während Sie Ihre Aufmerksamkeit auf wechselnde Teile und Bereiche Ihres Körpers richten, um herauszufinden, welche Töne anregend und welche entspannend wirken. Sie können dabei Summtöne entdecken, die Ihnen helfen, mit der Natur und mit Menschen in Einklang und Resonanz zu gelangen.

Das *Nalu* der Berührung

Der Tastsinn umfaßt kinästhetische oder körperliche Wahrnehmungen wie Druck, Bewegung, Position, Oberflächenbeschaffenheit, Lust, Schmerz, Anwesenheit und – um es einfach zu halten – Geschmack und Geruch. Mit Ihrer eigenen Kreativität können Sie sich eine Vielzahl von *nalus* ausdenken, die jedem einzelnen dieser Aspekte dienlich sind; deshalb werde ich Ihnen nur einige wenige Übungen vorschlagen.

• Üben Sie das kinästhetische *nalu* mit Bewegung. In einem meiner Schamanen-Seminare zeige ich den Schülern ein *nalu* der Bewegung, das *kalana hula* genannt wird; es beruht auf einer Kombination von hawaiianischer Kampfkunst und Tanz. Ein solches *nalu* kann man nicht in einem Buch vorstellen, aber Sie können ähnliche Vorzüge auch auf einfachere Weise erlangen. In vielen Kulturen gibt es Traditionen, mit Hilfe von Bewegungen tiefe Zustände der Meditation zu erreichen. Das Wesentliche dabei ist, Ihre bewußte Aufmerksamkeit auf die Wahrnehmung der Bewegung zu richten. – Eine einfache Möglichkeit ist ein *nalu* zum Gehen oder Joggen. Mit der *nalu*-Aufmerksamkeit wird das Gehen oder Joggen zu einem völlig neuen Erlebnis. Wenn Sie in der Öffentlichkeit gehen oder laufen, sollten Sie einen etwas größeren Teil Ihrer Aufmerksamkeit für Ihre Umgebung offenhalten. – Tanzen ist eine weitere Methode, dieses *nalu* zu üben; rhythmisches Tanzen hat die größten Wirkungen. Wählen Sie rasche oder langsame Rhythmen nach Ihrem Geschmack; solange die Aufmerksamkeit stimmt, spielt dieser Unterschied keine Rolle. Ein weniger bewegungsaufwendiger Prozeß, der in manchen Kulturen mit großem Erfolg geübt wird, ist einfach zu sitzen und vor und zurück zu schaukeln, wobei die Aufmerksamkeit wieder auf die Bewegung konzentriert ist. Dieses *nalu* hilft Ihnen, Ihren Körper und den gegenwärtigen Augenblick wahrzunehmen und wertzuschätzen und vermittelt Ihnen darüber hinaus die Vorzüge der meditativen Konzentration.

• Üben Sie das kinästhetische *nalu* mit Vergnügen. Es hilft Ihnen, ein unglaubliches Gewahrsein Ihres eigenen Körpers zu entfalten und ein Empfinden von Lebendigkeit zu spüren, das Sie nicht für möglich gehalten hätten. Es gilt, zunächst die Wahrnehmung Ihres Körpers zu steigern und dann die kleinstmöglichen Veränderungen und Korrekturen von Denken und Muskulatur vorzunehmen, die Ihr Lustempfinden vertiefen. Wenn Sie auf Schmerzen stoßen, sollen Sie diese nicht bekämpfen oder ablehnen, sondern verschiedene Veränderungen und Korrekturen ausprobieren, die das Schmerzempfinden in Richtung Lustempfinden lindern. Gleichgültig, welche Wahrnehmungen Ihnen bewußt werden; sie alle werden in Richtung Lustempfinden verschoben. Dieses *nalu* kann die Leistung aller Ihrer Sinne steigern und Ihnen ein intensives Wohlbehagen vermitteln. Wie Sie wissen, bewegt sich das *Ku* von Natur aus in Richtung Wohlbefinden, und so können Sie dieses *nalu* mit den möglichen oder in Ihrer Vorstellung ausgemalten Freuden jener Dinge verbinden, die Sie tun, sein oder haben wollen, und dadurch ein automatisch motivierendes Element in Ihre Pläne einbauen.

• Üben Sie das kinästhetische *nalu* mit dem Atmen. Die Atmung gibt es naturgemäß schon recht lange, und so bewährt sie sich als eines der am weitesten verbreiteten und ältesten Gegenstände menschlicher Aufmerksamkeit. Wie viele andere Kulturen ebenso,

assoziierten auch die Hawaiianer das Atmen nicht nur mit dem
Leben, sondern mit dem Geist, dem Segen und der Macht. Das einfachste Atmungs-*nalu* verlangt nichts weiter, als mit *nalu*-Haltung
des Atmens bewußt zu sein. Etwas komplexer und sehr gut zum Entspannen und Energetisieren des Körpers ist die Konzentration Ihres
Atems. Diese Übung ähnelt dem *nalu* des Hörens mit Musik, nur daß
Sie hier ihres Atmens gewahr sind, während Sie Ihre Aufmerksamkeit
auf wechselnde Teile ihres Körpers richten. Noch etwas anspruchs-
voller ist das »Delphin-Atmen«, ein *nalu* des bewußten Atmens, bei
dem jeder Atemzug eine bewußt vollzogene Handlung ist – wie sie
Delphine zeitlebens leisten müssen.

Das *Nalu* der mehrsinnlichen Wahrnehmung

Einige der vorausgegangenen *nalus* enthielten auch Elemente der
mehrsinnlichen Wahrnehmung, aber nun nehmen wir den Prozeß ins
volle Bewußtsein auf.

• Üben Sie das mehrsinnliche *nalu* mit einer körperlichen Tätigkeit. Üben Sie es zum Beispiel beim Gehen. Sie achten auf alle Sinneswahrnehmungen Ihres Körpers und auf Ihre Atmung. Sie achten auf
alle visuellen und akustischen Aspekte Ihrer Umgebung und auf alle
Gedanken, die Ihnen beim Gehen in den Sinn kommen. – Wenn Sie
diese Übung mit dem Essen verbinden (das ist wahrlich ein Trip!), so
essen Sie langsam und konzentrieren Sie sich auf alle Ihre Sinnesein-
drücke, auch des Sehens, des Hörens, der Bewegung, des Ge-
schmacks und des Geruchs. Dieses *nalu* hilft Ihnen, ihre Sinneswahrnehmung und Ihre Verbindung mit Ihrer Umgebung zu erweitern
und zu verinnerlichen.
• Üben Sie das mehrsinnliche *nalu* mit dem Schreiben. Schreiben –
ob mit der Hand, an der Schreibmaschine oder am Computer –
konzentriert und verknüpft von Natur aus inneres und äußeres
visuelles, verbales und kinästhetisches Wahrnehmen. Schreiben Sie
bei dieser *nalu*-Übung über etwas, das Sie tun, sein, haben oder
wissen wollen. Ich meine damit nicht eine Liste Ihrer Ziele; das
wäre eine andere Methode. Vielmehr konzentrieren Sie sich stärker
und schildern oder erklären oder hinterfragen Sie, was Sie tun, sein,
haben oder wissen wollen. Dieses *nalu* hilft Ihnen, Ihre Absichten
zu klären sowie das zu entfalten und anzuziehen, was Sie wollen. Es

öffnet Sie der Inspiration und verwandten intuitiven Verbindungen.
• Üben Sie das mehrsinnliche *nalu* mit bewußtem Atmen. Dazu gehört, daß Sie ihrem ganzen Erleben »Leben einatmen«. Sie können sich auch vorstellen, Ihr Erlebnis mit dem Atem zu energetisieren. Dabei tun Sie nichts anderes, als während irgendeinem Erlebnis bewußt mit der Einstellung zu atmen, daß Sie es mit Energie erfüllen oder es in eine fortdauernde oder intensivierte Existenz hineinatmen. Dies können Sie in Verbindung mit jedem der vorausgegangenen *nalus* üben oder mit jeder anderen Technik oder Erfahrung in Ihrem Leben verknüpfen. Bei einem *nalu* des Sehens atmen Sie »durch« Ihre Augen, um zu energetisieren oder zu erschaffen, was Sie betrachten. Bei einem *nalu* des Hörens stellen Sie sich vor, daß der Klang, den Sie vernehmen, der Klang Ihres Atems ist. Bei einem *nalu* der Berührung lassen Sie Ihren Atem allem Energie geben, was Sie berühren, oder lassen Sie alles eine Manifestation Ihres Atmens sein. Während jeder beliebigen Tätigkeit stellen Sie sich vor, daß Ihre Umgebung aufgrund Ihres Atmens existiert. Von den Wirkungen dieser Übung werden Sie überrascht sein.
• Üben Sie das mehrsinnliche *nalu* mit Ihrem Sein. Mit innerem und äußeren Sehen, Klang und Berührung meditieren Sie darüber, das zu sein, was Sie sein wollen. Diese Übung ist fast wie das Grocken, aber nicht das gleiche, denn jetzt spielen Sie hundertprozentig die Rolle, Sie selbst zu sein. Es ist hilfreich, dieses *nalu* auf einen Begriff auszurichten, den Sie in sich und in Ihrem Leben zum Ausdruck bringen wollen, zum Beispiel Frieden, Liebe oder Kraft. Nehmen wir als Beispiel einmal die Liebe. Bei diesem *nalu* meditieren Sie über das Erleben der bedingungslosen Liebe zu sich selbst, zu Ihrer Umgebung, zu anderen Menschen und zum Universum – und über das Erleben, von allem in der Welt, die Sie umgibt, geliebt zu werden. Sie meditieren über das Denken, Fühlen, Handeln und Empfangen als Liebender und als Geliebter. Sie gebrauchen Worte, Bilder, Bewegung und Berührung, um Ihr Erleben zu lenken und zu intensivieren. Dieses *nalu* ist möglicherweise das mächtigste von allen.

Die Heilkraft von Symbolen

Kukulu ka ʻike i ka ʻopua
Offenbarungen sind in den Wolken zu finden

Diese hawaiianische Redensart besitzt ein *kaona*, eine verborgene Bedeutung. Im alten Hawaii wurden Wolken oft als Vorzeichen oder Symbole von Ereignissen gedeutet, aber sie galten auch als Symbole für Gedanken. Die obige Redensart könnte man also auch übersetzen: »Das Erleben wird vom Denken gebildet.« Dies kann nun heißen, daß alles in unserem Erleben ein Symbol eines Gedankens ist; dies entspricht dem schamanistischen Begriff des Traumes. Da ein Symbol für etwas anderes steht oder dieses darstellt, kann ein Gedanke auch ein Symbol für Erleben sein. So geht es weiter, immer im Kreise, und wir können stehenbleiben, wo wir wollen.

In diesem Kapitel werden wir uns mit verschiedenen Arten verbaler, visueller und greifbarer Symbole beschäftigen und untersuchen, wie sie zur Heilung und Veränderung einzusetzen sind.

Glaubens-Symbole

Einen meiner Kurse beginne ich damit, daß ich den Teilnehmern etwas zeige, das aussieht wie ein einfacher Bleistift aus Holz, und ich frage jeden, wofür er den Gegenstand hält und welchem Zweck er dient. Die meisten sagen natürlich, daß es sich um einen Bleistift

handele, der zum Schreiben benutzt wird. Manche denken sich
schon, daß ich etwas im Schilde führe, und antworten etwa so: »Es ist
ein gelber Gegenstand aus Holz, Graphit, Metall und Gummi«, und
einige wenige sagen vielleicht: »Es ist etwas Hartes, das man verwenden könnte, um ein Fenster offen zu halten.« Und dann nehme ich
das gelbe Objekt und biege es.

In Wirklichkeit handelt es sich nämlich um ein Stück Plastik, das
so geformt und gefärbt ist, daß es wie ein Bleistift aussieht. Man
könnte es also auch als Symbol eines Bleistifts bezeichnen. Noch
wichtiger ist aber: Es ist ein Symbol von Vermutungen, von Glaubensvorstellungen, die wir von der Realität haben. Wenn wir die
Wirklichkeit als Erleben definieren, können wir auch von unseren
Vermutungen über das Erleben sprechen.

Es ist ganz natürlich und notwendig, Vermutungen anzustellen.
Wir können ohne sie nicht auskommen, weil sie nicht nur unser Erleben definieren, sondern es auch erschaffen, indem sie unsere Aufmerksamkeit und Wahrnehmung lenken. Immer wieder lerne ich
Menschen kennen, die sagen, daß sie über alle Glaubensvorstellungen
und Vermutungen hinaus gelangen wollen. Aber es gibt nichts »über
alle Glaubensvorstellungen und Vermutungen hinaus«. Wenn Sie
nichts vermuten, erleben Sie nichts. Gehen wir davon aus, daß Vermutungen natürlich und notwendig sind (was ich natürlich vermute),
so erscheint es nur vernünftig, zu vermuten, daß Ihr Erleben um so
eindrucksvoller ist, je eindrucksvoller Ihre Vermutungen sind.

Damit es leichter wird, unwirksame Vermutungen zu erkennen
und zu ändern, möchte ich sie *kanawai* nennen, das heißt »Regeln
und Regelungen«. Ihre *kanawai* sind die Regeln, die Sie erhalten oder
selbst aufgestellt haben in bezug auf das Leben, über das Wesen der
Dinge und ihre Bedeutung, über Mögliches und Unmögliches, über
Gut und Schlecht und so weiter. Wenn Sie einmal anfangen, alle Ideen
und Wahrnehmungen über Ihr Erleben als Regeln über Ihr Erleben
aufzufassen – mit anderen Worten: als Symbole Ihres Erlebens –,
dann können Sie eine Freiheit genießen, die Sie nie zu besitzen glaubten. (Wenn Sie jedoch aus Gründen der Sicherheit von solchen
Regeln und Symbolen abhängig sind, dann geraten Sie jetzt vielleicht
in Panik.)

Wenn die Regeln des Lebens (Vermutungen, Haltungen, Glaubensvorstellungen und Erwartungen) die Basis unseres Erlebens sind,
wird es klar, daß wir die Regeln verändern müssen, wenn wir unser
Erleben ändern wollen. Tatsächlich wirken alle Methoden zur Ver-

änderung unseres Erlebens nur in dem Maße, in dem sie uns helfen,
unsere Regeln zum Leben zu verändern. Affirmationen beispielsweise sind positive Aussagen, die man wiederholt, um irgendeine
Veränderung herbeizuführen – aber diese Veränderung tritt nicht
ein, solange wir die Affirmationen nicht zu unseren neuen Regeln
machen. Die Visualisierung ist eine gute Methode zur Veränderung
nur dann, wenn sie zu einer Veränderung der Regeln führt. Ansonsten produziert sie nur schöne Bilder. Selbst wenn Sie von jemandem
eine Heilbehandlung erhalten, werden Sie nur dann heil bleiben,
wenn auch Ihre Regeln sich gewandelt haben. Andernfalls kehren
Ihre Beschwerden zurück, sobald sich genügend Spannung aufgebaut
hat, um sie von neuem zu manifestieren.

Viele Menschen meinen, das *Ku* sei unlogisch, weil es nicht tut,
was sie wollen, oder weil sie nicht verstehen, was es tut. Ganz im Gegenteil: Das *Ku* ist äußerst logisch, und es folgt unbeirrbar Ihren
Regeln. Selbst gewohnheitsmäßiges oder spontanes mentales oder
körperliches Verhalten, das Sie erleben, ist ein Beispiel dafür, wie Ihr
Ku den Regeln folgt, die Ihr *Lono* übernommen oder selbst bestimmt
hat. Aus diesem Grunde ist Ihr *Ku* offen für eine Veränderung, wenn
die Bedingungen stimmen. Und hier sind die Bedingungen:

1. Ihr *Ku* akzeptiert und befolgt bereitwillig neue Regeln, wenn sie
den alten nicht widersprechen. Wenn Sie eine neue Regel einrichten,
die sagt, daß Ihr soeben erworbenes Diplom oder Zertifikat Ihnen
nun die Erlaubnis gibt, mehr Geld einzunehmen, und wenn Sie keine
anderen Regeln besitzen, die gegen »mehr Geld« wirken, dann wird
Ihr *Ku* Sie beim Ihrem neuen Unternehmen voll und ganz unterstützen.
2. Ihr *Ku* wird neue Regeln bereitwillig übernehmen, wenn sich alte
Regeln als unlogisch erwiesen haben. Als ich einmal einer Frau half,
das Rauchen aufzugeben, erwähnte sie im Gespräch, daß sie die Gewohnheit habe, sich gegen Autorität aufzulehnen; das heißt sie hatte
eine Regel, die lautete: »Keiner hat das Recht, dir zu sagen, was du zu
tun hast.« Als sie in einem Zustand tiefster Konzentration war und
schilderte, wie sie selbst dann rauchte, wenn sie es gar nicht wollte,
fragte ich sie plötzlich: »Heißt das, daß Sie sich von Zigaretten sagen
lassen, was Sie und wann Sie es tun sollen?« Darauf folgte eine lange
Pause, in der ihr *Ku* die Logik ihrer Regeln überdachte. Dann
antwortete die Frau: »Auf gar keinen Fall!« Und das war alles. Sie
rauchte nie wieder.

3. Ihr *Ku* akzeptiert neue Regeln, wenn die alten keinen Wert mehr haben. Wenn ein Wutanfall nicht mehr bewirkt, daß die Menschen in Ihrer Umgebung tun, was Sie von ihnen wollen, dann trennt sich Ihr *Ku* leicht von dieser Gewohnheit und nimmt eine andere Regel an, um Menschen Ihren Willen aufzuzwingen. Oder wenn der durch eine Krankheit verfolgte Zweck erreicht ist, löst sich Ihr *Ku* von den Regeln, die die Krankheit hervorbrachten, und nimmt neue Regeln der Gesundheit an.

4. Ihr *Ku* akzeptiert eine neue Regel, die nachweisbar (und damit logischerweise) effektiver ist als eine alte Regel, die das gleiche zu erreichen suchte. Wenn die Vorteile, keinen Alkohol zu trinken, die Vorteile des fortgesetzten Alkoholkonsums deutlich überwiegen, dann wird das *Ku* eines Menschen die neue Regel der Abstinenz akzeptieren – so lange ihm die Vorteile des Nicht-Trinkens und die Nachteile des Trinkens in solchen Situationen bewußt sind, in denen er zu trinken pflegte. In diesem Fall ist das notwendig, denn das Nicht-Trinken könnte bedeuten, manche Schmerzen und Spannungen zu erleben, die das Trinken verschleierte. Doch unter der anhaltenden Führung durch *Lono* wird *Ku* den Schmerz akzeptieren, der mit neuen Regeln einhergehen kann, wenn die Vorteile eben dieser neuen Regel nur groß genug sind. Und hierzu ist bereits wieder eine Regel erforderlich, die dem *Ku* sagt, daß die Vorteile überwiegen. Weil vorhandener Schmerz ein so machtvoller Einfluß ist, müssen künftige Vorteile der neuen Regel oder eine bevorstehende Verschlimmerung des Schmerzes aus dem Nichtbefolgen der neuen Regel bewußt bleiben. – Dagegen wird Ihr *Ku* neue Regeln zum Sprechen (wie beim Einsatz einer neuen Sprache) sofort akzeptieren unter Umständen, in denen die alten Regeln zum Sprechen nicht die richtige Reaktion bewirken. Auf einer Party sprach ich einmal zu einer Gruppe von Franzosen in deren Sprache, und dann wandte ich mich um und redete eine Gruppe von Amerikanern an. Es dauerte eine halbe Minute, bis ich an ihren erstaunten Mienen erkannte, daß ich auch sie auf französisch angesprochen hatte, und ich schaltete augenblicklich auf Englisch um.

Nun möchte ich ein wenig über drei Regeln oder Vermutungen sprechen, die im persönlichen wie im globalen Rahmen sehr viel Trauer verursachen.

Zunächst geht es um die Vermutung, zu wissen, was ein anderer denkt. Ganz gleich, wie vertraut Sie mit den Gewohnheiten und Einstellungen eines Menschen sind, wissen Sie doch nicht, was er im Augenblick denkt. Sie haben vielleicht einiges Glück, es zu erraten, und fangen hin und wieder einen Teil dessen auf, was der andere ausstrahlt. Anzunehmen, daß Sie seine Gedanken unfehlbar kennen, bedeutet jedoch, eine psychische Fähigkeit zu beanspruchen, die es gar nicht gibt. Anstatt zu dem anderen Menschen in Beziehung zu treten, wie er ist, treten Sie in Beziehung zu einem armseligen Symbol von ihm, das Sie mit Ihren beschränkenden Regeln und Vermutungen aufgebaut haben. Dabei begrenzen Sie Ihre Möglichkeit, diesen Menschen als ein wachsendes und sich wandelndes Wesen zu erleben.

Bei einem Besuch bei Freunden fiel mir auf, daß die metaphysisch veranlagte Dame des Hauses wiederholt sagte, ihr Mann interessiere sich für solche Dinge nicht, sondern halte es für töricht, sich damit zu befassen – während er selbst nie ein Wort dazu sagte. Später unterhielt ich mich noch mit ihm, und er erwies sich als ein Mensch von zutiefst metaphysischem Denken, der die Interessen seiner Frau sehr wohl unterstützte. Irgend etwas mußte vorgefallen sein, das diese veranlaßte, eine derart begrenzende Regel über ihn aufzustellen, so daß sie sich verhielt, als habe sie die Personifizierung ihrer begrenzenden Regel vor sich und nicht ihren Mann. Sie hatte keine Regel, die es ihm erlaubt hätte, anders zu sein, also schloß sie sich selbst von der Möglichkeit aus, seine metaphysische Seite zu erleben.

Wir fabrizieren alle unsere Regeln, die für uns funktionieren, dennoch möchte ich Ihnen eine von meinen Regeln vorstellen, die sich bei mir selbst sehr bewährte: »Die Menschen sind, was sie sind, und sie tun, was sie tun.« Diese Regel gestattet mir, mich Menschen gegenüber so zu verhalten, wie sie in der Gegenwart sind, gleichgültig, was sie in der Vergangenheit getan haben. Meine Erinnerung an die Vergangenheit wird zwar nicht gesperrt, aber ich kann mich auf Veränderungen einstellen. Darüber hinaus wird durch diese Regel das Tun der anderen für mich wichtiger als ihre Worte oder irgend etwas, das ich für ihre Gedanken halten könnte. Schließlich hält mich die Regel davon ab, jemals über Menschen enttäuscht zu sein. Was auch immer sie sagen: Sie werden tun, was sie tun – und genau das erwarte ich. Wenn es nicht das ist, was ich will, so unternehme ich etwas, um mich selbst zu ändern.

Die zweite Vermutung ist, daß andere Menschen wissen oder wissen sollten, was Sie denken. Hm. Wenn Sie nicht wissen, was andere denken, und darüber hinaus wahrscheinlich mehr als die Hälfte der Zeit nicht einmal wissen, was sie selbst denken – wie können Sie dann erwarten, daß andere wissen, was in Ihrem unberechenbaren Kopf vorgeht? Und doch gibt es so viele Menschen, die so schrecklich unglücklich in ihrer Wut oder Angst sind, weil sie denken, daß andere wissen oder wissen sollten, was sie denken. Das ist, als erwarte man von den anderen, daß sie unfehlbare Medien sind. Da gibt es Teenager, die sich fürchten, daß andere wissen, wie sehr sie sich ängstigen. Ehemänner und -frauen ärgern sich, weil die Partner ihre wechselnden Stimmungen nicht voraussahen, und erwachsene Menschen sind davon überzeugt, daß die Regierung ihre Gedanken lesen könne. Es dürfte ganz nützlich sein, Ihre eigenen Erwartungen in dieser Hinsicht zu untersuchen. Wie oft waren Sie schon zornig, weil jemand nicht wußte, was Sie wollten, wenn Sie es nicht ausgesprochen haben. Und wie oft hatten Sie Angst, jemand könnte wissen, was Sie dachten, als Sie gar nichts sagten? Meine Regel lautet: »Keiner weiß, was ich denke.« Meine Mitarbeiter würden dies wahrscheinlich bestätigen. (Klar: Ich vermute natürlich, zu wissen, was sie denken – wie leicht tappt man doch in dieses Falle!) Jedenfalls ist damit eine weitere Ursache für Enttäuschung und Angst aus dem Wege geräumt.

Die dritte Vermutung oder Regel, über die ich sprechen möchte, existiert gewiß auf einer persönlichen Ebene, aber sie hat weltweit die verheerendsten Auswirkungen. Es ist die Regel der Verallgemeinerung, sie lautet: »Alle ähnlichen Dinge sind gleich.« In so mancher Hinsicht ist diese Regel bequem, denn sie erlaubt uns, beim Reden und Handeln Dinge in Gruppen zusammenzufassen. Wir können über die Nachrichtenmedien sprechen, anstatt jeden einzelnen Radio- oder Fernsehsender oder jede Zeitung zu nennen. Wir können über China reden, statt jeden einzelnen Chinesen nennen zu müssen. Durchaus bequem in der Tat, aber potentiell gefährlich, wenn wir individuelle Eigenschaften auf die Gruppe übertragen.

Eine Gruppe ist nur ein abstraktes Symbol, das ein willkürliches gedankliches Konzept darstellt. Sie beschreibt keine echte Erfahrung. Ich erinnere mich noch gut, daß ein Astronaut bei seinem Blick aus dem All auf die Erde einmal bemerkte, wie beeindruckt er war zu sehen, daß es gar keine Staatsgrenzen gab. Wenn wir sagen, die Nachrichtenmedien sind zu negativ, verschließen wir die Augen vor Millionen von Beispielen, die das Gegenteil beweisen würden. Wenn wir sagen, China sei aggressiv, ignorieren wir Millionen von Chinesen, die nur Frieden wollen. Ich habe sogar schon spirituelle Lehrer davon reden hören, daß die Massen unerleuchtet seien. So etwas wie »die

Massen« gibt es nicht. Es gibt vielmehr Milliarden individueller, lebender, atmender Menschenwesen, und jedes von ihnen könnte vollkommen erleuchtet sein, auch wenn es kein anderer weiß. Doch es ist eben bequemer zu sagen: »Ich will mit meinen Lehren die Massen erreichen«, wenn man eigentlich meint: »Ich will so viele Menschen wie möglich erreichen.« Die Regel der Verallgemeinerung ist so allgegenwärtig und bildet den Kern von soviel Intoleranz, Haß, Gewalt und Angst, daß der Versuch, dies zu ändern, fast zwecklos scheint. Aber jede winzige Veränderung wird uns helfen, mehr Verständnis, Frieden und Harmonie entgegenzugehen. Bitte tun Sie Ihren Teil, indem Sie den negativen Aspekt der Verallgemeinerung erkennen, wann immer er auftaucht (das heißt, wenn etwas Schlechtes verallgemeinert wird), und verändern Sie es nach Möglichkeit. Prüfen sie beherzt Ihre eigenen Verallgemeinerungen in bezug auf spezifische Gruppen: über Eltern, Männer oder Frauen, über Regierung und Wirtschaft, über Geist und Materie, über Geld und Liebe.

Sprach-Symbole

Jede Sprache ist Symbol einer bestimmten Denk- und Wahrnehmungsweise. Alle Sprachen haben ihre Regeln der Grammatik und ihre Regeln der Bedeutung für verschiedene Lautkombinationen; beide Aspekte sind Charakteristika einer Sprache. Aber die gleichen Regeln von Struktur und Vokabular helfen auch, das Erleben der Menschen zu bestimmen, die die jeweilige Sprache sprechen.

Ein einfaches Beispiel ist das hawaiianische Wort *mana*. Obwohl es oft als »Macht« übersetzt wird, als »geistige Kraft« oder »Energie«, ist doch keine dieser Varianten angemessen, weil das Wort sich eben nicht gut übersetzen läßt. Im Englischen gibt es keine Begriffe, die ihm entsprechen. Das englische Wort »Sex« hingegen hat als allgemeiner Begriff keine Entsprechung im Hawaiianischen. Ein Mensch, der nur die hawaiianische Sprache kennt, würde sich unter »sexueller Revolution« nichts anderes vorstellen können, als daß zwei Liebende ihre Stellung wechseln.

Die meisten Völker der alten Zeit hatten nur wenige Wörter für Farben, und deshalb sahen sie nur wenige Farben. Die alten Hawaiianer beispielsweise unterschieden nicht zwischen Dunkelgrün, Dunkelblau und Schwarz. Heute kann ein durchaus erschwinglicher Computer mehr als eine Viertelmillion einzigartiger und verschiede-

ner Farben auf den Bildschirm zaubern, die viele Menschen der alten
Zeit gar nicht voneinander unterscheiden konnten, weil ihre Sprache
keine Wörter für sie bereit hatte. Das Englische ist sowohl in der Grammatik als auch nach seinem
Wortschatz eine außerordentlich flexible Sprache; es kann viel gram-
matikalische Struktur und Vokabular von anderen Sprachen übernehmen, und bleibt immer noch verständlich. Der Gerechtigkeit halber
muß jedoch gesagt werden, daß ein weiterer Grund für die Beliebtheit des Englischen darin liegt, daß die meisten derer, die es sprechen,
so wenig flexibel sind. Ich hörte einmal die Bemerkung eines
Europäers, daß man einen Menschen, der zwei Sprachen beherrscht,
zweisprachig nennt; einen Menschen jedoch, der nur eine Sprache
kann, nenne man einen Amerikaner. So flexibel das Englische in seiner amerikanischen Variante ist, gibt es doch Erlebnisbereiche, die
sich seiner Ausdrucksmöglichkeit entziehen – falls man keine weitere
Sprache beherrscht. Ich las eine englische Übersetzung eines Buches
von Charles Dumas und genoß die Lektüre sehr. Als ich das gleiche
Buch in der französischen Originalfassung las, mußte ich lachen und
weinen. Dies lag nicht an einer schlechten Übersetzung, sondern an
der anderen Wesensnatur des Französischen. Ich will damit zeigen,
daß sprachliche Regeln mehr bewirken, als daß sie uns unterschiedliche Möglichkeiten bieten, das gleiche auszudrücken. Sie vermitteln
uns unterschiedliche Erlebnisse. Auf eine Weise, die sich im Englischen nicht wiedergeben läßt, wird Ihr Leben viel reicher, wenn Sie
eine weitere Sprache sprechen lernen.

Glücklicherweise gibt es zwei weitere Sprachen, die viele Eng-
lischsprechende benutzen, ohne sie als solche zu erkennen; beide vermögen Erlebensbereiche auszudrücken und zu erschließen, die die
Möglichkeiten des Englischen übersteigen. Ich meine die Musik und
die Mathematik. Zuweilen bitte ich einen Seminarteilnehmer, der
etwas von Musik versteht, der Gruppe Beethovens fünfte Symphonie
zu beschreiben. Das darauf folgende Schweigen sagt schon genug.
Auch die Mathematik ist eine gute Sprache zur Darstellung gewisser
Gegebenheiten, die das Englische allein nicht auszudrücken vermag.
Es gibt hier Dialekte wie Algebra, Differentialrechnung und andere,
aber selbst die gewöhnliche Arithmetik kann einem Menschen, der
eine Bilanz zu lesen vermag, sehr viele Informationen über eine
Firma offenbaren, die lange Satzketten nicht vermittelt hätten. Im
Bereich der Gefühle jedoch kommt die Mathematik nicht weit.
Außer der Musik sind hier weitere alternative Sprachen besser geeig-

net: Malerei, Bildhauerei, Schauspielerei und Tanz. Wenn Sie alle diese Gebiete als Sprachen betrachten, als Symbole, die Sie gebrauchen können, um sich selbst Ausdruck zu verleihen und um heilende Einflüsse auszuüben, dann erweitern Sie Ihre Möglichkeiten als Schamane und Heiler beträchtlich.

Imaginäre Symbole

In seinem sehr bekannten Buch *Denke nach und werde reich* beschrieb Napoleon Hill viele glänzende Übungen und Techniken für den Erfolg. Darunter findet sich auch die sehr schamanistische Methode, sich vorzustellen, was Hill »die unsichtbaren Ratgeber« nannte. Viele Jahre lang, schreibt er, traf er sich vor dem Einschlafen in Gedanken mit berühmten Menschen, deren Eigenschaften er in seinem eigenen Leben entfalten wollte. Er stellte sich diese Persönlichkeiten sehr lebhaft vor, sprach jeden einzelnen von ihnen an und bat ihn um Unterweisung in eben jener Qualität, die er an ihm so bewunderte. Nachdem er dies einige Monate lang geübt hatte, entdeckte Hill, daß die Gestalten in seiner Vorstellung immer realer wurden bis zu einem Punkt, an dem sie individuelle Züge annahmen, ihre eigenen, persönlichen Erlebnisse hatten und auch untereinander in lebhaftem Dialog standen. Sie waren nicht nur Marionetten seiner Phantasie, die allein von seinem Willen gelenkt wurden, sondern lebendige Symbole schöpferischen Ausdrucks. Die Gespräche waren so außergewöhnlich für ihn, daß er sie für einige Monate unterbrach, während er sein Vertrauen stärkte, daß die Ratgeber doch seine eigenen Geschöpfe waren. Dann wandte er sich wieder den Dialogen zu und setzte sie über Jahre hinweg fort, weil sie für ihn so wertvoll waren.

Obwohl diese Ratgeber Produkte seiner eigenen Vorstellungskraft waren, schreibt Hill, »haben sie mich doch auf herrliche Wege des Abenteuers geführt, mir einen Sinn für wahre Größe vermittelt, schöpferisches Bemühen angeregt und mir Mut gemacht, ehrliches Denken zu äußern.« Er sagte auch, daß er während seiner Begegnungen mit den unsichtbaren Ratgebern offener für intuitive Einflüsse war, daß seine Ratgeber ihm durch ihr Geleit in vielen Notsituationen geholfen haben und daß er – während er auch aus anderen Quellen schöpfte – mit jedem schwierigen Problem zu ihnen kam, das ihn selbst oder einen seiner Klienten betraf. In einem späteren Buch, *The Master Key To Riches*, nennt er jene Ratgeber seine »acht Prinzen«, nachdem er jedem von ihnen einen bestimmten Bereich seines Lebens anvertraut hatte. Die Vorteile, die er auf diese Helfer zurückführte, sind zu zahlreich, um sie hier zu nennen, aber Napoleon Hill, der die Methoden von Hunderten der erfolgreichsten Menschen seiner Zeit studierte, nannte seine unsichtbaren Ratgeber »mein größtes Guthaben«.

Ich möchte Ihnen nun einige einfache Richtlinien geben, mit deren Hilfe Sie die gleiche Technik anwenden können: mentale Symbole einsetzen, um Ideen anzuziehen, auszurichten und mitzuteilen, die Ihr Leben in vieler Hinsicht reicher und effektiver machen können. Diese Symbole können berühmte Menschen sein (ob lebend oder nicht); auch Götter, Göttinnen, Engel, Heilige oder Helden aus dem Kulturbereich Ihrer Wahl; Tiere, Naturgeister oder Gestalten ihrer eigenen Schöpfung. Wenn es Ihnen gefällt, können Sie sie sich als konzentrierte Aspekte von *kanewahine* vorstellen, ihrem geistigen oder Höheren Selbst. Manche Menschen stellen sich gerne einen speziellen Ort vor, an dem sie sich mit dem (wie ich es nenne) inneren Beraterkreis treffen. Der in Kapitel sechs erwähnte Garten wäre hierzu geeignet, Sie können aber auch einen anderen, weiteren Ort kreieren. Wieder andere bevorzugen es, wenn ihre inneren Berater immer dann und dort erscheinen, wann und wo sie es sich auch wünschen, sei es in der Vorstellung oder als eine Gedankenform in ihrer unmittelbaren Umgebung. Andere finden, daß ein greifbares Zeichen eines mentalen Symbols ihnen hilft, sich besser zu konzentrieren. Zu diesem Zweck können Sie Elfenbein- oder Plastik-Figuren der sieben japanischen Glücksgötter verwenden; Statuetten, die Macht-Tiere darstellen, oder irgendwelche anderen Figürchen oder Gegenstände, die Ihrem Geschmack entsprechen. Nehmen Sie die materiellen Symbole, um Ihre Vorstellungskraft anzuregen, damit Sie sie mit Ihrem Denken zum Leben erwecken können. Sie dürfen sich so viele Berater zulegen, wie Sie mögen, aber die Zahl Acht ist praktisch etwa die größte Anzahl von Persönlichkeiten, die Sie gleichzeitig im Sinne behalten können. Ich werde im folgenden vier Berater empfehlen, und Sie können sie ergänzen, wie es Ihren Bedürfnissen und Wünschen entspricht.

1. Der **Gesundheits-Ratgeber** vermittelt Ihnen Informationen, Ideen, Rat und Hilfe bei allen Fragen, die Gesundheitszustand, Heilfähigkeit, Energie und Fitness bei Ihnen und bei jeder Person betreffen, für die Sie sorgen.

2. Der Wohlstands-Ratgeber leistet das gleiche bei allen Fragen, die mit Geld, Vermögen und Fülle zu tun haben.
3. Der Glücks-Ratgeber hilft in Sachen Liebe, Frieden, Harmonie, persönlichen und Gruppen-Beziehungen, Spaß und Freude.
4. Der Erfolgs-Ratgeber hilft Ihnen, Ihre Ziele zu erreichen und Ihre Fertigkeiten zu entfalten.

Wie viele andere, war auch ich im Laufe der Jahre über diesen inneren Beraterkreis unterrichtet worden, hatte darüber gehört und gelesen – und mich doch nie darum gekümmert. Seien Sie schlauer und beginnen Sie gleich heute, sich diese unglaubliche Quelle zu erschließen.

Vom Wesen her anders, aber doch Teil der gleichen Kategorie sind Gedankenform-Symbole, die dazu geschaffen sind, Arbeit zu verrichten. Eine Gedankenform ist, wie Sie wohl noch wissen, äußerer Ausdruck eines Gedankens. Im letzten Kapitel waren Gedankenformen Gegenstand verschiedener *nalu*-Übungen. In diesem Kapitel will ich darüber sprechen, wie sie als Werkzeug zu gebrauchen sind.

Ein Gedankenform-Werkzeug ist wie jedes andere Hilfsmittel, außer daß es ganz durch Gedanken erschaffen wurde ohne Zuhilfenahme irgendeines stofflichen Materials. Je nach dem Grad Ihrer Konzentration und dem Maß der Energie, die Sie hinzugeben, kann eine Gedankenform für Minuten oder über Jahre hinweg bestehen. Sie verrichtet ihre Arbeit, indem sie über die Intuition unmittelbar das *Ku* beeinflußt, nicht den Körper.

Ich gebrauchte zum Beispiel eine Gedankenform-Tür, um meine lärmenden Kinder eines Sonntagmorgens aus meinem Zimmer fernzuhalten, als ich nicht aufstehen und die materiell-hölzerne Türe selbst schließen wollte. Die Kinder verhielten sich so, als wäre die Tür geschlossen. Ein anderes Mal gebrauchte ich die Gedankenform eines Wolfes, um einen wütenden Hund zu verjagen, der auch prompt den Schwanz einkniff und sich aus dem Staube machte. Er tat mir so leid, daß ich bei unserer nächsten Begegnung eine Gedankenform seines Besitzers erschuf, die ihn streichelte. Es funktionierte so gut, daß der Hund und ich Freunde wurden, und ich habe die gleiche Gedankenform seitdem mit Erfolg noch oft bei anderen Hunden eingesetzt. Einmal hatte ich eine Grippe (damals war ich noch viel jünger), und ich erschuf die Gedankenform einer Heilungsmaschine, die mich in wenigen Stunden gesund machte. Gedankenform-Kristalle wirken ebenso gut wie tatsächliche Kristalle; Gedankenform-Vögel können wie Brieftauben intuitive Botschaften zu anderen Menschen befördern; Gedankenform-Tiere, -Menschen oder -Gegenstände können anderen über die Distanz hinweg helfen; Gedankenform-Atmosphären können helfen, Stimmungen und Emotionen zu verändern. Wenn genügend Menschen mit klarem Sinn und guter Konzentration zusammenwirken, lassen sich sogar Gedankenformen aufbauen, die Weltereignisse beeinflussen würden. Sie selbst können Gedankenformen in einer Myriade verschiedener Muster für zahlreiche Aufgaben erfinden und erschaffen, doch sollten Sie sich dabei an folgende Richtlinien halten:

1. Die besten und leichtesten Resultate erhalten Sie, wenn Sie die Gedankenform einsetzen, um ein *Ku* zu beeinflussen, nicht den physisch-stofflichen Aspekt. Ich will damit nicht sagen, daß es unmöglich sei, eine so feste und starke Gedankenform zu erschaffen, daß sie auch grobstoffliche Materie direkt beeinflussen kann, aber da alles Materielle ohnehin eine verfestigte Gedankenform ist, die von Ihrem *Ku* und *Kane* unter Versendung vorhandener Muster ins Dasein gebracht wurden – warum sollte man das gleiche auch auf dem schwierigeren Umweg versuchen?

Dabei fällt mir eine Geschichte über die Ureinwohner in Australien ein. Als jemand sie fragte, warum sie nicht mehr mittels Telepathie über weite Entfernungen kommunizierten, antwortete einer: »Heutzutage nehmen wir eben das Telefon, weil es einfacher ist.«

2. Ein *Ku* fühlt sich von Lust angezogen und entfernt sich vom Schmerz, deshalb läßt sich das *Ku* zu einer Verhaltensänderung motivieren, indem man ihm eine Belohnung verspricht oder mit Strafe droht. Eine auf ersterem aufbauende Gedankenform braucht weniger Energie und ist effektiver als eine auf letzterem basierende, weil hier weniger Widerstand besteht. Darüber hinaus müssen Sie auch den Einfluß Ihres eigenen *Ku* in Betracht ziehen.

Ich war einmal mit meiner Frau einkaufen und hatte es eilig, nach Hause zu gelangen, doch ich wußte, daß sie noch ein anderes Geschäft besuchen wollte. Als wir uns der Firma näherten, zog ich einen Gedankenform-Nebel über die Fassade des Gebäudes. In diesem Augenblick rief meine Frau: »Ah, da ist ja das Geschäft, in das ich noch gehen wollte!« Ich hatte nichts weiter erreicht, als ihre Aufmerksamkeit auf das Geschäft zu lenken. Es wäre wahrscheinlich mehr in meinem Sinne gewesen, wenn ich statt dessen eine Gedankenform erschaffen hätte, die ihre Aufmerksamkeit auf positive Weise nach Hause lenkte.

Erinnerungs-Symbole

Das *Ku* tut alles aus der Erinnerung. Alle Ihre Vermutungen, Denkweisen, Glaubensvorstellungen, Erwartungen, Gewohnheiten, Fertigkeiten, Verhaltensweisen, Stimmungen, Emotionen, Erlebnisse, Sprache und schöpferisches Denken beruhen auf der Erinnerung. Erinnerungen sind Energiemuster, die Ereignisse symbolisieren. Sie sind dergestalt gespeichert, daß ein innerer oder äußerer Reiz (selbst ein anderes Erinnerungsmuster) sie aktivieren kann. Erinnerungen sind für unser Leben als Menschen natürlich unverzichtbar, aber wenn die Aktivierung einer Erinnerung auch eine negative emotionelle Reaktion auslöst, kann dies zu einer Beeinträchtigung unserer Gesundheit, unseres Wohlbefindens und unserer Leistungsfähigkeit führen.

Die meisten Techniken wollen Ihre Reaktion oder Beziehung zum Inhalt der Erinnerung verändern, indem Sie ihnen ein neues Reaktionsmuster näherbringen (eine zusätzliche Erinnerung) oder den Inhalt der Erinnerung selbst verändern (wie die Veränderung des Geschehens in einem Traum), damit die negative Emotion nicht mehr hervorgerufen wird; doch es ist auch möglich, eines oder mehr Elemente des Speicherungsmusters zu verändern und damit seine Auswirkungen. Bei diesem Vorgang verändern Sie den Kontext, nicht den Inhalt.

Stellen Sie sich das Gemälde einer nackten Frau vor, das im Wartezimmer einer Arztpraxis hängt. Wahrscheinlich wird es den meisten Menschen unpassend erscheinen und unbehagliche, peinliche, oder gar ärgerliche Empfindungen auslösen. Um dieser Situation abzuhelfen, könnte der Arzt die entblößten Teile verhüllen, das ganze Gemälde verhüllen, die Farbe abkratzen, ein neues Bild aufhängen lassen, oder er könnte jemanden einstellen, der seinen Patienten eine andere Einstellung zur Nacktheit vermittelte. Aber er könnte das Gemälde auch in sein Schlafzimmer zu Hause hängen, wo es für Auge und Empfinden passender wäre. – Ein riesiger Felsen auf leerer Fläche kann eine Herausforderung für das Auge sein, aber ein Landschaftsarchitekt könnte die Umgebung, ohne den Stein selbst anzurühren, so verändern, daß der Fels zum Mittelpunkt bewundernder Aufmerksamkeit wird. – Ein an eine Wand geklebtes Plakat kann Kritik auf sich ziehen, aber in einem hübschen Rahmen wird es vielleicht gelobt. Das meine ich, wenn ich davon spreche, den Zusammenhang statt den Inhalt zu verändern. Wird etwas in einen anderen

Zusammenhang gestellt, kann dies seine Wirkung völlig verwandeln. Wenn Sie das gleiche mit negativen Erinnerungen durchführen, können daraus neutrale oder gar positive werden.

Bei den Erinnerungsmustern ist der Inhalt die Erinnerung an das Ereignis, das heißt jener Teil, der eine Reaktion in der Gegenwart hervorruft. Der Zusammenhang, das sind Faktoren wie Farbe, Größe, Entfernung, Bewegung, Perspektive, Requisiten (unwesentliche Dinge, die man hinzufügt oder auch wegnimmt), Lautstärke, Schauplatz und vieles andere. Jedes *Ku* speichert Erinnerungen nach festgelegten Mustern, wobei ein oder zwei Zusammenhangs-Elemente darüber entscheiden, ob die Erinnerung mit einer positiven, neutralen oder negativen Emotion verknüpft wird. Die Muster können bei jedem Individuum anders sein, deshalb müssen Sie ein wenig experimentieren und Ihre eigenen herausfinden. Eine meiner Schülerinnen beispielsweise stellte überrascht fest, daß alle ihre erfolgreichen und positiven Erinnerungen in Schwarzweiß gespeichert waren, und alle negativen Erinnerungen in den lebhaftesten Farben. Als sie begann, ihre negativsten Erinnerungen in Schwarzweißbilder umzuwandeln, wurden diese entweder neutral (das heißt, sie ließen sie unberührt), oder sie entdeckte positive Aspekte an ihnen, die ihr früher nie aufgefallen waren. Diese Übung führte auch dazu, daß die Frau ihre zukünftigen Erfolge in Schwarzweiß plante statt wie bisher in Farbe.

Es ist immer einfacher, mit dem *Ku* zusammenzuarbeiten, anstatt zu versuchen, seine elementaren Muster zu verändern. Im folgenden finden Sie einige Tips zum Gebrauch dieses überaus wirkungsvollen Prozesses zur Veränderung Ihrer Reaktionen auf emotional negativ beladene Erinnerungen. Beachten Sie, daß Sie mit manchen Erinnerungen mehr als einmal arbeiten müssen.

1. Fügen Sie der Erinnerung etwas hinzu. Bei Erinnerungen an empfangene Kritik hilft es zum Beispiel sehr, dem Kritiker ein Geweih aufzusetzen, im Hintergrund Zirkusmusik zu spielen oder Clowns Grimassen schneiden zu lassen. Solche Maßnahmen stellen das Ereignis in einen völlig anderen Zusammenhang und helfen Ihrer Erinnerung, es in die komische Kategorie einzuordnen, wo es keinen Schaden mehr anrichten kann.

Eine Variante dieser Methode ist, etwas wegzunehmen, das unwichtig erscheint – zum Beispiel eine Topfpflanze, ein Bild oder eine Tasse. Manchmal gebraucht das *Ku* einen solchen Gegenstand als

Schlüssel zur Speicherung, und wenn er beseitigt ist, verändert sich auch die emotionale Reaktion.

2. **Verändern Sie den Schauplatz.** Versuchen Sie, die Erinnerung an einen anderen Ort zu verlegen oder in eine andere Zeit, und achten Sie dabei auch auf Einzelheiten wie andere Kleidung der Akteure. Der emotionelle Schlüssel ist oft mit Zeit und Ort verknüpft.

Eine Variante dieser Methode ist, Ihren Standpunkt zu verändern. Gewöhnlich erinnern wir uns an etwas immer aus der gleichen Perspektive, wie mit dem Blick durch eine feststehende Kamera. Experimentieren Sie mit einer Standortveränderung. Versuchen Sie den Blick von oben, von einer andere Seite, von einem anderen Niveau oder von hinten. Eine weitere Variante ist, die ganze Szene auf den Kopf zu stellen. Bei manchen Menschen bewirkt dies eine drastische Veränderung in Ihrem Gefühl zu der Erinnerung.

3. **Verändern Sie den Realitäts-Zusammenhang.** Eine Möglichkeit ist, die Erinnerung plötzlich zum Stillstand zu bringen, wie wenn Sie sie zu einem dünnen Bild auf einer Glasscheibe einfrieren. Nehmen Sie einen Hammer und zerbrechen Sie es; kehren Sie die Scherben zusammen und schütten Sie sie in die Mülltonne. Das ist in der Regel sehr befriedigend. Oder Sie projizieren die Erinnerung auf eine Leinwand, als ob Sie einen Film vorführten, und lassen die Handlung im Zeitraffer oder in Zeitlupe ablaufen. Drehen Sie die Geschwindigkeit abwechselnd schneller und langsamer oder wechseln Sie die Lautstärke der Tonwiedergabe. Sie können auch die Erinnerung in ein Schauspiel verwandeln, bei dem Sie als Regisseur von den Akteuren verlangen, genau das zu tun, was sie taten, und sie für ihre Darbietung loben. Damit erlangen Sie selbst das Gefühl der Kontrolle über die Situation, und die Hilflosigkeit nimmt ab.

4. **Verwandeln Sie Einzelheiten ins Gegenteil.** Dies ist zwar eine Methode des Versuchs und Irrtums, mit der Sie den emotionellen Schlüssel zu einer Erinnerung finden wollen, aber sie funktioniert sehr gut. Farbe ist ein guter Ausgangspunkt. Wenn die Erinnerung in lebhaften Farben ist, so lassen Sie die Farben verblassen oder verschwinden. Wenn die Szene schwarzweiß oder in blassen Farben ist, so kolorieren Sie sie mutig. Wenn ein Erinnerungsbild wie in der Nahaufnahme erscheint, so schieben Sie es weiter fort; ist es sehr entfernt, so holen Sie es heran. Wenn Sie außerhalb der erinnerten Szene stehen und diese betrachten (selbst wenn Sie sich dabei selbst sehen), so stellen Sie sich hinein und erleben Sie das Ereignis direkter. Wenn Sie in der Szene stehen, so ziehen Sie sich nach außen zurück (wobei

Sie freilich ein Ebenbild von sich selbst zurücklassen, damit Sie den Inhalt nicht verändern). Wenn die Erinnerung groß ist, so verkleinern Sie sie; ist sie klein, so vergrößern Sie sie. Wenn die Erinnerung grenzenlos ist, so ziehen Sie eine Grenze; ist sie begrenzt, so nehmen Sie die Grenze fort – und so weiter.

Als eine Methode, um anderen zu helfen, ist das Verändern des Zusammenhangs auf jede der gezeigten Weisen eine glänzende Technik, weil Sie den anderen durch den Prozeß begleiten können, ohne den genauen Inhalt seiner Erinnerung kennen zu müssen. Dabei bleibt die Privatsphäre unberührt, und Peinlichkeiten werden vermieden. Sie brauchen die Person nur zu bitten, sich an das emotionsbelastete Geschehen zu erinnern, und sie dann anzuleiten, die Veränderungen durchzuführen. Eine Szene ins Komische zu ziehen, ist bei wirklich traumatischen Erinnerungen im allgemeinen zwecklos, weil viele Menschen sehr starke Regeln besitzen, daß Schmerz ernst zu nehmen ist. Bei traumatischen Erinnerungen empfehle ich, mit der Umkehr von Einzelheiten ins Gegenteil oder mit der Veränderung des Standpunktes zu beginnen.

Umwelt-Symbole

In traditionellen Gesellschaften werden Umwelt-Symbole Omen oder Vorzeichen genannt. Tatsächlich sind sie symbolische Deutungen von Naturereignissen und/oder bedeutungsvoller Information über Vergangenheit, Gegenwart oder Zukunft aus scheinbar zufälligen Geschehnissen oder Quellen. Die alten Chinesen untersuchten Risse in den Schulterblättern von Schafen nach einem Omen, die Griechen studierten die Eingeweide geschlachteter Tiere, die Perser starrten ins Feuer, und zu den beliebtesten Praktiken auf Hawaii zählte das Deuten der Wolken. Der typische wissenschaftlich denkende Mensch regt sich über alle diese Praktiken auf, weil sie aus der Sicht der ersten Ebene natürlich völlig unsinnig sind. Wie kann es einen Zusammenhang geben zwischen Gegebenheiten, die nach Zeit, Raum und Wesensart weit voneinander getrennt sind? Ebensogut könnte man seine Börsentips aus den Spuren watschelnder Entenfüße beziehen und eine psychologische Beratung aus den Mustern von Regentropfen auf der Fensterscheibe. Von der zweiten Ebene aus betrachtet, mag jedoch jede dieser Methoden funktionieren, denn das

Leben ist ein Traum (erstes Prinzip), und alles ist miteinander verbunden (zweites Prinzip). Mit seinem Begriff der Synchronizität kam Carl Gustav Jung einer Erklärung der Wirksamkeit des I Ging recht nahe, aber Synchronizität ist nur ein anderes Wort für Zufall. Der Schamanismus sagt, daß Entenspuren und Börsenkurse miteinander zusammenhängen, weil alles miteinander verbunden ist. Gleichwohl sind manche Dinge leichter zu lesen oder zu deuten als andere. Es ist zwar möglich, mit dem Denken der zweiten Ebene einen Zusammenhang zwischen Entenspuren und Börsenkursen zu finden, aber es wäre effektiver, etwas Näherliegendes auszuwählen, das leichter zu verstehen ist – zum Beispiel die früheren Preisentwicklungen der Aktienkurse.

Vorzeichen umgeben uns überall, weil unsere Gedanken uns immer umgeben. Alles um uns ist eine Widerspiegelung oder ein Symbol unserer Gedanken. Indem wir den Mustern unserer Umgebung mehr Aufmerksamkeit schenken, können wir vielleicht die Muster unserer Gedanken besser verstehen.

Es gibt unzählige Möglichkeiten, Vorzeichen zu suchen und zu lesen, aber für unsere Zwecke will ich hier nur jene zwei Methoden beschreiben, die ich auch in meinen Kursen lehre. Nebenbei möchte ich erwähnen, daß der einzige Unterschied zwischen ihnen und den Lege- oder Wurf-Techniken (Kapitel fünf) darin besteht, daß wir dort bewußt Symbole erschufen, während wir hier nach Symbolen suchen, die bereits existieren.

Die Bibliomantie ist die Kunst, ein Buch wahllos aufzuschlagen und auf der sich öffnenden Seite die Antwort auf eine gestellte Frage zu finden. Diese Methode wird hauptsächlich mit der Bibel oder dem Wörterbuch praktiziert, aber eine erfreuliche und schöpferische Variante wäre die Verwendung irgendeines anderen Buches oder einer Zeitschrift, die ebenfalls willkürlich hervorgezogen wird. Die Kreativität kommt ins Spiel, wenn es gilt, aus einem Artikel über das Braten von Shrimps die Antwort auf eine Frage über Ihr Liebesleben zu finden, oder festzustellen, was das Foto eines Flugzeuges in einer Werbeanzeige mit einer Frage zu Ihrer Karriere zu tun hat. Häufig jedoch wird die Antwort auf Ihre Frage verblüffend klar sein, welches Werk auch immer Sie dafür aufschlagen. Manchmal fügt sich das Geschehen auf so hübsche Weise.

In einer Gruppe, die in einer Bibliothek zusammengekommen war, teilte ich wahllos Zeitschriften aus, die ich von einem Regal genommen hatte. Ein Schüler hatte den Raum verlassen, und so legte ich ein Magazin auf seinen leeren Stuhl. Als er zurückkam, bemerkte er, daß es ein Foto-Magazin war und meinte, ich hätte gewußt, daß er Fotograf war (was ich jedoch nicht wußte). So beschloß er zu fragen, wo er den neuen Film-Typ finden könnte, von dem er kürzlich erfahren hatte. Er schloß die Augen, schlug die Zeitschrift auf, und legte den Finger auf die geöffnete Seite. Als er die Augen öffnete, erblickte er eine ganzseitige Anzeige für genau den Film, den er suchte. Glücklicherweise war es kurz vor der Mittagspause, und so hatte er genügend Zeit, sich von seinem Schock zu erholen. Manchmal wirkt die Tatsache, daß diese Methode funktioniert, geradezu erschütternd.

Das zweite, wozu ich meine Schüler auffordere ist, dem Universum eine Frage über ihr Leben oder ihren Beruf zu stellen und dann mit offenem erwartungsvollem Sinn in die Mittagspause zu gehen. Ich sage ihnen, daß das Omen ihnen begegnen wird; etwas von dem, was sie erleben werden, wird für sie von Bedeutung sein. Das Vorzeichen kann ihnen in der Gestalt der Wolken auffallen, in der Form der Zwischenräumen zwischen Gegenständen (etwa den Ästen eines Baumes), in einem Gegenstand, auf den ihr Blick fällt, in einem Lied oder einem Gesprächsfetzen, oder in einem Ereignis. In Taos, New Mexico, stellte ich einmal eine Frage über die relative Bedeutung von Liebe und Macht in bezug auf ein Projekt, an dem ich arbeitete. Auf dem Weg zu einem Restaurant fiel mein Blick auf eine Botschaft, die in großen roten Buchstaben an ein Haus gepinselt war: »Liebe ist das größte.«

Die Heilkunst von Zeremonie und Ritual

E 'ao lu'au a kualima
Opfere junge Taro-Blätter fünf Mal
(eine Zeremonie zur Beseitigung von Krankheit,
von Gemüt oder Körper)

Man braucht nur die Wörter *Zeremonie* und *Ritual* auszusprechen, und schon denkt man an eine Prozession altägyptischer Priester, an eine katholische Messe oder an Eingeborene, die zum Rhythmus ihrer Trommeln tanzen. Die Wörter selbst lassen uns an etwas Fremdartiges, Geheimnisvolles oder Exotisches denken, und doch ist auch unser modernes Stadtleben voller Zeremonie und Ritual. (Da eine Zeremonie eine Art von Ritual ist, werde ich im folgenden nur noch letzteren Begriff verwenden.) Ich weiß, daß das Wort *Ritual* für jedes feste Verhaltensmuster verwendet werden kann, das man bewußt oder unbewußt durchführt (zum Beispiel Rauchen, Autofahren, Leibesübungen), aber ich gebrauche es in diesem Kapitel für bewußt organisiertes Verhalten, das beeindrucken und beeinflussen soll.

Ein Verwendungszweck des Rituals ist, einen Beginn zu markieren. So kamen wir zu Ritualen wie Kindstaufen, Schiffstaufen, Eröffnungsfeierlichkeiten und dem Durchschneiden von Bändern (einer modernen Version der Zeremonie zur Durchtrennung der Nabelschnur). Es gibt Rituale für die Beendigung von Dingen, zum Beispiel Beerdigungen, Abiturienten-Partys. Wir haben Abschlußrituale in Form von Graduierungs-Zeremonien, Toasts und Applaus. Übergangsrituale gibt es zuhauf: Geburtstags-Partys, Jahrestags-Feiern, Taufen, Konfirmationen und Äquatortaufen. Zu den Verbindungs-Ritualen zählen Hochzeitszeremonien, Gottesdienst, Debütantinnenbälle und Verabredungen mit Unbekannten. Angesichts einer solchen Fülle bereits existierender Rituale stellt sich die Frage, warum mehr und mehr Menschen weitere Rituale anderer Art und aus fremden Kulturen suchen?

Das Ritual kann viele verschiedene Aufgaben erfüllen, aber es dient seinem Zweck nur, wenn es etwas bewirkt. Ein wirksames Ritual hinterläßt einen bleibenden Eindruck und beeinflußt die Menschen intensiv, ihre Vermutungen, Haltungen oder Erwartungen zu stärken. Um dies zu erreichen, muß es das *Lono* und das *Ku* intellektuell und emotionell befriedigen, ansonsten ist es nichts weiter als eine leblose Gewohnheit, ein Dogma, das seinen beabsichtigten Zweck nicht erfüllt. Unser Interesse als Stadt-Schamane am Ritual gilt seiner Verwendung zum Heilen und zur Stärkung positiver Muster.

So wird ein Ritual effektiv

Es gibt bei einem Ritual ganz spezifische Elemente, die darüber entscheiden, ob es befriedigend und effektiv ist.

1. Das Ritual muß einen starken Anfang und ein starkes Ende haben. Ein Ritual, das schwach beginnt, verliert an Bedeutung, weil es sehr schwierig wird, die Aufmerksamkeit der Menschen zu fesseln. Deshalb werden so viele Rituale mit Trommeln, Glöckchen, Pfeifen oder Trompeten eingeleitet. Einen starken Beginn erhält man, indem man etwas tut, das die Aufmerksamkeit der Menschen anzieht. Nach einem schwachen Ende hingegen fühlt der Mensch sich unerfüllt oder hat das Empfinden, es fehle noch etwas. Ein starkes Ende erreichen Sie, indem Sie erneut die Aufmerksamkeit aller gewinnen und sie eindeutig wissen lassen, daß das Ritual nun vorüber ist.

Einer der häufigsten Gründe, warum Menschen mit ihren bereits bestehenden Ritualen unglücklich sind, ist die Tatsache, daß diese Zeiten gegenüber dem Rest des Lebens nicht klar genug abgegrenzt

sind. Dies ist sehr wichtig, wenn das Ritual beeindrucken und beeinflussen soll, denn die meisten Menschen haben das Empfinden, das Ritual könne nicht wirklich wichtig sein, wenn es unmerklich in den Alltag oder in gewöhnliche Tätigkeiten übergeht. Wenn ich Zeremonie und Ritual in meinen Kursen unterrichte, stelle ich immer wieder fest, daß meine Schüler mit diesem Punkt – einem starken Anfang und einem starken Ende – die meisten Schwierigkeiten haben. Doch die Menschen sehen Ihnen sehr viel Inkompetenz in der Zeit zwischen Anfang und Ende nach, wenn nur diese gut genug gelingen.
2.   Das Ritual muß die Sinne ansprechen. Ein Ritual, dem man nur zuzusehen braucht, wird nur in dem Maße beeindrucken und beeinflussen, in dem es auch interessant oder schön ist. Bietet es auch Musik und Düfte, wird seine Wirkung größer sein, und wenn auch noch Berührungs- und Geschmackssinn angesprochen werden, steigert sich der Eindruck zu noch mächtigerer Intensität. Viele Kulturen und Organisationen haben dies entdeckt, und so nehmen sie in ihre Rituale Schönes auf, Gesang mit oder ohne musikalische Begleitung, frische Blumen oder Räucherwerk. Auch die Gruppe wird einbezogen durch Wechselgesänge oder Gebete, die Möglichkeit zum Mitsingen, Bewegung oder Tanz, Essen oder Trinken.
3.   Das Ritual muß eine vertraute oder berechenbare, vorhersagbare Form haben. Wenn Sie an einem Ritual teilnehmen und nicht wissen, was Sie als nächstes zu erwarten haben, werden Sie verwirrt und ängstlich, und weil damit Ihre Aufmerksamkeit abgelenkt wird, hinterläßt das Ritual weniger Eindruck und übt weniger Einfluß bei Ihnen aus. Wenn es aber genügend vertraute Elemente gibt, fühlen Sie sich wohler und sind leichter anzusprechen.
   Eine Priesterschaft erreicht dies, indem sie je nach Anlaß festgelegte Rituale zelebriert. Die katholische Kirche genoß ein beträchtliches Gefühl der Zusammengehörigkeit unter ihren Mitgliedern, weil diese wußten: Ganz gleich, an welchem Ort der Welt sie sich auch aufhielten, würde der Gottesdienst in einer katholischen Kirche der gleiche sein, und sie konnten uneingeschränkt daran teilnehmen, auch ohne die Landessprache zu beherrschen. Die Gründe, dieses System zu ändern, müssen jene überzeugt haben, die es veränderten, aber das alte Gefühl der Zusammengehörigkeit ist nicht mehr da. Schamanen erfüllen das Bedürfnis nach Vertrautheit und Zuverlässigkeit, indem sie in jedes Ritual bekannte, die Sinne ansprechende Elemente und Muster aufnehmen, auch wenn jedes Ritual bei jeder Gelegenheit anders sein kann.

4. Die Teilnehmer müssen den Sinn jedes Teiles eines Rituals verstehen. In dem Maße, in dem ein Teil des Ritual unverstanden bleibt, verliert dieses an Wirkung. Priesterschaften verlieren diese Tatsache am leichtesten aus dem Sinn, weil sie meinen, ihre Rituale für eines oder mehrere geistige Wesen durchzuführen anstatt für die Menschen. So lange sie und der Geist das Ritual verstehen, spielt es da noch eine Rolle, ob die Menschen mitkommen?

Hier stoßen wir auf einen großen Unterschied zwischen Priestern und Schamanen. Ein Schamane, der oder die als Schamane handelt, führt ein Ritual immer für eine oder mehrere Personen (einschließlich für sich selbst) durch. Geister werden wohl anerkannt, aber die Wirksamkeit des Rituals wird dadurch bestimmt, wie sehr es die beteiligten Menschen beeindruckt und beeinflußt, und ein guter Schamane weiß das. Deshalb werden Sie feststellen, daß bei schamanischen Ritualen in der Regel alles vor oder während der Zeremonie erklärt wird.

5. Das Ritual muß etwas Besonderes sein. Ein Ritual, das keineswegs anders aussieht oder sich anders anfühlt als jede beliebige sonstige Veranstaltung, verliert an Wirkung. Ein wichtiger Grund, warum so viele unserer modernen Rituale uns leer erscheinen, liegt darin, daß so viele unserer Führer diese Rituale nicht mehr als etwas Besonderes betrachten. Dies wird gerade bei unseren Feiertags-Ritualen deutlich. Halloween[2] ist für die meisten Menschen ein Kostümfest, das Erntedankfest ist praktisch verschwunden (außer als Vorwand, um Truthahn mit Preiselbeeren zu speisen), Weihnachten wurde zum Einkaufsrausch, Neujahr zum Tag des Katers und der vierte Juli (Tag der US-Unabhängigkeitserklärung) zum beliebten Picknick-Termin. Natürlich gibt es auch Ausnahmen, aber sie sind zu selten und zu schwach, um diese Zeiten des Rituals zu Gelegenheiten der positiven Stärkung kultureller Werte zu machen. Rituale anderer Kulturen, die ihre Besonderheit behalten haben, sind für all jene sehr attraktiv, die einen Mangel in ihrer eigenen Kultur empfinden.

---

[2]   Halloween, ein unter christlichem Einfluß als Vorabend des Allerheiligentages (All Hallows Eve) gefeierter Tag (31. Oktober), dessen Tradition bis weit in die heidnische Antike der Kelten auf den britischen Inseln zurückreicht. Seit dem Mittelalter unter der Einführung insbesondere durch irische Einwanderer in die USA gerieten die christlichen Zusammenhänge mehr und mehr in Vergessenheit, und zahlreiche säkulare Bräuche konnten sich, vor allem im späten 19. Jahrhundert, entwickeln. Heute ist Halloween besonders für Kinder eine ähnliche Attraktion wie Fastnacht bei uns: Lustig kostümiert, ziehen sie von Tür zu Tür und fordern Süßigkeiten. (Anm. d. Ü.)

So wird ein Ritual speziell

Es gibt vier wichtige Aspekte, die das Besondere an einem Ritual ausmachen:

1. **Ein besonderer Bereich.** Ein Bereich kann auf verschiedene Weisen speziell werden. Eine Möglichkeit ist durch Weihung. Dies bedeutet, daß eine rituelle Segnung durchgeführt wird, die die Besonderheit eines Bereiches für alle Zeit anzeigt. Der Segen mag bewirken, daß der Bereich geschützt ist, er mag Glück bringen oder den Bereich ausschließlich ritueller Nutzung vorbehalten. Friedhöfe werden oft auf diese Weise zu speziellen Bereichen, aber auch Gebäude, die zu Kirchen oder Tempeln geweiht werden. In Hawaii ist es heute noch gebräuchlich, jedes neue Bau- oder Land-Projekt zu weihen (segnen). Man kann einen Bereich auch zum besonderen machen, indem man ihn absondert, abtrennt, sei es durch Errichten eines Zaunes (etwa um einen Park), durch seine Lage (etwa die Freiheitsstatue) oder durch eine Nutzungseinschränkung (Schule). Auch eine optische Hervorhebung durch Bepflanzung oder andere Markierungen ist möglich. Die einfachste Methode, einen Platz für rituelle Zwecke zum besonderen Ort zu machen, besteht jedoch darin, ihn durch einen Menschenkreis zu umgeben – besonders, wenn die Menschen sich an den Händen halten. Ein auf diese Weise umschlossener Platz wird automatisch als etwas Besonderes empfunden.

2. **Besondere Gegenstände.** Hierzu gehört ein breites Spektrum von Dingen, doch die Kleidung möchte ich an erster Stelle nennen. Spezielle Kleidung in Gestalt von Roben, Schärpen, Uniformen, Hüten, Masken, Kostümen oder besonderen Varianten normaler Bekleidung (zum Beispiel Trachten, Frack oder Smoking) trug schon seit unvordenklichen Zeiten dazu bei, einen Anlaß zu etwas Speziellem zu machen. Schmuck, der nur zu rituellen Anlässen getragen oder gebraucht wird, steigert das Empfinden für das Besondere. Die berühmten Blumenketten, die auf Hawaii zur Begrüßung und Ehrung überreicht werden, sind ein Beispiel. Zu den besonderen Möglichkeiten der Ausschmückung, die die Wirkung des Rituals verstärken, gehören Blumen, Fahnen, Ausstattung und Arrangements, die auf das Ritual zugeschnitten sind. Als spezielle Mittel kennt man Stäbe, Kelche und Schalen, Kristalle, Statuen und alles, was beim eigentlichen Ritual verwendet wird. Manchmal ist dies eine Speise, die nur im Rahmen des Rituals zubereitet wird, zum Beispiel Weih-

nachtsplätzchen oder *hallah* (ein besonderes Brot, das nur am jüdischen Sabbat oder an Festtagen gegessen wird), oder es ist eine gewöhnliche Speise, die durch Weihung oder ihre rituelle Bestimmung zur besonderen Speise wird. Im Hawaii der alten Zeit war Tintenfisch sehr beliebt, wurde jedoch im Rahmen einer Heilbehandlung zu etwas Besonderem, indem der Schamane den Patienten daran erinnerte, daß das Wort für Tintenfisch, *he'e,* auch »fliehen« bedeutet, und durch Verspeisen des Tintenfischs floh auch die Krankheit. Hawaiianische Schamanen waren wohl mit die ältesten Meister des Placebos, und sie machten daraus kein Geheimnis.

3. Besondere Bewegungen. Bei Ritualen machen Menschen Bewegungen, die sie bei anderen Gelegenheiten selten oder nie zeigen. Fast immer sieht man spezielle Gesten und Bewegungen der Arme und Hände, die einen Aspekt des rituellen Geschehens hervorheben oder segnen. Eine oder mehrere der Anwesenden nehmen spezielle Haltungen ein – in der Regel der Leiter des Rituals, wenn nicht die ganze Gruppe das gleiche tut (etwa bei Meditations-Ritualen). Und es gibt spezielle Tänze. Die meisten kennen den hawaiianischen Hula oder zumindest den modernen *auwana,* den Unterhaltungs-Hula. Längst nicht ebenso viele Menschen (doch dies wandelt sich) kennen den *kahiko,* den altüberlieferten Stil des rituellen Hula. Obwohl auch er inzwischen zur Touristen-Unterhaltung vorgeführt wird, praktiziert man ihn doch meist noch als rituelle Eröffnung einer Darstellung, und er macht die verschiedensten Rituale zu etwas ganz Besonderem.

4. Besondere Klänge. Außer den Klängen zu Beginn und am Ende eines Rituals, die die Aufmerksamkeit der Teilnehmer auf sich ziehen, gibt es noch spezielle Klänge, die im Laufe des Rituals selbst eingesetzt werden. Hierzu gehört eine besondere Intonation. Rituelle Worte, die wie in einer gewöhnlichen Unterhaltung dahergesagt werden, haben bei weitem nicht die gleiche Wirkung, wie wenn sie mit spezieller, dem rituellen Rahmen vorbehaltener Stimmführung ausgesprochen werden. Wenn Sie sich daran erinnern, wie jemand den Segen oder das Gebet zur Eröffnung eines Rituals oder einer Zusammenkunft gesprochen hat, werden Sie wissen, was ich meine. Es kann auch ein besonderer Rhythmus der Worte oder der Art sein, wie sie angestimmt werden, oder man beteiligt ein Schlaginstrument (kleine Trommeln oder hawaiianische Kürbis-Tommeln), um rituelle Worte hervorzuheben oder einzuleiten. Natürlich spielt auch Musik eine Rolle, aber es ist eine spezielle Musik, die für das Ritual festgelegt, vorbehalten oder traditionell eingesetzt wird. Das Besondere wird noch hervorgehoben durch den musikalischen Stil (Choral), durch den Inhalt der Worte (das Volkslied »Greensleeves« wird bei einem Weihnachtsfest zu »What Child Is This?«), durch die verwendeten Instrumente (die hawaiianische Kürbistrommel wird nur zum rituellen Hula geschlagen) oder durch den Zusammenhang (»Es werde Frieden auf Erden« kann man zwar bei jeder Gelegenheit singen, aber bei einer rituellen Zusammenkunft ist es von größerer Wirkung). Besondere Klänge sind auch die speziellen Worte, die nur für rituelle Zwecke gebraucht werden, zum Beispiel Segens- und Gebetsformeln sowie eine eigene Sprache. Eine spezielle Sprache, die von den meisten Anwesenden nicht verstanden wird – sei es nun Sanskrit, Japanisch, Hebräisch, Latein, Hawaiianisch oder eine andere –, verfehlt schon deshalb ihre Wirkung nicht, weil sie besonders klingt, aber die Wirkung wird von größerer Bedeutung sein, wenn sie an irgendeinem Punkt, und sei es nur teilweise, übersetzt wird.

Nachdem Sie nun alle Elemente eines guten Rituals kennen, wollen wir anhand einiger Beispiele untersuchen, wie sie zusammenwirken.

Vor einiger Zeit besuchte eine Gruppe vom Festland die Insel Kauai und campierte in einem Lager in den Bergen von Kokee. Vor ihrer Ankunft hatten sie mir geschrieben und mich gebeten, sie am Freitag abend zu einer Vollmond-Zeremonie zu besuchen. Ich dachte, das könnte spaßig werden, also fuhren meine Frau und ich hinauf, beteiligten uns an Dinner und Unterhaltung, bis wir schließlich mit der ganzen Gruppe um ein Lagerfeuer im Kreis saßen. Der Mond war zu sehen und wunderschön, aber alle saßen in beklemmender Stille, und ich fragte mich, wann es wohl anfangen würde. Schließlich beugte sich der Leiter der Gruppe zu mir herüber und flüsterte: »Würden Sie bitte mit der Zeremonie beginnen?« Wohlan, das war eine Überraschung. Ich hatte angenommen, als Gast geladen zu sein. Ich hatte nichts vorbereitet, und die Hawaiianer pflegen keine Vollmond-Rituale. (Sie hatten zwar Zeremonien, deren Termin vom Mondzyklus bestimmt wird, die sich aber nicht auf den Mond beziehen, auch nicht auf die Vollmondnacht.) Ich hatte keine Tradition, auf die ich mich stützen konnte, aber als Schamane kenne ich die Elemente, die ein gutes Ritual ausmachen. Ich forderte alle auf, einander an den Händen zu fassen, sprach ein Gebet über den Mond, segnete die Stäbe, mit denen die Leute im Rahmen ihres eigenen Trainings gearbeitet hatten, brachte der Gruppe ein kurzes Lied bei und schloß mit einem weiteren Gebet. Alle waren tief beeindruckt und glücklich.

Bei einer anderen Gelegenheit – einer Tagung auf einem Universitätsgelände im Mittleren Westen der Vereinigten Staaten –, wurde ich eines Abends aufgefordert, ein Ritual mitzuerleben, das ein indianischer Schamane geben sollte. Irgendetwas hieß mich, meine *kukui*-Samen-Kette und mein Muschelhorn mitzunehmen (besondere Gegenstände) und mein Stirnband und Aloha-Hemd zu tragen (besondere Kleidung). Als ich dort eintraf, standen etwa hundert Menschen in einem großen Kreis und hielten einander an den Händen (besonderer Ort). Sobald man mich bemerkte, wurden ich und ein chassidischer Schamane, der ebenfalls anwesend war, gebeten, in den Kreis zu treten. Der Indianer begann mit einem lauten Schrei (starker Anfang) und schüttelte dann seine Rassel, wobei er die sieben Richtungen in seiner Stammes- und in englischer Sprache nannte (klare Bedeutung). Als nächster tat der chassidische Schamane das gleiche mit einem Tamburin, auf hebräisch und englisch, und ich folgte mit meinem Muschelhorn und benannte die Richtungen auf hawaiianisch und englisch. (Tatsächlich hatte ich an jenem Abend eine entzündete Lippe, und mein Muschelhorn klang nicht sonderlich bewegend, aber ich blies weiter, und keiner schien es zu merken. Im Showbusiness muß man lernen zu improvisieren.) Inzwischen hatte die Zeremonie bereits eine vertrauenerweckende Gestalt angenommen: Kreis, Anfang, Mitte (wahrscheinlich auch Ende), und wechselnde Rollen. Dann führte der Indianer alle in einer Zurück-und-vor-Bewegung an, die von einem Gesang begleitet wurde, während er in der Mitte des Kreises mit seiner Rassel einen kleinen Tanz aufführte. Danach tanzte der chassidische Schamane mit seinem Tamburin, und alle übten ein Lied in hebräischer Sprache. Nun war ich an der Reihe. Um die Wirkung des Rituals aufrechtzuerhalten, mußte ich die erwartete Form fortführen, aber im Hawaiianischen gab es nichts, was in dieser Situation gepaßt hätte. Wie ein guter Schamane machte ich also etwas aus dem Stegreif. Zuerst brachte ich alle dazu, die sieben Prinzipien in hawaiianischer Sprache zu singen und dabei vor und zurück zu schaukeln, dann übten wir eine Tanzbewegung im ganzen Kreis, die ein wenig an den Hula erinnerte. Die Leute hatten ihre Freude, vor allem weil es sich gut und passend anfühlte. Das Ritual hatte ein starkes Ende, das die Sinne durchaus ansprach, als alle einander umarmten. Damit wurde jeder Punkt erfüllt.

Selbst meine Seminare zur Ausbildung von Schamanen führe ich
in Form eines Rituals durch. Wir beginnen immer formell mit einem
starken Anfang und segnen den Raum, der zuvor – wenn es die
Räumlichkeit zuläßt – durch einen Kreis gebildet wurde. Meist gibt
es ein wenig hawaiianische Dekoration und Musik, und ich habe
mein spezielles Stirnband, Hemd, Blumenkranz und Stab und erkläre
alle diese Elemente. Das Kursprogramm selbst ist so geordnet, daß
das Muster vertraut und vorhersagbar ist, und die Sinne kommen auf
ihre Kosten, da die Gruppe reichlich am Geschehen beteiligt wird.
Wir haben auch immer ein starkes, formelles Ende. Der rituelle Rahmen ist eine große Hilfe für den Lernprozeß.

Die Grundelemente des Rituals sind:
1. **Vorbereitung.** Hier tragen Sie alle ihre Requisiten und Kleidung
zusammen, arrangieren die Dekoration, stellen die Musik zusammen,
planen die einzelnen Schritte und bestimmen den besonderen Raum.
Ein großes Ritual kann einer wochenlangen Vorbereitungszeit bedürfen – aber es kann auch geschehen, daß man Sie auffordert, ein Ritual
auf der Stelle durchzuführen, wie bei meiner Vollmond-Zeremonie.
Wenn Sie erst die Informationen in diesem Kapitel haben, sollte Sie
das jedoch vor kein allzu großes Problem stellen. In meinen Kursen
sage ich den Schülern einen Tag im voraus, daß man von ihnen ein Ritual erwartet, aber an eigentlicher Planungs- und Vorbereitungszeit
lasse ich ihnen nur fünf bis fünfzehn Minuten. Bis zu diesem Punkt
haben sie die Grundelemente des Rituals bereits gelernt, deshalb sind
die Ergebnisse in der Regel ganz gut.
2. **Eröffnung.** Eine dramatische Geste, Worte des Gebets oder der
Begrüßung, eine Musik, die die Aufmerksamkeit anzieht oder irgendein Kennenlern-Prozeß sind gute, starke Eröffnungen. Mit das
Beste in dieser Hinsicht habe ich bei einer Tagung in Neuseeland
erlebt, bei der eine Abwandlung des Maori-Modells eingesetzt
wurde. Die Eröffnung fand im Freien statt, und die Gastgeber standen in einer Reihe auf der einen Seite des Rasens, die Gäste auf der
anderen. Die Gastgeber begannen der Reihe nach, recht formell, aber
doch aus dem Stegreif das Land und die Besucher zu begrüßen. Dann
erwiderten Freiwillige auf seiten der Besucher den Gruß. Schließlich
stellten sich die Gäste in eine Reihe und begannen am einen Ende der
Gastgeber-Reihe, diese zu umarmen und sich vorzustellen, einer nach
dem anderen, die ganze Reihe entlang. Wenn ein Besucher die Reihe
der Gastgeber beendet hatte, schloß er sich dieser an, so daß der

nächste Gast in den Genuß einer weiteren Umarmung und Vorstellung kam, bis jeder jedem vorgestellt war. Es machte großen Spaß und stellte eine gute Verbindung zwischen allen Teilnehmern her – aber es dauerte einige Zeit. **3. Inhalt.** Das heißt, einfach zu tun, was mit dem Zweck des Rituals zusammenhängt. Im allgemeinen gilt: Je kürzer der Inhalt, desto formeller das Ritual; je länger der Inhalt, desto informeller das Ritual. Eine Hochzeitszeremonie ist insgesamt recht formell, aber die Olympischen Spiele sind zwischen Eröffnungs- und Schlußfeier verhältnismäßig informell. **4. Schluß.** Hier richtet sich erneut die Aufmerksamkeit aller auf Sie, und Sie setzen dem Ritual ein klares Ende. Dieser wichtige, und doch häufig übersehene Aspekt des Rituals kann einen großen Unterschied im Erfolg des Rituals ausmachen. Ein guter Schluß festigt die Verbindung innerhalb der Gruppe, verstärkt die Erinnerung an das Ritual, bietet einen klaren und bequemen Übergang vom Formellen zum Informellen und sagt den Menschen, wann es in Ordnung ist zu gehen. Ein klarer Schluß läßt sich durch klar verständliche Schlußansagen oder Gebete anzeigen, durch Glöckchen, Pfeifen oder Gong; durch ein gemeinsam gesungenes Lied, Händeschütteln oder Umarmungen, oder durch den beliebten Applaus.

In den folgenden Abschnitten werde ich Ihnen Beispiele spezieller Rituale zeigen, die für moderne Stadt-Schamanen nützlich sein mögen. Doch wie immer, gilt auch hier: Fühlen Sie sich frei zu ändern, hinzuzufügen, oder wegzulassen.

Ein Ritual zur Heilung

Dies ist ein zwar recht einfaches, aber sehr wirkungsvolles Gruppen-Heilungsritual. Besorgen Sie sich vor dem Beginn ein Paar Stöcke, Rasseln oder Kastagnetten. Je nach Größe Ihrer Gruppe beginnen Sie, indem Sie einen Kreis bilden und eine bis vier Personen, die eine Heilbehandlung wünschen, ins Innere des Kreises sitzen lassen – Rücken an Rücken, wenn es mehr als eine Person ist. Sie sollen eine Haltung positiver Erwartung der gewünschten Heilung annehmen. Das Geräusch-Instrument geben Sie einer der Personen in der Mitte; sie soll den Takt angeben. Wählen Sie eine formelle Eröffnung, sprechen Sie vielleicht über das Verlangen nach Heilung oder den Zweck der Behandlung, und lassen Sie die Menschen im Kreis einander an den Händen fassen. Forden Sie den Taktgeber auf, einen gleichmäßi-

gen Vierer-Rhythmus zu schlagen (der etwa einem ruhigen Puls-
schlag entspricht). Die anderen Personen, die eine Heilung wünschen, sollen in den Rhythmus mit leichtem Klatschen einfallen. Damit sind die zu behandelnden Personen beteiligt und aufmerksam.
Wenn der Rhythmus gleichmäßig geworden ist, können Sie den Kreis
im selben Rhythmus singen lassen. Erfinden Sie hierzu Ihr eigenes
Lied oder verwenden Sie das folgende, das Sie bereits kennen:
*»Sei gewahr, sei frei, sei gesammelt, sei hier, sei geliebt, sei stark,
sei geheilt.«*
Welches Lied auch immer Sie nehmen, Sie sollten darauf achten,
daß es Ihnen eine Atempause von mindestens einem Schlag Länge
läßt. Bei diesem Lied könnte die Schlagfolge etwa folgendermaßen
aussehen; jede Zahl steht dabei für eine Aufforderung aus dem Text:

1-2-3-4-5-6-7 - Pause - 1-2-3-4-5-6-7 - Pause - 1-2-3-4-5-6-7 - Pause -
1-2-3-4-5-6-7

Eine gute Alternative wäre:
1 - Pause - 2 - Pause - 3 -Pause - 4 - Pause - 5 - Pause - 6 - Pause - 7 -
Pause - 1 - Pause - 2 usw.

Die Pause ist für die Singenden, nicht für die Geräuschinstrumente,
deren Rhythmus gleichmäßig und ununterbrochen weitergeht.
   Setzen Sie den Gesang fort, bis Sie ihn als sehr gleichmäßig und
fast automatisch empfinden; dies kann etwa eine bis fünf Minuten
dauern. Dann lassen Sie die im Kreis links von Ihnen stehende Person
in die Mitte vortreten. Schließen Sie den Kreis wieder, während die
Person den/die in der Mitte Sitzenden sanft an Kopf oder Schulter
berührt und leise einen kurzen Segen, ein Gebet oder eine Affirmation spricht. Es braucht viel weniger Zeit, wenn sie für alle Heilungs-
suchenden nur einmal spricht. Danach geht sie an ihren Platz in den
Kreis zurück, und die nächste, links von ihr stehende Person tritt vor.
So geht es weiter, bis jeder im Kreis an der Reihe war. Rhythmus und
Gesang werden dabei ununterbrochen fortgesetzt. Nachdem Sie als
der Leiter des Rituals an der Reihe waren, gehen Singen und Rhyth-
musschlagen noch etwa eine Minute weiter, dann setzen Sie ein ab-
ruptes Ende mit dem Ruf »Fertig!« – oder auf hawaiianisch *»pau!«*.
Zum Schluß umarmt sich die ganze Gruppe einschließlich der Behandelten, und man findet in die Gegenwart zurück, indem jeder erzählt,
was er erlebt hat.

Noch eine praktische Anmerkung. Sie werden möglicherweise feststellen, daß der Rhythmusgeber aufgrund der starken Energie und seiner Konzentration ein wenig in Trance gerät und sein Rhythmus zu schwanken beginnt. Dann ist es an Ihnen, mit Hilfe des Liedes den Rhythmus zu festigen und aufrechtzuerhalten. In der Regel kommt auch der Taktgeber dadurch wieder in den richtigen Rhythmus. Anhaltende Konzentration ist der Schlüssel zur Kraft dieses Rituals. Als sein Leiter sollten Sie während des ganzen Vorgangs die Augen geöffnet halten.

Ein Reise-Ritual

Zum Liebevollsten, was Sie als Stadt-Schamane tun können, gehört eine Reise in die Unterwelt im Interesse eines anderen. Ein gemeinsames Ritual mit der Person, für die Sie die Reise unternehmen, verleiht dieser noch mehr Kraft.

Finden Sie für Ihr Reise-Ritual einen ruhigen Ort, an dem Sie mit Ihrem Freund mindestens eine halbe Stunde lang ungestört sitzen können. Die Reise selbst dauert vielleicht nur zehn Minuten, aber lassen Sie sich etwas mehr Spielraum für den Fall, daß es länger dauert, und um das Erlebte zu besprechen. Fragen Sie zu Beginn Ihren Freund, welche Kraft ihm fehlt oder welche Kraft er gerne hätte, um einen Zustand zu heilen oder ein Ziel zu erreichen. Bedenken Sie, daß es nicht Ihre Aufgabe ist, diesen Menschen zu heilen, sondern die Kraft für ihn zu finden, damit er seine Heilung oder Veränderung selbst herbeiführen kann. Stellen Sie eine intensive Verbindung her, indem Sie einander eine *kahi*-Behandlung geben. Der körperliche Kontakt braucht während der Reise nicht aufrechterhalten werden. Wenn Sie bereit sind, schließen Sie die Augen, gehen in Ihren Garten und sammeln sich dort mit Ihren Sinnen des Sehens, des Hörens und der Berührung. Dann rufen Sie einen Tiergeist und finden einen Weg, der Sie zum Garten Ihres Freundes führt. Wenn Sie dort angelangt sind, sehen Sie sich um nach einem Loch in der Erde, das einen Zugang zu *Milu* bietet, springen hinein und gehen auf die Suche. Stellen Sie sich allen Herausforderungen, die Ihnen auf Ihrem Weg zu dem Kraft-Objekt begegnen, das Sie suchen. Wenn Sie es finden, bringen Sie es durch den Garten Ihres Freundes zurück. Lassen Sie die äußere Gestalt hinter sich und bringen Sie den Geist oder den Wesenskern durch Ihren Garten und in den derzeitigen Augenblick. Halten Sie den Geist des Kraft-Objektes in den Händen, als handelte es sich um einen greifbaren Gegenstand. Legen Sie ihn, verbunden mit einem

Segenswunsch, in den Körper Ihres Freundes an eine Stelle, die Ihnen passend erscheint, und beenden Sie das Ritual mit einer Umarmung. Nun, ich habe es noch nicht erwähnt: Was diesem Ritual so außergewöhnliche Kraft verleiht, ist, daß Sie Ihrem Freund vom Zeitpunkt, wenn Sie Ihren Garten betreten, laut vernehmlich alles schildern, was Sie erleben, bis Sie den Geist des Gegenstandes in den Körper Ihres Freundes legen. Dies bewirkt nicht nur eine Verstärkung Ihrer eigenen Konzentration, sondern lenkt auch die konzentrierte Aufmerksamkeit Ihres Freundes auf die Reise. Nach dem Ritual werden Sie ein gemeinsames inneres Erlebnis haben, das die Beteiligten wohl nie mehr vergessen werden.

Ein Haus-Segen

Den fertigen Bau, den Neuerwerb, die Anmietung oder Neueröffnung eines Hauses, Appartements, einer Eigentumswohnung, eines Büros oder Ladens zu segnen, ist ein lieber Dienst, den Sie jemandem erweisen können. Dabei fühlen sich alle wohl, und das Ritual vermittelt das Gefühl eines positiven Neuanfangs. Die Möglichkeiten sind zwar grenzenlos, doch hier folgt eine aus der hawaiianischen Praxis abgeleitete Übung. Sie hat das Ziel, Gutes für den Ort und die Menschen anzuziehen, die von ihm Gebrauch machen.

1. Vorbereitung: Tragen Sie etwas Besonderes, das Sie hervorhebt als den, der den Segen durchführt. Am einfachsten wäre etwas, das Sie um den Hals tragen können – eine Blumenkette, eine Halskette, ein Anhänger oder auch nur ein Band. Stellen Sie ferner eine kleine Schale mit frischem Wasser bereit und einen Gegenstand, den Sie in das Wasser tauchen können, um dieses dann zu versprengen. In Hawaii nimmt man hierzu ein *ti*-Blatt oder einen Farnwedel, aber irgendein anderes langes Blatt, eine Feder oder gar ein Kristall oder Stäbchen erfüllen den Zweck. Wenn nichts anderes zur Verfügung steht, können Sie auch die Finger nehmen. Befestigen Sie ein Band quer über den Eingang oder Zugang. In Hawaii nimmt man hierzu traditionell zwei miteinander verbundene Ketten aus *maile*-Blättern. Echte Traditionalisten hängen überdies *lauhala*-Blätter oder Bänder an die Decke über den Eingang, um damit eine zusätzliche Sperre anzudeuten, die in früherer Zeit bis zur Segnung unberührt blieb.
2. Eröffnen Sie das Ritual am Eingang mit passenden Worten, etwa: »Alle und alles sollen Zeuge sein. Hiermit beginnt die Segnung dieses Hauses.« Dann durchtrennen oder öffnen Sie das Band oder die

Kette. Dabei sprechen Sie etwas wie: »Das Band ist durchschnitten (gelöst). Geboren ist damit das Haus (Wohnung etc.) des/der So-undso.« Dann hauchen Sie vier Mal auf die Wasserschale und treten Sie ein.

3. Im Innern sprengen Sie ein wenig Wasser in jeden Raum und sprechen Sie dabei einen Segen. Als Daumenregel gilt: Sprengen Sie bei großen oder wichtigen Räumen in jede Ecke sowie in die Mitte, bei kleinen Zimmern ein- oder zweimal von der Türschwelle aus. Als Segensworte können Sie alles sagen, was Ihnen gefällt. Die einfachste Form wäre etwa: »Ich segne (oder: Gesegnet sei) dieses Wohnzim-mer«, aber es darf auch etwas schöner sein: »Laß diesen Raum erfüllt sein von Liebe und Frieden«, oder »Möge dieses Büro Erfolg und Wohlstand genießen.« Versäumen Sie nicht, gegebenenfalls auch einen Hof, Terrasse oder Garten mit dem Segen zu bedenken. Im allge-meinen genügt es hierbei, die Ecken mit dem Wasser zu besprengen.

4. Ein guter Schluß bezieht den Eigentümer/Mieter und/oder die Gäste ein. Ein schöner Schluß wäre beispielsweise, daß der Eigen-tümer/Mieter eine Kerze, anzündet, eine Lampe anschaltet oder ei-nen besonderen Gegenstand an einen speziellen Platz stellt und daß die Gäste ihm ihre persönlichen guten Wünsche oder Segensgedan-ken übermitteln. Ihre abschließenden Worte, zum Beispiel »Dieses Haus (Wohnung etc.) ist gesegnet, das Fest kann beginnen«, passen wahrscheinlich besser unmittelbar nach dem Entzünden der Kerze oder Lampe, vor den guten Wünschen der Gäste. Hier ist auch eine geeignete Gelegenheit für Applaus.

Ein Land-Segen

Vielleicht möchten Sie eine Land-Segnung durchführen, wenn Land erworben oder an seine Eigentümer übergeben wird oder wenn ein Bauvorhaben starten soll. Sie können dieses Ritual auch mit dem oben beschriebenen Haus-Segen verbinden.

1. Bereiten Sie eine Schale mit frischem Wasser vor, ein Blatt, Farn-wedel oder Ähnliches zum Besprengen, ein Glöckchen, Rasseln oder Stöcke für den Rhythmus, und eine spezielle Gewandung. Denken Sie auch an vier Pflanzen (Auf Hawaii wären es *ti*-Pflanzen, aber auf dem Festland darf es jede Lieblings-Pflanze sein oder eine Art, die als Glücksbringer gilt) oder vier Steine (Kristalle sind in Ordnung, aber auch jeder andere Stein erfüllt den Zweck) und ein Gerät, mit dem Sie graben können. Ein Muschelhorn wäre ebenfalls hübsch. Ich nehme gerne noch eine hawaiianische Nasenflöte, aber jede andere Flöte ist ebenfalls gut, wenn Sie oder einer der Anwesenden sie spielen kann. Wenn es zuviel zum Tragen ist, dann bitten Sie einen Helfer oder nehmen Sie eine Tragetasche mit.

2. In der Mitte des Landstücks – falls dies möglich ist – oder an einer Ecke des Grundes lassen Sie ein Rhythmusinstrument erklingen oder blasen Sie das Muschelhorn. Sprechen Sie Worte wie: »Wir sind hier, um das Land (oder Projekt) von Soundso zu segnen und auf die Welt zu bringen.«

3. Gehen Sie zu einer Ecke – wenn Sie mitten auf dem Grundstück begonnen haben – und lassen Sie dabei (oder erst, wenn Sie an der Ecke angekommen sind) Ihr Rhythmusinstrument erschallen. Dann danken Sie dem Boden für seine Erlaubnis, ein Loch zu graben. Graben Sie nun das Loch für die Pflanze oder den Stein. Zeigen Sie die Pflanze oder den Stein den sieben Richtungen (Osten, Süden, Westen, Norden, Oben, Unten, Mitte), dann setzen Sie sie in das Loch und fordern sie in Gedanken oder vernehmbar auf, ihr Bestes zu geben, um Harmonie und Glück auf dieses Land zu bringen. Füllen Sie das Loch und spielen Sie eine kleine Melodie auf der Flöte, damit die Pflanze oder der Stein sich in ihrem neuen Zuhause wohl fühlen. (Sie können anstelle der Flöte auch ein Rhythmusinstrument benutzen.) Dann hauchen Sie vier mal auf die Schale mit Wasser und sprengen etwas auf die Pflanze oder den Stein mit den Worten: »Ich segne (oder: Gesegnet sei) die Kraft dieser Pflanze (dieses Steines), Harmonie und Glück auf dieses Land (Projekt) zu bringen.« Dann gehen Sie zu der nächsten Ecke, spielen Ihr Rhythmusinstrument und wiederholen die Zeremonie. Sie können bei jedem Teil des Vorgangs den Eigentümer/Mieter/Bauherrn einbeziehen. Wenn das Land zu groß oder unwegsam ist, um alle Ecken abzuschreiten, können Sie die Löcher auch weiter in der Mitte graben und dabei laut sagen, daß sie symbolisch für die Ecken des Grundstücks stehen. Wenn es nicht angebracht ist, Löcher zu graben, dann legen bzw. stellen Sie Steine, Blätter oder Topfpflanzen an den Ecken ab und sagen Sie dabei, daß sie Symbole für das Glück sein mögen, das an den Ecken eingepflanzt werde. Wenn dieser Teil des Rituals zu Ende ist, nehmen Sie die Gegenstände auf und sagen etwa: »Ihr habt euren Zweck erfüllt und seid nun frei für andere Dinge.« Denken Sie an das siebte Prinzip: Es gibt immer und für alles auch noch eine andere Möglichkeit.

4. Wenn alle vier Ecken gesegnet sind, gehen Sie zum Ausgangspunkt zurück. Lassen Sie den Eigentümer/Mieter nun ein wenig Erde ausgraben und umdrehen, während Sie sprechen:»Alle und alles sollen Zeuge der Geburt dieses Landes (Projektes) für Soundso sein. Sein Name ist (hier fügen Sie den Namen des Landes oder Projekts ein, sei es die Adresse oder etwas Poesievolleres). Das Fest möge nun beginnen.« Und hier beginnen Sie den Applaus. Ich beende ein Segnungs-Ritual immer gerne mit einer kleinen Feier.

Ein Auto-Segen

In früherer Zeit war es recht gebräuchlich, Besitzgegenstände zu segnen, zum Beispiel Pferde, Wagen, Karren, Schiffe und sogar persönlichere Artikel. Diese Methode des Segnens hilft uns, eine gute, schamanische Beziehung mit den anderen Arten des Lebens aufrechtzuerhalten, mit denen wir in Berührung kommen. Der folgende Segen ist für ein Auto gedacht, kann aber auch anderen Bedürfnissen angepaßt werden.

1. Bereiten Sie eine Schale mit frischem Wasser vor, etwas zum Besprengen und eine besondere Kleidung. Wenn auf das Auto oder den zu segnenden Gegenstand kein Wasser kommen soll, dann füllen Sie die Schale mit Wasser, leeren Sie sie aus und fahren Sie fort, als ob sich Wasser darin befände. Kein Problem.
2. Beginnen Sie vor dem Wagen (oder Gegenstand) mit den Worten: »Alle und alles sollen Zeuge dieses Segens sein.«
3. Sprengen Sie von vorn etwas Wasser über den Gegenstand und sprechen Sie:»Möge dieser Wagen seinem Besitzer allezeit nützlichen und harmonischen Dienst erweisen.« Sie können selbstverständlich auch andere Worte gebrauchen, die Ihnen passender erscheinen. Gehen Sie nun um das Auto herum und wiederholen Sie diesen Teil der Zeremonie an den drei übrigen Seiten.
4. Wenn Sie wieder vor dem Fahrzeug stehen, sagen Sie: »Der Name dieses Wagens ist (je nachdem, was der Besitzer Ihnen verraten hat). Der Segen ist hiermit beendet.« – Und obwohl ich es noch nicht erwähnt habe, ist es immer angebracht, irgendeine abschließende Geste zu machen, damit das Ritual auch äußerlich sichtbar beendet ist. In meiner Tradition ist dies eine Handbewegung und sieht so aus, als wische man mit der Rechten im Uhrzeigersinn ein Fenster und schließt dann die Faust. Tun Sie, was Ihnen passend erscheint.

Ein Reinigungs-Ritual

Manchmal kommt es vor, daß ein Ort oder ein Gegenstand mit negativen Gefühlen oder Erfahrungen assoziiert wird. Dies kann auf etwas Unangenehmes zurückzuführen sein, das an diesem Ort oder mit diesem Gegenstand geschehen ist, oder es mag einfach sein, daß die »Schwingungen« sich nicht gut anfühlen, daß Menschen sich hier nicht wohl fühlen, oder daß die Dinge an diesem Ort oder im Umfeld dieses Gegenstandes einfach nicht funktionieren oder gut gehen. Was auch immer die Ursache sein mag, es könnte ein Reinigungs-Ritual angebracht sein, um das Muster des Ortes oder Gegenstandes zu verändern oder um die *Kus* der betroffenen Menschen zu beruhigen. Folgendes Ritual ist ganz einfach, aber auch sehr wirkungsvoll, wenn man es voll Vertrauen durchführt.

1. Bereiten Sie eine Schale mit Salzwasser vor, etwas zum Besprengen und eine besondere Kleidung. Die Hawaiianer verwenden frisches Wasser zum Segnen und Salzwasser zum Reinigen. Sie können Meersalz, Tafelsalz, Epsomer Bittersalz oder Badesalz verwenden. Für den Zweck dieses Rituals ist jedes Salz das richtige Salz. Ein Teelöffel voll Salz ist völlig ausreichend für jede beliebige Menge Wasser. Bringen Sie auch einen Gegenstand mit, der für Sie ein Symbol des Friedens, der Harmonie oder einer anderen Qualität ist, die Sie mit dem Ritual verankern wollen.

2. Beginnen Sie mit einer starken Aussage. wie: »Alle und alles sollen Zeugen sein. Ich bin hier mit der Macht, diesen Ort (Gegenstand) zu harmonisieren.«

3. Besprengen Sie den Ort oder Gegenstand fünf Mal und sprechen Sie dabei jedesmal etwa folgende Worte: »In diesem Augenblick, hier und jetzt, wächst die Harmonie.«

4. Enden Sie, indem Sie den Gegenstand, den Sie mitgebracht haben, an einen gut sichtbaren Platz oder in die Nähe des gereinigten Objektes stellen, und sprechen Sie dabei: »Ich gebe (Name des mitgebrachten Gegenstandes) die Macht, die Reinigung bis morgen mittag um zwölf Uhr zu vollenden. So geschehe es. Dies ist mein Wort.« Dann machen Sie die abschließende Geste und gehen.

Als symbolischen Gegenstand verwenden Sie vielleicht etwas, das auch die Person ansprechen würde, für die Sie das Reinigungs-Ritual durchführen, etwa ein religiöses Symbol, oder aber etwas Neutraleres wie einen Kristall. Ich würde eine *kukui*-Nuß nehmen, die als Symbol der Erleuchtung gilt. Das Wichtigste ist nicht die Art des Requisits, sondern Ihr Vertrauen. Denn es ist die Kraft Ihres Vertrauens, die das Muster verändern wird, und wenn Sie auch Vertrauen in bezug auf das Symbol haben, ist es umso besser.

Ein Friedens-Ritual

Kurz vor einem großen Friedens-Ritual namens Harmonische Konvergenz, von dem Sie vielleicht gehört haben, fragten mich einige Leute, ob unsere Gruppe auf Kauai sich daran beteiligen werde. Wir hatten dies nicht vorgehabt, weil die Harmonische Konvergenz von gewissen Dingen ausging, die uns nichts bedeuteten, aber als immer mehr Menschen uns fragten und wir mehr darüber nachdachten, gelangten wir schließlich zu einem »Warum eigentlich nicht?«

Jeder Vorwand, für den Frieden zusammenzukommen, ist ein guter. An dem speziellen Tag versammelten wir uns – etwa zweihundert Leute – an einem der besondersten Orte im pazifischen Raum, auf einem Kamm über dem Fluß Wailua in der Nähe eines *Menehune*-Tempels namens *poliahu* (Die *Menehune* waren eine alte Rasse, die Kauai schon bevölkerte, bevor die Hawaiianer hier landeten), und führten folgendes Ritual durch:

1. Wir bereiteten uns vor, indem wir für jeden eine Halskette besorgten, eine *ti*-Blatt-Rute für mich schnitten und ein Muschelhorn für meinen Helfer bereitstellten.
2. Zur Eröffnung bildeten wir alle einen Kreis. Ich sprach ein kurzes Gebet des Segens und der Begrüßung und sagte etwas über Liebe und Frieden sowie den Zweck unseres Treffens.
3. Zu Beginn des Rituals forderte ich alle auf, einander in Paaren an den Händen zu fassen. Das jeweilige Gegenüber sollten stellvertretend für die eigenen Eltern, Geschwister, Partner und/oder Freunde oder Feinde stehen. Während sie sich vorstellten, daß ihr Gegenüber die eine oder andere dieser Rollen verkörperte, sollten alle in Gedanken um Vergebung bitten und Frieden mit ihnen schließen. Hierzu und für jede der folgenden Übungen ließ ich etwa fünfzehn Minuten Zeit. Nachdem jeder seinen Frieden geschlossen hatte, ließ ich die Anwesenden in Vierergruppen zusammentreten, die ihre Familie, Freunde, Kollegen, Mitarbeiter, Angestellten, Vorgesetzten, Studenten, Lehrer und ähnliche Rollen repräsentierten. Auf die gleiche Weise galt es nun, mit diesen Personengruppen aus dem individuellen Umfeld Frieden zu schließen. Dann kamen sie in Gruppen zu acht

Personen zusammen, die die Nachbarschaft, das Dorf, die Stadt und den Staat darstellten; und sie schlossen Frieden mit ihnen. Nun vereinigten sie sich zu Gruppen von je sechzehn Personen, um ihre eigene Nation und andere Nationen zu vertreten und Frieden mit allen zu schließen. Am Ende standen alle wieder in einem großen Kreis, der die ganze Erde und die Natur darstellte, und man schloß Frieden mit diesen.

4. Wir beendeten das Ritual mit einem Lied des Friedens, einem abschließenden Segen und einem kleinen luau (hawaiianisches Fest mit Speisen und Unterhaltung) mit dem, was jeder mitgebracht hatte.

Ich sagte bereits, daß ich nach einem Ritual gerne feiere. Das ist gute hawaiianische Tradition.

Das geistige Zusammenwachsen

E lauhoe mai na wa'a; i ke ka, I ka hoe;
i ka hoe, i ke ka; pae aku i ka aina.
Alle rudern die Kanus gemeinsam;
schöpfen und rudern,
rudern und schöpfen, und das Ufer wird erreicht

Die wahre Macht der Menschen, ihr Vermögen, die Welt zu beeinflussen und zu verändern, erwächst aus ihrer Fähigkeit, für ein gemeinsames Ziel zusammenzuarbeiten. In dem Wunsch nach Vereinfachung oder in Unkenntnis der Tatsachen neigen Geschichtsbücher dazu, sich auf Einzelpersonen wie Könige oder Königinnen zu konzentrieren, auf Präsidenten oder Diktatoren, auf beliebte Politiker und Anführer, berühmte Erforscher und Wissenschaftler. Das ist verständlich, weil man sich mit ihnen leichter befassen kann.

Aber Kanus werden von Ruderern vorangetrieben, und auch Staatsschiffe erreichen ihre Bestimmung dank der Besatzung ebenso wie dank des Kapitäns. Anführer sind nützlich und in manchen Fällen vielleicht der wichtigste Teil einer Mannschaft, aber sie sind als solche nicht allesentscheidend. Ich habe Symphonie-Orchester ohne einen Dirigenten spielen hören, ich habe Sportmannschaften ohne einen Kapitän spielen sehen, und ich wirkte einmal bei der Aufführung eines Stückes mit, dessen Regisseur so unfähig war, daß die

Akteure ihn einfach ignorierten und sich selbst die Anweisungen gaben; die Kritiker waren begeistert.

Man sagte mir, daß ein Bus ohne den Fahrer nirgendwohin gelange, aber der Fahrer selbst gelangt auch nirgendwohin ohne Räder, Treibstoff, Motor, Fahrwerk usw. – und ohne Passagiere hat er überhaupt keinen Anlaß, das Fahrzeug auch nur in Bewegung zu setzen. Als ich in Afrika in der Entwicklungsarbeit tätig war, verlangte das Protokoll, zuerst mit dem Häuptling eines Dorfes zu sprechen, wenn man dort ein Projekt starten wollte. Wenn dieser notwendige Teil erledigt war, erlaubten sich auch die Dorfbewohner, uns anzuhören. In Wirklichkeit waren sie es, die vom Wert und Nutzen eines Projekts überzeugt werden mußten, denn sie waren es auch, die die Arbeit leisteten. Kürzlich las ich ein Buch über Alexander den Großen, der nicht nur als militärisches und politisches Genie geachtet, sondern seinerzeit auch als Gott verehrt wurde. Selbst dieser hervorragende Mann konnte nicht mehr tun oder weiter marschieren, als seine Truppen wollten. Als diese sich weigerten weiterzukämpfen, mußte er seine Aufmerksamkeit der Aufgabe zuwenden, den Frieden in den eroberten Ländern zu bewahren.

Mit diesen vielen Worten will ich die Wichtigkeit von Energie und die Bemühung der Gruppe hervorheben, wenn es gilt, Veränderung herbeizuführen. Anführer können als Symbole und Brennpunkte für die Anstrengungen einer Gruppe von Nutzen sein, aber in manchen Dingen brauchen wir nicht auf Anführer zu warten. Wir können uns einfach aufmachen und mit anderen Gleichgesinnten zusammenarbeiten. Um die Welt wirkungsvoll in einen besseren Ort für alle und alles zu verwandeln, müssen wir als Stadt-Schamanen genau dies tun, denn es gibt einfach nicht genügend Anführer, die in diese Richtung gehen.

Natürlich können Sie sich bereits bestehenden örtlichen und globalen Gruppen und »Netzen« auf der ersten Ebene anschließen, die sich Gedanken machen über die Erde und sich aktiv an Projekten der ersten Ebene beteiligen, aber ebenso natürlich möchte ich Ihnen einige Wege zeigen, wie Sie in Gruppen der zweiten Ebene wirken können und die Methoden der zweiten Ebene auf der ersten zur Anwendung bringen. Mit anderen Worten: Es geht darum, als moderner Stadt-Schamane zu wirken bei und in allem, was Sie tun.

Kokua-Gruppen

Kokua ist ein hawaiianisches Wort und bedeutet »Hilfe, Beistand, Kooperation«. Eine *kokua*-Gruppe, wie sie in unserer Organisation, der Aloha International, gebräuchlich ist, besteht aus drei bis sieben Personen, die ihre Fertigkeiten als Schamanen einsetzen, um einander und der Gemeinschaft zu dienen. Die Gruppen dürfen auch größer sein, aber wenn die Zahl der Mitglieder weit über acht hinausgeht, besteht die Tendenz, daß es zu einer Klasse wird. Wenn Sie eine Klasse haben wollen, dann ist dies gut, aber gleichzeitig verlieren Sie leicht die Vorzüge echter gegenseitiger Unterstützung. Wenn Sie eine Gruppe anfangen, die dann rasch wächst, erlangen Sie bessere Resultate, wenn Sie sich in kleinere Gruppen aufteilen, sobald neun Personen erreicht sind. Auf diese Weise haben Sie bei Ihren Zusammenkünften Zeit für gemeinsame Tätigkeiten im kleineren und in der ganzen Gruppe.

Was Sie in einer solchen Gruppe tun? Hier sind einige Vorschläge für eine typische Zusammenkunft.

1. Setzen Sie sich zu Beginn im Kreis, fassen Sie einander an den Händen und üben Sie ein *nalu* mit den Prinzipien, um das Verständnis des Schamanentums zu vertiefen und Ihre Energien zu harmonisieren.
2. Jeder Teilnehmer soll nun ein gutes Erlebnis mitteilen, das er seit der vorangegangenen Zusammenkunft hatte. Eine Erfahrung mit dem praktischen Einsatz oder Nutzen des schamanischen Handwerks wäre zu bevorzugen, aber auch jedes andere gute Erlebnis erfüllt den Zweck. Damit ist eine positive Atmosphäre für die Zusammenkunft hergestellt, und die Verbindung innerhalb der Gruppe wird gestärkt.

Es ist sehr wichtig, daß in dieser Zeit ausschließlich positive Erlebnisse mitgeteilt werden. Das *Ku* richtet sich auf die Lust aus und meidet den Schmerz. Beschwerden und Kritik, wie berechtigt sie auch seien und was auch ihr Anliegen sein mag, schwächen die Verbundenheit der Gruppe und untergraben ihren heilsamen Zweck. In einem *kokua*-Treffen sind sie fehl am Platze. Wenn negative Dinge zu besprechen sind, so wählen Sie dazu eine andere Gelegenheit und einen anderen Ort.
3. Setzen Sie eine geeignete schamanistische Methoden ein, um Ihre örtliche Gemeinde (Nachbarschaft, Stadt, Kreis, Staat etc.) zu heilen

oder zu harmonisieren. Es ist gut, ein bestimmtes Projekt zu wählen, für das man sich gemeinsam einsetzt, aber Sie brauchen dabei nicht alle auf die gleiche Methode zurückgreifen. Sagen wir, Sie beschließen, etwas für die Obdachlosen in Ihrer Gegend zu unternehmen. Ein Mitglied der Gruppe hüllt sie vielleicht in eine Farbe des *la'a kea*, um ihnen bei ihrer Suche nach einer Wohnung zum Erfolg zu verhelfen; ein anderer übt ein *nalu* mit der Gedankenform der betreffenden Personen, wie sie bereits eine Bleibe haben; wieder ein anderer grockt Verwaltungsbeamte und inspiriert sie, die Probleme rascher in Angriff zu nehmen, und einer in der Gruppe stellt sich vielleicht auf den Traum der Obdachlosigkeit ein und verändert ihn.

Sie müssen entscheiden, auf welches der drängenden Probleme Ihrer Gemeinde eingewirkt werden soll. Denken Sie daran, positive Lösungen zu finden und nichts zu tun, das gegen irgendjemand oder etwas gerichtet ist. Lassen Sie sich für Ihre schamanische Intervention mindestens fünf Minuten Zeit und tauschen Sie dann Ihre Erlebnisse aus. Dies hilft, die Erinnerung und Verbundenheit zu stärken und dient als eine Art gegenseitiger Unterweisung.

4. Wenn ein nationales oder internationales Problem vorliegt, das einen oder mehr Teilnehmer genügend mit Sorge erfüllt, so wenden Sie Ihre Aufmerksamkeit und Fähigkeit als Schamanen bei diesem Treffen diesem Problem zu.

5. Nun setzen Sie Ihre schamanischen Fertigkeiten für einander ein. Jeder Teilnehmer soll eine Angelegenheit nennen, in der er gerne geholfen bekommen möchte. Dies kann ein gesundheitliches Problem sein, ein finanzieller Engpaß, eine Beziehungs-Krise oder eine Frage des persönlichen Wachstums; es kann ein eigenes Problem sein oder das eines Außenstehenden. Wenden Sie Ihre schamanistische Aufmerksamkeit einer Person nach der anderen zu und tauschen Sie Ihre Erfahrungen danach oder am Ende aus.

Je mehr Menschen anwesend sind, desto länger wird dieser Teil der Zusammenkunft dauern. Fünf Minuten pro Person sollten bei einer drei- bis vierköpfigen Gruppe ausreichen; bei einer größeren Gruppe können Sie unter Umständen nicht mehr als ein bis zwei Minuten für jeden einräumen. Achten Sie darauf, daß jeder gleichviel Zeit bekommt. Wenn jemand ein ernstes Problem hat, können Sie diesem vor oder nach der *kokua*-Sitzung mehr Zeit widmen. Schon viele Gruppen sind zerbrochen, weil ein oder zwei Menschen einen großen Teil der Zeit in Anspruch genommen haben, selbst wenn sie offenkundig viel Hilfe nötig hatten. Denken Sie daran, daß dies eine

Schamanen-Gruppe zur *gegenseitigen* Unterstützung ist. Lassen Sie es nicht zu einer Therapiegruppe für wenige werden; es wird nicht gutgehen.

6. Beenden Sie Ihr Treffen formell mit Meditation, einem Lied oder Gebet (oder allen drei Elementen). Den Grund kennen Sie bereits aus dem vorausgegangenen Kapitel.

7. Nach diesem Abschluß gönnen Sie sich Zeit zum Plaudern. Auch dieser Teil stärkt die Verbundenheit der Gruppe – und macht einfach Spaß. In manchen Gruppen unterhält man sich nur, andere bereiten aus mitgebrachten Speisen ein gemeinsames Essen, oder man geht gemeinsam aus. Achten Sie auf die Reihenfolge: zuerst der schamanische, dann der gesellschaftliche Teil – und bringen Sie die beiden nicht durcheinander!

Wöchentliche Zusammenkünfte sind die Regel und erweisen sich als erfolgreich. Nur wenige Menschen haben die Zeit, sich öfter zu treffen. Vierzehntägliche oder monatliche Termine gehen auch, aber noch größere Abstände bewähren sich in solchen Gruppen nicht.
Selbst eine kleine Gruppe braucht ein gewisses Maß an Organisation. Jemand muß die Teilnehmer anrufen, den Treffpunkt einrichten und vereinbaren, und vielleicht die Zusammenkunft leiten. Eine Lösung dieser Notwendigkeit wäre, einen Leiter für eine festgelegte Zeit zu wählen, etwa für einen Monat oder ein Vierteljahr. Man kann so abwechseln, daß bei jedem Treffen ein anderer an die Reihe kommt.

Ein Schamanen-*Hui*

Ein *hui* ist jede Art von Organisation für gemeinsames Arbeiten, Spielen oder Zusammentreffen wie etwa eine Firma, Partnerschaft, Club, Vereinigung, Gesellschaft oder Netzwerk. *Aloha International* hat sieben verschiedene *hui*, das heißt Schamanen-Gesellschaften oder Netzwerke, deren Mitglieder gemeinsam an Projekten globalen Interesses arbeiten, auch wenn sie weit voneinander entfernt leben.
Doch um dies zu tun, brauchen Sie gewiß keinem Schamanen-*hui* anzugehören. Sie können sich jeder Organisation anschließen, die sich auf der ersten Ebene mit globalen Problemen befaßt, und Ihre Fertigkeiten der zweiten Ebene einbringen. Aber eine Darstellung dieser *hui* und ihrer Tätigkeitsbereiche könnte Ihnen helfen,

etwas Eigenes ins Leben zu rufen, oder Ihnen Anregungen vermitteln, wie und wo Sie Ihre Fertigkeiten nutzbringend anwenden können.

1. Wellen-*Hui*. Zu den Projekten dieses *hui* gehört die Hilfe für die Delphine, die in Gefahr sind, sich in den Treibnetzen der Thunfisch-Jäger zu verfangen und zu ersticken. Weil die Thunfische zwischen den Delphinen schwimmen, fangen die Fischer die Delphine, um die Thunfische zu erbeuten. Schamanen wirken darauf ein durch intuitive Kommunikation, Grocken und Traum-Veränderung – sei es, um den Delphinen näherzubringen, wie sie den Netzen entkommen können, oder um Delphine und Thunfische zu bewegen, nicht gemeinsam durch die Meere zu ziehen.

Dieses *hui* kümmert sich auch um Wale und andere Meeressäuger und befaßt sich mit Angelegenheiten wie Flutwellen und Meeresverschmutzung. Wenn der Weg zur Lösung eines Problems in einer gegebenen Situation nicht klar ist (etwa wie die Trennung von Thunfischen und Delphinen), konzentrieren sich die Schamanen auf die erwünschten Endresultate (zum Beispiel auf das Verschwinden eines Ölteppichs).

Aufgrund der Eigenart der zweiten Ebene unterstützen Schamanen, die sich auf einen positiven Ausgang konzentrieren, indirekt auch bereits bestehende Lösungsbemühungen und inspirieren neue Ideen bei jenen, die auf der physischen Ebene daran mitwirken. Organisationen zu unterstützen, an deren Ziele und Arbeit Sie glauben, ist eine gute Sache, und konzentrierte Gedanken beizusteuern ist ebenso gut oder noch besser.

2. Kristall-*Hui*. Dieses *hui* widmet sich Erdbeben, Vulkanausbrüchen, Erderneuerung und der Lokalisierung und Ausbeutung von Bodenschätzen. Was man bei Erdbeben und Vulkanausbrüchen unternehmen kann, wurde bereits weiter oben dargestellt. Die Erderneuerung ist ein interessantes, neues Gebiet, weil es bereits Möglichkeiten und Verfahren gibt, toten Boden in lebenden Lehm zu verwandeln. Die Unterstützung durch die zielgerichtete Konzentration der Schamanen trägt dazu bei, dieses Wissen und seine praktische Durchführung auf der Erde weiter zu verbreiten. Die Lokalisierung neuer Bodenschätze und die gründlichere und ergiebigere Nutzung bestehender Ressourcen – von Kohle bis hin zu Edelsteinen – kann weltweit von Vorteil sein. Schamanen können Intuition, Grocken, und Träumen für diese Anstrengungen einsetzen, aber auch andere Fertigkeiten, die vielleicht Gegenstand eines weiteren Buches werden, zum Beispiel Muten und Radionik.

3. **Flammen-*Hui*.** Es wird Sie nicht überraschen, daß dieses *hui* sich dem Feuer widmet: Waldbrände, Ölbrände, Gebäudebrände – alles, was die Menschen bedroht oder von Menschen verursacht wurde. Dieses *hui* arbeitet auch mit der Aura, und dabei ist das *la'a kea* ein wichtiges Hilfsmittel. Doch als *hui* befaßt es sich mehr mit Gemeinschaften als mit Individuen. Wenn beispielsweise eine menschliche Gemeinschaft Bürgerkrieg oder Not erlebt, stellen sich die Mitglieder dieses *hui* auf die Aura der Gemeinschaft ein und bemühen sich um Harmonisierung und Veränderung ihrer Qualität. Ein anderer Bereich schamanischen Wirkens ist die Unterstützung der Verbreitung von Sonnenenergie, Kernfusion und ähnlichen Projekten.

4. **Regenbogen-*Hui*.** Das Wetter ist die Domäne dieses *hui*. Kurzfristig hilft es, Schaden durch Hurrikane, Tornados, Stürme und Dürrezeit von der menschlichen Gemeinschaft abzuwenden oder ihn zu reduzieren. Langfristig befaßt es sich mit der Wetterforschung und -lenkung. Dies bedarf einer tiefen Kommunikation mit den Elementen des Wetters, um aus diesem Austausch und der Kooperation heraus – und nicht mit arrogant-beherrschender Pose – zu operieren. Wer die Kontrolle oder Beherrschung anstrebt, versucht, dem Wetter seinen Willen aufzuzwingen; wer aber kooperativ ist, trachtet danach, die verschiedenen Arten der Wetterveränderung oder -stabilisierung kennenzulernen und einzusetzen. Es ist nicht unvorstellbar, daß Mitglieder dieses *hui* oder auf dem gleichen Gebiet tätige Schamanen Möglichkeiten und Wege entdecken oder inspirieren helfen, die gewaltigen Energien zu speichern und zu nutzen, die Wind und Stürme bergen.

5. **Blatt-*Hui*.** Dieses *hui* befaßt sich mit Erhaltung, Schutz und Verbreitung der Pflanzen. Die Wiederaufforstung, die Einführung neuer Pflanzenarten und die Ernteerträge sind weitere Aufgaben, auch das Heilen der Pflanzen und das Heilen mit Hilfe von Pflanzen sowie die Möglichkeiten, wie Menschen und Pflanzen fruchtbarer zusammenwirken können, wobei jedes den Bedürfnissen des anderen dient. Die Beschäftigung und Ausübung der Kommunikation mit Pflanzen ist naturgemäß ebenfalls ein Arbeitsbereich dieses *hui*.

6. **Einhorn-*Hui*.** Dieses *hui* leistet schamanische Arbeit mit Tieren zu Lande und in der Luft, also auch mit Vögeln, Insekten und Bakterien. Ein wichtiges Anliegen ist, bestimmten Arten überleben und gedeihen zu helfen, aber auch die Kooperation zwischen Menschen und

Tieren sowie die Kommunikation mit Tieren. Die ältesten Legenden der meisten traditionellen Gesellschaften erzählen von einer Zeit, da Mensch und Tier mühelos miteinander sprachen, und in vielen Fällen war es das Tier, das den Menschen Kooperation untereinander und mit der Umgebung lehrte, aber auch in die tieferen Geheimnisse des Lebens unterwies. Die Menschen wurden immer arroganter, und die Fähigkeit zur Kommunikation ging verloren. In begrenztem Umfang wurde sie durch wissenschaftliche Untersuchungen wiederbelebt, bei denen Tiere in ihrer natürlichen Umgebung beobachtet werden; aber in ihren absolut unnötigen, pseudowissenschaftlichen Tier-Experimenten, die manche Menschen durchführen, degenerierte sie in bodenlose Tiefe. Die Kommunikation mit den Tieren ist von höchster Wichtigkeit für das Wohlbefinden des Planeten, aber auch für das Überleben und geistige Wachstum des Menschen. Die Methoden und Aktionen von Schamanen können hierbei eine außerordentliche Hilfe sein.

7. **Herz-*Hui*.** Zwischenmenschliche Beziehungen sind der Aufgabenbereich dieses *hui*. Es wendet schamanistische Techniken und Kenntnisse an, um Frieden, Harmonie und Freundschaft unter den Menschen zu vertiefen. Ferner widmet sich diese Gruppe der Erforschung und Ausübung schamanistischer Heilweisen für Geist und Körper des Menschen.

Ja, wir müssen lernen, die Natur zu lieben und mit ihr zu kooperieren, aber vor allem müssen wir lernen, uns selbst zu lieben und mit uns selbst zu kooperieren. Wir besitzen das Wissen und die Technik, um ein Goldenes Zeitalter herbeizuführen, und zugleich besitzen wir Wissen und Technik, uns selbst auszulöschen.

Was auch immer wir tun, die Erde wird überleben. Sie wird sich vermutlich recht bald wieder beleben, selbst wenn wir ihre Oberfläche verheeren – so wie Farne schon emporschießen, nachdem erst kurz zuvor flüssige Lava und giftige Gase eines Vulkanausbruchs ihr Vernichtungswerk vollbrachten. Aber selbst, wenn sie sich nicht so rasch erholt, kann die Erde auch Millionen Jahre dazu brauchen, wenn es nötig ist.

Wir können Teil ihres Schicksals sein, oder wir können untergehen, blitzartig von ihrem Antlitz verschwinden. Das Schicksal nimmt seinen Lauf. Bei all dem, was sie uns schenkt, ist es wohl offenkundig, daß die Erde uns liebt – aber ich denke nicht, daß sie uns mehr liebt als ihre anderen Kinder, die Delphine, die Ameisen und die Bäume. Doch ich meine, ihre Liebe ist so groß, daß sie uns auch weiterhin lieben wird, gleichgültig, was wir tun. Die Erde wird sich nie gegen uns wenden. Die Gefahr kommt allein von uns. Aber auch die Lösung.

Schluß

Vor vielen Jahren empfing ich in der Meditation ein Gedicht. Es scheint hier so gut zu passen, daß ich es ans Ende dieses praktischen Buches für Stadt-Schamanen stellen möchte:

Ode an eine Kröte

Grunze und gluckse, kleine Kröte,
drunten in deinem schlammigen Heim.
Denkst du je über uns Menschen nach?
Bereiten wir dir Ärger und Kummer
mit unseren Kriegen, Verschwendung und Gier,
unserem Wettlauf zum Tode mit eiligem Schritt?
Wundert dich unser Geschick,
die wir Liebe predigen und Haß üben,
mißtrauen und fürchten jene, die anders sind,
auch wenn sie neben uns leben oder übers Meer?
Lachst du und lachst über unser Reden
vom Frieden, mit einem Stein in der Faust,
bereit zum Schlag auf den Kopf des Nächsten,
weil er gelb ist, schwarz oder rot?
Und über jene, die »Rüstet ab!« rufen:
»Denn unsere Feinde tun uns nichts.
Wenn sie uns unbewaffnet sehen und wehrlos,
dann bleiben sie gerne auf ihrer Seite.«
Oder über jene, die sagen »Greift an und kämpft!
Wir werden ihnen zeigen: Macht ist auch Recht.
Wen interessiert die nukleare Verstrahlung?
Wichtig allein, daß wir die Stärksten sind.«

Ach, die Menschen sagen dies und das,
manche wechseln die Seite, andere stehen fest.
Etliche sind nur aufs Zehen-Treten aus,
doch nur wenige sehen über ihre Nasenspitze hinaus.
Sie lärmen und wüten mit feuriger Rede
und predigen, predigen, predigen, predigen.
Was erreichen denn tausend Worte?
Und wo sind die Spuren fliegender Vögel?

Worte bringen keine Ernte oder kleiden die Armen,
noch finden sie der Krankheit Kur.
Sie können Kinder nicht nähren oder Kranke heilen,
einen Damm bauen oder die Hacke schwingen.
O ja, sie haben ihren Platz, das gebe ich zu.
Aber ein Wort kann nie eine Tat ersetzen.

Ja, es ist das Tun, was zählt, nicht das Sagen,
wir müssen handeln und tun und den Weg gehen
durch TATEN, wenn wir überhaupt leben wollen
in einer Welt ohne Haß, ohne Rache oder eine Mauer.
Glauben wir wirklich an die Rechte des Menschen,
sei er schwarz oder weiß, gelb oder braun?
Meinen wir wirklich, ohne Krieg leben zu können,
in Vertrauen und Frieden für alle Zeit?
Daß kein Hunger, Krankheit oder Angst zu sein brauchen,
daß Tod für so viele nicht nahe mehr ist?
Wenn wir das glauben, so laßt uns HANDELN und
die gute alte Erde zu einem Ort machen,
an dem echte Freude jede Geburt begleiten wird.

Und wenn nicht? Wenn wir nur sitzen und warten,
bis die Bomben fallen und wir wissen: Es ist zu spät?
Das frage ich mich selbst, kleine Kröte.
Wenn wir unsere schreckliche Superbombe abwerfen,
wirst du dann auch sitzen, gelassen, geduldig und still?
Oder wirst du nur lächeln und denken daran,
daß die Erde nicht mehr gequält wird vom Menschen?
Wenn wir stattdessen die Erde als unsere Mutter anerkennen,
und alle ihre Geschöpfe als Schwestern und Brüder,
das Land und die See und den Himmel als Freunde,
uns selbst als Gärtner, dem Pflegen gewidmet,
dann vielleicht, wenn Liebe das TUN bestimmt,
könnten wir es am Ende vollbringen,
kleine Kröte.

NACHBEMERKUNG ZUR NEUAUFLAGE

Der *Urban Shaman (Der Stadt-Schamane)* war mein sechstes Sachbuch, zugleich war es das erste, das sich unmittelbar mit dem Schamanismus beschäftigte. Es war auch das erste Buch, das den hawaiianischen Schamanismus lehrte, das erste Buch, das alle sieben Prinzipien des Huna beschrieb, und das erste Buch, das Menschen im städtischen Umfeld praxisbezogene schamanische Techniken zur Hand gab, mit denen sie ihr Leben und die Welt verändern konnten.

Die Geschichte des Buchs reicht bis in die 1960er Jahre und nach Westafrika zurück. Ich war dort sieben Jahre lang im Auftrag einer amerikanischen Hilfsorganisation mit der Einrichtung von sozialen und wirtschaftlichen Entwicklungsprogrammen betraut – gleichzeitig wurde ich Lehrling bei einem Hausa-Schamanen. Die Hausa, ein altes afrikanisches Volk, leben am Niger und im nördlichen Nigeria. Obwohl die meisten heute Muslime sind, halten einige noch immer an ihrem traditionellen Glauben fest und üben Heilrituale aus, die man schamanisch nennen kann. Einer von ihnen, ein Mann namens Mbala, wurde mein Mentor. Was ich von ihm lernte, wurde zu einem wichtigen Bestandteil der Lehren im *Stadt-Schamanen*. Tatsächlich gäbe es das »siebte Abenteuer« über »Formveränderung und Gemeinschaftsdienst« nicht, hätte er mir nicht alles über diese schamanische Fähigkeit beigebracht.

Gegen Ende meiner Zeit in Afrika, etwa zwischen 1969 und 1971, begriff ich, dass sehr viel traditionelles Wissen verloren ging, weil immer mehr Menschen in die Städte abwanderten. Das geschah genau vor meinen Augen, hier in Afrika, aber Kollegen in anderen Ländern und Studien in internationalen Fachzeitschriften bestätigten diese Tatsache.

Ich beschloss daher, mein Leben der Vermittlung dieses Wissens zu widmen. Ich wollte es in einer Form mitteilen, die Menschen in den Städten begreifen und benutzen konnten. Deshalb lautet der Untertitel der englischen Ausgabe des *Stadt-Schamanen* »A Handbook For Personal And Planetary Transformation Based On The Hawaiian Way Of The Adventurer« (Ein Handbuch für die persönliche und planetare Transformation durch den hawaiianischen Weg des Abenteurers).

Als ich 1971 in die Vereinigten Staaten zurückkehrte, bereitete ich mich darauf vor, der modernen Welt das alte Wissen in Studium und Praxis zu lehren. Ich erweiterte und vertiefte meine Kenntnisse in diesem Bereich und dehnte meine Forschungen auf viele metaphysische Systeme aus, untersuchte feinstoffliche Energien und die Psychologie. Ebenso setzte ich meine Lehre als hawaiianischer Schamane bei meinem Onkel William (Wana) Kahili fort.

Es war ein langwieriger Prozess, bis ich eine Form gefunden hatte, in der der hawaiianische Schamanismus und Huna modernen Menschen verständlich vermittelt werden konnten. Zuerst hielt ich einmal pro Woche kostenlosen Unterricht bei mir zu Hause in Mar Vista, Kalifornien, ab, der viele Experimente und Techniken enthielt, die meine Vorstellungen verdeutlichten. Später eröffnete ich das *Mindskills Institute* in Santa Monica, Kalifornien, mit Hauptaugenmerk auf Hypnotherapie. Dort gab ich weiterhin kostenlose Stunden. Endlich war ich bereit, einen Kurs zu halten. Dieser erste Kurs, in dem ich als Lehrer selbst noch lernte, dauerte neun Monate.

Um meine schriftstellerischen Fähigkeiten zu verbessern, begann ich, Beiträge für Magazine und Anthologien zu schreiben. 1975 veröffentlichte ich mein erstes Sachbuch, *Mana Physics*, das von meinen Energieexperimenten handelte, dann folgten kurz aufeinander *The Pyramid Energy Handbook*, *The Hidden Knowledge of Huna Science* (das später *Mastering Your Hidden Self* genannt wurde), und *Imagineering for Health*. Dann kam meine Doktorarbeit, *The Psychological Healing System of the Kahunas of Hawaii*, die später überarbeitet unter dem Titel *Kahuna Healing* (deutsch: *Kahuna Healing – Die Heilkunst der Hawaiianer*, Lüchow 1996) veröffentlicht wurde. Nachdem ich all diese Erfahrung beim Schreiben gewonnen hatte, fühlte ich mich 1989 bereit, mein bestes Workshopmaterial in einem Buch zu bündeln.

Meine Workshops waren mittlerweile international geworden – ich lehrte auch in Kanada und hatte den Neunmonatskurs erfolgreich auf drei Wochenenden über drei Monate verteilt gestrafft. Es gab aber noch so Vieles, das ich zu sagen hatte, das jedoch schwer zu der Form passte, in der ich mein Wissen weitergab. Ich experimentierte, bis ich schließlich den wichtigsten Teil meiner *Urban-Shaman*-Kurse in drei aufeinander folgenden Workshops unterbringen konnte. Zuerst der zweitägige Abenteuerlehrgang (von dem vier Kapitel stammen), dann ein Forschungslehrgang (von dem weitere vier Kapitel stammen), und schließlich den einwöchigen Entdeckerlehrgang, von dem der Rest des Buches stammt.

Aufgrund des Buchs wurde ich zum ersten Mal nach Deutschland eingeladen, um einen Workshop für Psychotherapeuten in einer Klinik in Memmingen abzuhalten. Dort traf ich Alf Lüchow, damals Eigentümer des Lüchow-Verlag, der den *Urban Shaman* 1991 als *Der Stadt-Schamane* in Deutschland veröffentlichte. Und weil *das* geschah, hatte ich seither das große Vergnügen, in vielen deutschen Städten Lehrgänge abzuhalten, darunter in Berlin, Hamburg, Düsseldorf, Frankfurt, Freiburg, Tübingen und München.

Leser des *Urban Shaman* luden mich nach Neuseeland ein, damit ich meine Kenntnisse des hawaiianischen Schamanismus mit den Maori teilen konnte, die ihrerseits ihre Ältesten ermutigten, ihr traditionelles Wissen mit Menschen zu teilen, die keine Maori waren.

Und dieselben Leser luden mich auch in andere Länder Europas ein und ermöglichten es mir, das Wissen der Schamanen Hawaiis mit Interessenten in Dänemark, Schweden, Finnland, Großbritannien, Belgien und Frankreich zu teilen. Später kamen Österreich und die Schweiz dazu.

Der *Urban Shaman* war ebenfalls meine »Eintrittskarte« nach Asien. Dort wurde das schamanische Wissen aus Hawaii in Japan, Korea und in der Mongolei akzeptiert und angewendet; ich selbst erhielt dadurch die einzigartige Möglichkeit, mein Wissen über den Schamanismus, wie er in diesen Ländern praktiziert wird, zu vertiefen. Erst vor kurzem ebnete mir der *Stadt-Schamane* den Weg für einen zweitägigen Austausch mit einer Gruppe sibirischer Schamanen in der Ethnologischen Fakultät der Russischen Akademie der Wissenschaften in Moskau.

Die Urform all dessen, was ich in Workshops, meinen Büchern und meinen audio-visuellen Materialien heute lehre, findet sich bereits im *Urban Shaman*. »Das zweite Abenteuer«, das von »Herz, Verstand und Geist« handelt, ist gewissermaßen in allen Lehren enthalten. »Die Grundprinzipien«, die in »Das dritte Abenteuer« formuliert werden, sind nach wie vor Grundlage meiner ganzen Arbeit. »Das vierte Abenteuer: Harmonie im Körper erzeugen« wurde – erweitert und detaillierter dargestellt – zu meinem Buch *Instant Healing* (deutsch: *Instant Healing Jetzt!*, Lüchow 2001). Das fünfte, sechste, siebte und achte Abenteuer formen gemeinsam die Grundlage der Arbeit, die in unserem Advanced Huna Healing Course in Hawaii geleistet wird, und aus dem achten Abenteuer wurde, durch weiteres Material ergänzt, das Buch *Earth Energies* (deutsch: *Erdenergien*, Lüchow 1995). Die Kapitel neun und zehn werden in unserem Lehrgang »Hunaquest« verwendet.

»Das zwölfte Abenteuer: Das geistige Zusammenwachsen« hat in der »Aloha Fellowship« Gestalt angenommen, einer weltweiten Organisation von Menschen, die daran arbeiten, dass diese Welt ein besserer Ort wird.

Eine weitere Wirkung meines stadtschamanischen Ansatzes, der zuerst in diesem Buch ausführlich dargestellt wurde, war die Schaffung eines Netzwerks von Websites, in dem man Informationen zu jedem einzelnen Aspekt des Stadtschamanentums findet (auch praktische Techniken), die kostenlos gelesen werden können oder als Download zur Verfügung stehen – und das an jedem Ort der Welt, an dem ein Computer steht. Aber am glücklichsten bin ich darüber, dass sich die Ideen, die im *Urban Shaman* zum ersten Mal vorgestellt wurden, über die ganze Erde verbreitet haben, und das in einem Maße, dass einige davon als Grundvoraussetzungen für eine ernsthafte Beschäftigung mit dem Schamanismus gelten. Noch schöner ist, dass von diesem Buch beeinflusst heute Zehntausende von Menschen in Nord- und Südamerika, Europa und Asien, Afrika und Australien genauso wie in dem polynesischen Ursprungsland die Techniken des Stadtschamanen ausüben. Die meisten dieser Menschen habe ich persönlich nicht kennen lernen dürfen, dennoch sind Tausende von ihnen Freunde von mir geworden. Sie helfen mir dabei, diese Kenntnisse zu verbreiten, helfen anderen dabei, sich selbst zu heilen, und wirken daran mit, dass sich unsere Welt in eine Welt verwandelt, in der *aloha* – die Liebe – die wichtigste Methode ist, Probleme zu lösen und Ziele zu erreichen.

Me ke aloha pumehana – mit herzlicher Zuneigung,

Serge Kahili King
24. Juli 2006

www.huna.org
serge@huna.org

ÜBER DEN AUTOR

Serge Kahili King hat einen Doktorgrad in Psychologie von der California Coast University, einen Magistergrad in Internationalem Management von der American Graduate School of International Management in Arizona und ein Bakkalaureat in Asienstudien von der University of Colorado. Er lebt auf der Insel Kauai in Hawaii und ist geschäftführender Direktor der Aloha Internationel, einem weltweiten Netz von Heilern, Lehrern und Schülern der Huna-Lehre.

KONTAKTADRESSEN

Aloha International
PO Box 426
Volcano HI 96785
huna@huna.org
www.huna.org

Deutschland:

Petra Chudzinsky-Sittel und Dominik Chudzinsky
Hanserweg 8
82541 Münsing
info@spirit-of-aloha.de
www.spirit-of-aloha.de

Schweiz:

aeon Zentrum für Psychosynthese & ganzheitliches Heilen
Dornacherstrasse 101
CH-4053 Basel
willkommen@aeon.ch
www.aeon.ch

Reisen nach Hawaii:
Informationen bei alfluechow@web.de

Weitere Bücher des Stadtschamanen

Serge Kahili King
Huna
200 Seiten
ISBN 978-3-89901-482-2

Serge Kahili King
Instant Healing. Jetzt!
256 Seiten
ISBN 978-3-89901-279-8

Serge Kahili King
Healing Relationships
220 Seiten
ISBN 978-3-89901-810-3

Serge Kahili King
Schamanische Kräfte und Sinne
280 Seiten
ISBN 978-3-89901-523-2

Lüchow

Mit Liebe fürs Detail und für die Umwelt

Bei der Auswahl der Inhalte, die wir präsentieren, achten wir auf Originalität, Kompetenz, Praxisrelevanz und Qualität. So können wir mit Herz und Seele hinter unseren Büchern, Hörbüchern, Filmen und den anderen Produkten stehen, die wir mit viel Liebe und Aufmerksamkeit bis ins letzte Detail fertigen.

Wir leisten einen aktiven Beitrag zum Umweltschutz und verbrauchen nur wirklich notwendige Ressourcen — so sparsam wie möglich. Wir drucken überwiegend auf 100% Recyclingpapier oder produzieren unsere Titel klimaneutral. 99% unserer Fertigung findet in Deutschland statt, so haben wir kurze Transportwege und unterstützen die lokale Wirtschaft.

Inspirationen, interessante und wertvolle Neuigkeiten, Wahres, Schönes & Gutes sowie wichtige Termine können Sie regelmäßig in unserem Newsletter erfahren oder hier: **www.facebook.com/weltinnenraum**

weltinnenraum.de

J.Kamphausen | Mediengruppe